「書斎の会計学」は通用するか

田中　弘
Tanaka Hiroshi

税務経理協会

読者の皆様へのメッセージ

明日《あす》に架《か》ける橋

サイモンとガーファンクルが「明日に架ける橋（Bridge over Troubled Water）」をリリースしたのは一九七〇年で、私がまだ博士課程に在学していたころの作品でした。翌年にリリースされたジョン・デンバーの「故郷《ふるさと》に帰りたい（Take Me Home, Country Roads）」とともに、米軍放送（FEN《エフイーエヌ》：Far East Network）で頻繁に流されており、夜型の私は、夜通し、明け方まで、この二曲を聴いたものです。ＦＥＮにダイアルを合わせると、「八一〇（エイトテン）ニュー・ダイアル」という声に続いて「Far East Network」という（戦勝国らしい）誇らしげなメッセージが流れました。

いま、日本の会計が、いえ世界の会計が「Troubled Water」化しています。前著『会計学はどこで道を間違えたのか』（税務経理協会、二〇一三年）で書きましたように、日本の会計界も世界の会計界もいま「行き先の違うバスに乗っている」のです。その「行き先」が巧妙に隠されているために、最近の会計界の動きを「会計の進化」「会計基準の高品質化」と誤解している方も少なくありません。法律や約束に品質がないのと同様に、会計基準に「品質」などありません。ルールに必要なのは「品質」ではなく、「合意の高さ」です。誰もが納得するルール、コンセンサスの高いルールが設定されれば、そのルールは尊重され、大多数の企業が順守するのです。

ところが、今の国際会計基準（ＩＦＲＳ《イファース》）や、それとのコンバージェンスのために設定される日本の会計基準は、残念ながら、産業界や学界の「高い合意」を得ているとは言えません。毎年どころか毎月のようにＩＦＲＳが改正されるのは、関係者の合意が得られないからです。

最近の会計が進化しているわけでもありません。単に会計ルールが複雑化しているだけです。ルールが増えるということは、必ずしもいいこととは言えません。会計の世界であれば、「真実かつ公正なる概観」とか、「タイムリー・ディスクロージャー（適時に開示する）」「フル・ディスクロージャー（隠しごとをしない）」といった「他人のお金を預かって運用している者」にとっての大原則が守られていれば、それほど細かなルールは要らないはずです。それが、ルールが次第に増えてきたり頻繁にルールが変わるというのは、この原理原則から離れたルールが作られ、多くの関係者の合意が得られないからだと思います。

私たちは、今一度、原点に立ち返って、「会計とは何か」「会計にしかできないことは何か」「会計はこれまでどのように使われてきたのか」を、真摯《しんし》に、真剣に考える必要があるのではないでしょうか。

そう考えますと、アカデミズム（学者）のやるべきことが見えてくると思うのです。自分の専門領域に閉じこもっている必要もありません。何せ、会計の原点の話なのです。若い学者も長老もありません。時価会計の権威も、国際会計の権威も……、一度ヨロイを脱いで、世界を舞台に活躍する企業もいつもの居酒屋も使っている「会計」とは、いったいいかなるものなのか、同じ土俵に上がって議論してみようではありませんか。

もちろんこの話は、会計の学界（アカデミズム）だけの話ではありません。会計の実務界の皆さんも、そろそろ金融庁や会計士協会の傘の下から顔を出して、惰眠《だみん》をむさぼるアカデミズムの尻を叩いてもいいのではないでしょうか。今私たちがやらなければならないことは、会計の理論と会計の実務の間に架けるべき Bridge を構築し、橋の向こうに健全な会計（Sound Accounting）を広めることであると思います。本書が、多少とも、会計界の「明日に架ける橋」に貢献できるならば幸いです。

最終講義

私は、一昨年（二〇一三年）六月に古稀を迎え、昨年（二〇一四年）三月末に、二〇年間勤務した神奈川大学を定年退職しました。前任校の愛知学院大学と合わせて、四二年間の専任教員としての生活にピリオドを打ちました（非常勤としてはまだ仕事をしていますが）。

同年三月一五日に、神奈川大学での「最終講義」を行いました。最終講義と言っても多くの方は何のことか分からないと思います。本書の第1章で紹介しますが、一部の大学では、専任教員が定年で退職するときに、同僚、同窓、仕事仲間、ゼミOB、学生などに集まっていただいて、最後の講義をします。普通の講義ではなく、一種のセレモニーです。花束の贈呈があったり、講義の後にお祝いのパーティが開かれたりします。

私の最終講義では、四二年間の「学者生活」の一端を含めて、私の七〇年間の歩みをご出席くださった皆さんに聴いて頂きました。そのときにお配りした「私の歩んできた道」というプリントを本書の巻末に掲載させて頂きました。七〇年間とはいえ、書いてみると数頁にしかなりません。もう少し肉厚にしたいところです。

これに加えて、税務経理協会のご厚意により、私の経歴と著作目録を収録して頂くことができました。感謝しています。こちらの方は不必要に肉厚になってしまいました。

もう一つの Bridge

本書では、以下のような、いくつかのテーマを取り上げました。

第1部　日本の会計学は何を学び、何を教えてきたのか
第2部　書斎の会計学
第3部　学者の寿命
第4部「日本版ＩＦＲＳ」構想の虚実―国際会計基準を巡る国内の「騒動」―
第5部「完全な財務諸表」願望

「何ともまとまりのない」「バラバラなテーマ」の寄せ集めのように感じられるかもしれません。それは、私が定年退職を迎えたことと、その後、税理士業界最大手の辻・本郷税理士法人に顧問として迎えていただき、さらに、一般財団法人経営戦略研究財団の理事長を拝命したこと、この二つによって、私の研究対象や研究姿勢が変わったことに原因があります。要するに、私の軸足が、「学」から「実務」にシフトしたのです。実務経験のない私が、実務経験豊富な税理士・会計士の皆さんと「何ができるか」、果たして、「学」と「実務」を結びつける Bridge を構築する

ことができるかどうか、不安でいっぱいです。そんな気持ちから、本書の書名を『「書斎の会計学」は通用するか』とした次第です。

読者の皆さんへの謝辞

税務経理協会の『税経通信』誌に連載を始めたのが、二〇〇八年七月号でした。最初は、「複眼思考の会計学」という統一テーマで三〇回、その次が二〇一一年一月号から二〇一二年一二月号まで「会計学の黙示録」というテーマで二四回、三回目が、「会計学はどこへ行くのか」というテーマで、二〇一三年一月号から二〇一四年一二月号までの二四回、これだけ長く連載を続けられたのも、一つには税務経理協会社長・大坪嘉春氏と同社常務・大坪克行氏の寛容の精神とお読み頂いている読者の皆様からの「声」のおかげです。心から感謝申し上げます。

幸いにして、一回目の連載は加筆修正して、『複眼思考の会計学—国際会計基準は誰のものか—』と題する本に、二回目の連載は、『会計学はどこで道を間違えたのか』と題する本に、そして、三回目の連載を本書の形で出版することができました。

さらに嬉しいことに、二〇一五年一月号から、改めて「Sound Accounting を求めて」というテーマで連載を続けさせて頂いています。この六月号で、連載は通算八四回となりました。お読みくださった方からの励ましのメール、私の誤解を指摘してくださるメール、こんなことを書いて欲しいという嬉しいリクエストのメール、国内だけではありません、海外の読者の方々からのメール、専門外（法律、経営、国家試験受験者など）の方々からのメールもたくさん頂いています。読者の皆さんからの「声」があればこそ、書き続ける勇気も湧きます（出版社へ無理なお願いもできます）。

論文は、読んでもらえることが大事です。本も、売れること、そして、読んでもらえることが一番大事です。少し前になりますが、東洋経済新報社の社長であった浅野純次さんから、こんなことを言われました。「田中さん、本は売れないとだめですよ。」最初、このことを聞いたときは、出版社の社長の話でしたから、「売れないと会社としてペイしない。ペイしないような本は出せない」ということかと思ったのですが、続けて浅野さんが「売れないと、自分の言いたいことが世界に伝わらないですからね。」と言うのを聞いて、この一言の重みを知りました。それ以来、「私だったら、どんな論文・本を読みたいか」を考えながら、読者に迎合せず、読者が読みたいと考える論文・本を出すことにこころがけてきました。

嬉しいことに、最近、大規模な書店（ブック・ファースト、ジュンク堂など）では、「田中弘のコーナー」を用意してくれるようになりました。私の本を二〇冊とか三〇冊も並べて、売れっ子の作家のように、作者名のプレートまでつけてくれています。店長さんなどのお話では、私を名指しで本を買うお客様や、店内にある検索機で「田中弘」を検索するお客様が多いので、それならばと、一か所に集めて「田中弘」のコーナーにしたということでした。「経済・経営系の学者は他にはいません」とのことでした。知り合いの大手出版社の方に聞いてみましたら、「そんな扱いは、社会科学、自然科学を通して、学者では前代未聞」だといわれました。これも私の本を読んでくださる皆さんのおかげです。浅野純次さんのひと言に、改めて感謝しています。

正直に言いますと、大きな書店を「散策」中に、著名な大学教授が書いた本を集めたコーナーを見かけることもあります。うれしいですね。励みになります。

大坪嘉春社長への謝辞

税務経理協会の大坪嘉春社長とは、二〇年ほど前に、私が神奈川大学に奉職したころから懇意にして頂いてきました。私が書く拙い原稿を『税経通信』や『税経セミナー』（現在、休刊中）に載せて頂いたり、それらの原稿をまとめて本にするときにも、力を貸してくださった。『原点復帰の会計学』『会計学の座標軸』『不思議の国の会計学』『国際会計基準の着地点』『複眼思考の会計学』『会計学はどこで道を間違えたのか』『新財務諸表論』『財務諸表論の考え方』『財務諸表論の学び方』『財務情報の信頼性』……。他の出版社が尻込みするようなＩＦＲＳ批判・時価会計批判の論文や著書を書いても救いの手を差し伸べてくださったのは、大坪社長でした。今更ながらではありますが、私は大坪社長に育てて頂いたと感謝しています。

同社の大坪克行常務にも大変お世話になっています。私が若い研究者に本を出す喜びを知ってもらいたくて、『わしづかみシリーズ』『監査役のための早わかりシリーズ』『即戦力シリーズ』などを企画したときも、その意義をご理解くださり、一緒に企画し、一緒に「営業」して頂いてきたことに執筆者を代表して御礼申し上げたいと思います。

連載のときも、本書の出版のときも、同社第一編集部の大川晋一郎さんに大変お世話になりました。記して感謝申し上げます。現在の連載も、大川さんにお世話になっています。

二〇一五年六月

田中　弘

目次

第1部　日本の会計学は何を学び、何を教えてきたのか

第2章 アカウンタビリティーと原価主義会計 19

第5章　標準的テキストの功罪　71

第2部　書斎の会計学

第7章　プラモデルに熱中する学者たち

――「書斎の会計学」は通用するか（1）　108

第8章　ヨロイを脱げない学者たち
―「書斎の会計学」は通用するか（2）　125

第3部　学者の寿命

第9章　学者の寿命
―「六〇歳限界説」　148

第10章　「伝統芸能」と化した会計学　164

第11章　会計学のユートピア　178

第12章 学者稼業 ―「サラリーマン化」と「プライド」の狭間 195

第4部 「日本版IFRS」構想の虚実
―国際会計基準を巡る国内の「騒動」―

第17章　「だまし討ち」を警戒する産業界　275

第20章　金融庁の大誤算

——JMISは、Japan's Mistake!　321

第5部　「完全な財務諸表」願望

第23章 「貸借平均の原理」が会計の命 365

第1部

日本の会計学は何を学び、何を教えてきたのか

第1章　最終講義「私の歩んできた道」

1　「最終講義」
2　「私が歩んできた道」
3　座談会
4　大学の「会計教育」
5　「経営分析」から入る会計学
6　なぜ資産・負債を区分表示するのか
7　会計とは「説明すること」
8　ＩＦＲＳ──何を「説明」するのか

1　「最終講義」

冒頭から私事《わたくしごと》で申し訳ないが、私は二〇一四年三月末で神奈川大学を定年退職した。定年退職を迎えるにあたり、同年三月一五日に神奈川大学教授としての「最終講義」を行った。

私がこれまでお世話になった方々をメイン・ゲストに、前任校の愛知学院大学でのゼミOB（総勢で四〇〇名）、神奈川大学でのゼミOB（こちらも総勢で四〇〇名）、現役の二、三、四年ゼミ生（各学年二五名ほど、合計七〇名）、テニスやスキーの仲間、愛知学院大学と神奈川大学出身の公認会計士・税理士の皆さん、……私にとって大切な方々にご出席いただいて、私の「最終講義」をお聞きいただいた。感謝。

私が大変お世話になりながらご案内状を差し上げなかった方々には大変申し訳ないと思っている。学会・界の皆様や、私が三〇年以上もお世話になってきた日本生命はじめ保険業界の方々、仕事をお手伝いしている事業会社の方々、ウェールズ大学大学院東京校で一緒に学んだ皆さん、高校や大学のクラスメートの皆さん、政界や官界（大蔵省、郵政省、金融庁、経済産業省）などで仕事をご一緒した皆さんには別の機会にご挨拶することにして、今回は失礼させていただいた。

大学関係者ならいざ知らず、ほとんどの方は「最終講義」などということは聞いたことがないであろう。そこで、大学という浮世離れした世界の慣行をちょっと紹介したい。

一般の社会では、誕生日を基準として退職日を決めることも多いようであるが、大学のような一年を単位として講義・ゼミが行われるところでは、定年の年の誕生日を迎えたからといって講義やゼミをやめるとなると、続きの講義やゼミを引き継ぐ教員を見つけるのも困難であるし、連続性のない講義を受ける学生にも迷惑をかける。

そうした事情からであると思われるが、大学では年度内（四月―翌年三月）に誕生日を迎える場合には、年度末（三月末）まで退職せずに講義を担当する。私の場合は六月二三日が誕生日で、二〇一三年六月に満七〇歳の誕生日を迎えたが、退職する日は、二〇一四年の三月末ということになる。

私の「神奈川大学教授としての最終講義」は、本当は、同年一月一四日の「基礎会計」と「現代会計学」であった。しかし、その日は、定期試験の前の講義であり、正規に受講している学生諸君は、「試験の問題を知りたい」「最後の一回くらいは出席しないと」「四年生への配慮をお願いしたい」……とばかりで、五〇〇名収容の大教室といえども満席で、とても「最終講義」どころの話ではないであろう。そんなことから、最終講義は学生が少ない三月に行うことになった。

最終「講義」といっても、いろいろなスタイルがあるようで、ご自分の研究歴をとうとうと披露される方もいる。著書や論文の多い教員は、改めて自分の研究歴を披露する必要もないから、研究の裏話や後進への「遺言」やら、やり残した仕事への再挑戦など、専門外の方が聞いても楽しい話をされる方もいる。

私の「最終講義」は、上に書いたように、ゼミ生やOB、テニスやスキー、ゴルフの遊び仲間、実務の場での仕事仲間などが中心であったので、会計学の話は抜きであった。では、どんな話をしたか。本書を読んでくださっている方々の中には田中という人物は、「一体、どんな奴や！」といった関心があるのではないかと勝手に想像して、三月一五日に開催された「最終講義」の内容を簡単に紹介したい。ご関心のない方は、４「大学の『会計教育』」へジャンプしていただきたい。

2 「私が歩んできた道」

最終講義は、午後四時に始まることをアナウンスしてあったが、会場には三時三〇分ころから続々とお集まりいただき、私が皆さんに挨拶したりお礼を述べたりしているうちに、三時四〇分から、オープニング・セレモニーとしての「第一部　スライド・ショー」が上演された。

「第一部　スライド・ショー」は、主として、神奈川大学と愛知学院大学のゼミ活動を、あえてセピア・カラーの画面で紹介するものであったが、私の大学時代の写真や教員になりたての頃の写真もあって、会場は盛り上がった。何せ、学生時代と教員になりたての頃の私は、今の姿からは想像できないくらいガリガリに痩《や》せていたので、ゼミ生との集合写真がスクリーンに映し出されても誰が私かすぐには分からないようであった。何せ、ウエスト周りが今より二〇センチも少ない頃の写真である。

四時から「第二部　スライド・ショー」として、ゆずの「栄光の架け橋」をオープニング・テーマソングに「最終講義」というタイトルで一〇〇枚ほどの写真を紹介しながら、私の教員生活四二年間を見ていただいた。

最終講義そのものは、講義というより、私が教員になるまでの、特に、北海道での生い立ちを紹介した。私が生まれたのは一九四三（昭和一八）年で、住んでいたのは札幌であったから、ものの心ついた年齢の時は、周りは米軍だらけであった。講義では、「ギブミー・チョコレート」の話、「初めて飲んだコーラを毒薬だと勘違いした話」「スケートで学校へ通った話」から、大学時代に住んだ「東京学生会館」（昔、武道館の隣に近衛《このえ》兵の兵舎があって、戦後、貧乏学生の寮として使われていた。靖国神社の向かいにある旧江戸城の田安門が玄関口であった）での生活などを紹介し、最後に、「学者の寿命―六〇歳限界説」をいかにして打ち破ったかを聴いていただいた。

3 座談会

スライド・ショーも講義も、「自分史」みたいなものである。会計学についてはほとんど話をしていない。実は、私の定年退職に合わせて、神奈川大学経済貿易研究所が座談会を企画してくださった。座談会には、経済学部の岡村勝義教授、奥山茂教授、戸田龍介教授の三名が出席してくださり、私が提案した「戦後会計学の軌跡と反省」というテーマで、私の「会計学との出会い」「イギリス会計から学んだこと」「時価会計批判の根底にある考え」「原価主義への確信」「国際会計基準の虚実」「会計学はどこで道を間違えたのか」などを語る機会を得た（残念ながら、西川登教授は体調を崩されていて欠席された）。

座談会の内容は、神奈川大学経済貿易研究所発行の『経済貿易研究』という研究所年報（第四〇号、二〇一四年）に掲載されているが、一般の方には目に触れる機会はないと思われる。そこで、以下で座談会の一部を紹介したいと考えている。

大学の教員としては、愛知学院大学に二二年間、神奈川大学に二〇年間、合わせて四二年間勤務したが、どちらの大学も教員としての環境も研究者としての環境も素晴らしかった。会計学関係の先輩や同僚には優れた研究者が多く、かつ、お互いにフレンドリーな関係を持っていた。つまり、仲が良かったのである。

「仲がいい」などと言えば子供じみた話に聞こえるかもしれないが、実は、研究者としては非常に大事なことなのである。大学という浮世離れした世界では、どこの大学でも似たようなものであるが、教員同士、特に同じ研究領域の教員同士は仲が悪い。会計学の教員だけの話ではない。経済学も経営学も、どの研究領域も似たようなものである。「学説の対立」「学問的見解の相違」などといったかっこいい話ではない。ただただ、いがみ合っているか互いに嫌いなだけである。大学などという狭隘《きょうあい》な世界に閉じこもって「先生」と呼ばれる日々を過ごしていると、大人になれずに子供のまま歳を取るのだ。

もちろん、そうでない大学もあろうし、仲のいい教員グループもいる。私が勤めた二つの大学は、会計学の教員グループに関する限り、まさにそうした大学であった。だから、私の四二年間は楽しかったし充実していた。神奈川大学経済学部では、会計学の全教員が集まってしばしば研究会を開いてきたし、全員で何冊もの本を書いてきた。私が監修した『わしづかみシリーズ』全一〇冊のうち八冊は、神奈川大学の教員が執筆陣に入っているし、『通説で学ぶ財務諸表論』『財務諸表論―理論学習徹底マスター』（いずれも税務経理協会刊）、『公認会計士講座上級基礎理論財務諸表論』（全四巻、一、〇〇〇頁、LEC東京リーガルマインド）などは経済学部の会計学スタッフだけで書いたものである。いがみ合っている暇など、なかった。

4　大学の「会計教育」

以下では、最終講義でも座談会でも触れることができなかった「会計教育」について述べたい。日本経済新聞に「経済気象台」というコラムがある。コラムの最後に「この欄は、第一線で活躍している経済人、学者など社外執筆者の執筆による」という断りが書いてある。少し古い記事で申し訳ないが、二〇一二年一一月二八日に載った「大学の会計教育」という記事を紹介しよう。書かれている内容は今も変わらない。筆者のペンネームは「島梟」となっている。

『会計』というと技能職的に捉えられ、一般的に必要な知識というほどの市民権は得ていない。このため『会計のことは分からない』と平気で語る経営者もいる。京セラの稲盛和夫名誉会長の言葉を引くまでもなく、会計が分からずに企業を経営することなどできるはずがない。

ここで大切なことは、経営者が唱えているのは、会計数値を読むことが必須であるという指摘だ。会計数値を作ることはあまり想定していない。

ところが、大学に入ると、会計教育は簿記教育から開始され、検定試験に合格するように指導される。この手法は、技能者としての経理マン養成には好ましいのかもしれない。

上場企業の場合、決算書など会計数値は広く公開され、誰でも入手できる。このため、経営管理に役立てるだけでなく、取引先の与信管理など汎用性の高い情報のはずだ。一部の技能者にのみ必要なものではない。

教育する側からすれば、簿記であれば標準的テキストや目標とすべき試験が用意されているため、それらにのっとって教育し、学生には反復練習を強いればよい。このため学生の『会計嫌い』が生じ、現在のような会計の特殊化を招いてしまう。

これに対し、会計数値の理解や使い方に関する教育では、電卓をたたかせる回数ではなく、数値の持つ意味を説明する必要がある。数値をどこから入手し、どのように分析し、どう解釈するべきかを理解させなければならない。単なる反復練習では達成できない。

大学の会計教育は、機械的な会計数値の作成偏重から、実践的な会計数値の読解教育にかじを切り、『会計好き』を養成するべきだ。」

「島梟」氏の言うとおりである。わが国の大学における会計教育は、まさしく「公認会計士養成教育」といってよく、「財務諸表の作り方教室」である。どこの大学も（したがって当時の文部省も）公認会計士試験の科目を配置すれば会計学の全体を教育できると誤解したのだ。

私はしばしばこのことを、自動車の運転教習所にたとえて、次のような話をする。自動車の教習所では最初に道路交通法とか自動車の構造を学び、次いで、運転法を学ぶ。もっとも大事で、しかも一番楽しい路上運転が最後にくるのだ。

簿記や会計の教育も似たようなもので、最初に簿記の仕組みや企業会計を規制する法規などを学ぶ。会計関係科目の最後に配置されているのが「経営分析」である。つまり「財務諸表の作り方」が先で、「財務諸表の使い方」は最後に来る。

上級生になるころにはいいかげん簿記や会計が大嫌いになっているであろうから、会計データの使い方をマスターする科目の「経営分析」を履修しない学生は多い（会計士試験に「経営分析」がなかったことから、この科目を配置していない大学は数えきれない）。車で言えば、構造とか道路交通法を学んだだけで卒業してしまうようなものである。日本の会計教育は「島梟」氏の言うように、今でも「いびつ」であり、就活には役に立つが、就職後の実務には使えないことを教えてきたのだと思う。

5 「経営分析」から入る会計学

私も長年にわたって、「会計嫌い」の学生を大量生産してきた。『会計学の座標軸』（税務経理協会、二〇〇一年）の中で、こんな反省の弁を述べている。

「わたしの教室には、会計士になろうなどと考えている学生は、ほとんどいないのである。それにもかかわらず、わたしは、長い間、『会計士会計学』を教えてきた。『カレーライス』を食べたいと思っている人に、注文も聞かずに、『天ぷら定食』を食べさせてきたようなものである。ミスマッチであった。熱心に講義すればするほど、学生にとってはつまらない講義になるのである。」

それに気が付いてからは、そうした話に代えて、会計を知っているとどんなことができるか、会計の知識があればどういう世界が開けるか、逆に会計を知らないとどんな失敗をするか、投資をするにはどういう会社の株がいいか、会社の収益性や安全性はどうやって判断するか……といった「会計の使い方」をメイン・テーマにした講義をすることにしてきた。そうした講義を基に執筆したのが白桃書房から出版した『会計の役割と技法―現代会計学入門』(一九九六年)であった。

包丁を例にとれば、「研《と》ぎ方」よりも先に「切り方」を学ぶのである。切ってみて、うまく切れないなら、包丁の種類を変えるとか研ぎ直すということを考えればよい。会計も、実際に会社の分析などに使ってみて、会計の知識が不足しているところに気が付いたら、そこをしっかり学べばよい。必要性を感じて学ぶのであれば、学んだことが身につくはずである。

その後の『会社を読む技法―現代会計学入門』(白桃書房、二〇〇六年)も、『最初に読む会計学入門』(税務経理協会、二〇一三年)も同じ発想のもとに書いたものである。残念なことは、同じ発想をする会計学者が少ないことである。市販されている会計学のテキストを並べても、

「会計士会計学」に終始する本ばかりで、「どのように会計を使うか」を書いた本は、私の不勉強なのか見当たらない。

6　なぜ資産・負債を区分表示するのか

例えば、資産・負債をどのようにして「流動資産・負債」「固定資産・負債」に分けるか（営業循環基準と一年基準）については詳しく書いてあっても、「なぜ」「何のために」そうした分類をするのかに言及する本は見当たらない。投資家にしろ与信者（銀行、保険会社、社債の購入者、仕入先など）にしろ、会社の収益力とともに、財務的安定性（負債を返済する能力）に大きな関心がある。貸したお金や売掛金が戻ってこないような事態になれば、その会社だけではなく、わが社も危うくなる。資産と負債を流動性の高いものと固定性のものに分けるのは、投資家や与信者が「流動比率」（流動資産÷流動負債）を計算できるようにするためである。

残念なことに、私が不勉強なのか、そうしたことに言及したテキストは見たことがない。そうなると、会計学の講義を受講する学生は、「なぜ」「何のために」を知らずに、単なるルールとして、資産・負債の区分（営業循環基準と一年基準）を教えられる。会計学が「ツマラナイ」のは、理由も目的も知らされずにルールとして「暗記」することを強要されるからではなかろうか。

会計学のテキストが「会計士会計学」で終始するのは、もう一つ原因がありそうである。それは、上にも触れたが、会計士試験の科目には「経営分析」という科目がない。経営分析がまったく排除されているわけではなく、昔なら「財務諸表論」、今なら「会計学」の出題範囲に含められている。しかし、独立の科目として扱われていないことから、「経営分析」の科目がない大学も少なくない。会計士や税理士の試験にも（会計士の旧三次試験を除くと）出題されたことはない。

そうなると、会計学担当の教員も、経営分析を教える機会がなく、自らも経営分析に対する関心が薄くなる。まかり間違えると、自分が教えている会計学の目的や使途を忘れて、会計のルールを語ることが目的化しかねないのである。会計教員が、自分が教えている会計学の目的や使途を意識せずに、一五回（半期）とか三〇回（一年）にわたって、会計士になろうという気がない学生に「会計士会計学」を語っているというのは、学生が卒業に必要な単位を「人質」にした話ではなかろうか。「血が通った講義」になるはずがない。

7　会計とは「説明すること」

なぜ、こんなことになってしまったのであろうか。会計学を、「誰かが使う」ことを意識して教えるならば、受講者にも人気が出るし、大学を卒業してからも役に立つ。金融機関の与信（貸付）、事業会社の財務（資金調達）や資産運用、設備投資計画、予算管理や資金管理、取引先の財務審査、工場の原価計算・管理部門など、会計が使われる場面は幅広い。営業担当であっても、新規に開拓した取引先の財務諸表を読めなければ、ジョーカーを引きかねない。

私が考えるには、会計学がかくもツマラナイ科目になったのは、簿記と会計が同じ目的を持っているという理解（誤解！）にある。日本では、最初に簿記を教え、その延長で会計学を教える。つまり簿記ができることを前提にして会計学が講義される。そのときに、簿記と会計学の違いを十分に説明せずに、簿記（記帳）の延長として、あるいは、簿記の上級科目として教えられている。

簿記と会計の違いを言えば、簿記は、英語でbook-keepingというように「（帳簿に）記録すること」を役割とし、会計はaccountingといい「説明すること」を役割としている。in his accountと言えば「彼の意見（説明）によれば」の意味になる。簿記の対象（記録対象）は企業の経済事象（取引）であり、会計の対象（報告対象）は、人（株主、投資家、課税当局、消費者などの利害関係者）である。

会計学を教えている教員にこの違いの認識が薄いと、簿記も会計も同じ経済事象を対象として考えがちで、誰かに報告するとか説明するという感覚・意識が抜け落ちる。会計基準を作っている人たちも、その基準で何かを測定・記録するということにばかり目が向いて、肝心の、その基準で何を説明・報告するのかを忘れがちになる。「負債の時価評価」「資産除去債務」「退職給付債務」などの基準は、どれもこれも測定・記録を目的とした基準で、誰かに何かを説明・報告するために作られた基準ではなさそうである。

弁護士の中島茂氏は、『「不正」は急に止まれない！』（日経プレミアシリーズ、二〇〇八年）と題する本の中で、こんなことを書いている。

「『会計』という言葉も、英語の『アカウント』（account）という言葉の背景にある『心』を汲み取っていません。アカウントは『数える』という意味の count から来ている言葉で、ある業務を行った人が成果を数えて報告する、という意味です。ですから『アカウント』とは、会社について いえば、『経営者が、年度の成果を整理して株主に報告する』ことなのです。ところが、単に『会計』と言ってしまうと、最も大切な、『行為者が自分で報告する』という意味が抜け落ちてしまいます。」

「account（ing）」を「会計」と訳したことが問題だとなると、「経世済民」（世を治め、民の苦しみを救うこと）を略した「経済（学）」などは、学問の名称（経済学）とその実態（木村剛氏の言葉を借りれば「ギリシャ文字の並べ換え」）との違いに埋めることが不可能なギャップがあるように思える。

そうしたことから言えば、外来の学問にはそのまま外来の言葉を使えば問題は小さいかもしれない。戦後、六〇数年を経過しても、いまだに「マーケティング」とか「ロジェスティクス」という科目名称が使われているが、日本語にすることの弊害を免れているともいえる。

8　ＩＦＲＳ—何を「説明」するのか

「会計は説明すること」だと書いたが、では、国際会計基準（ＩＦＲＳ）は、誰に、何を説明するものであろうか。

いずれくわしく書くが、ＩＦＲＳが想定している利用者は、「企業解体の儲け」「企業売買の利益」を狙っている投機家である。そんなことはどこにも書いてないために、このことを否定する人もいるが、ＩＦＲＳがありとあらゆる資産と負債を時価評価しようとしているのは、企業を買収したときの資産の売価と負債の時価（決済額）を知るためであり、そう解釈すれば、資産除去債務、金融負債の時価評価、退職給付債務の時価計上、リース債務計上、後入先出法の禁止、低価法の強制、賃貸不動産等の時価開示……どれもこれも合理的な説明がつく（もとより会計的に合理的だとか整合性があるという意味ではない）。

ＩＦＲＳの会計では、経営者も、中長期の投資家も、現在の株主も、課税当局も、地域社会や消費者などの関係者も、利用者として視野に入れていない。とすると、IFRSの世界になったら、これからの会計学教員は何を教えたらよいのであろうか。

定年を迎えた一人の会計学教員が「最終講義」でこんな話をすると、「他人事のように言うな」とか「お前は何を教えてきたんだ」とか、「では、いったいどうすればよいと言うのか」といった批判を浴びるであろう。そうした批判を避けるために最終講義でこの話をしなかったわけではない。この話の解決をつけるのは、おそらく私ではなく、これからの会計学を担う若い会計学者だと思うからである。私は、抱えきれないほどたくさんの花束を貰って教壇から降りたが、これからの日本会計学を担う方々には、「会計はいかに使える技法であるか」「会計を使えるようになると、どんなことができるか」を意識して教壇に上がっていただきたい。そうすれば、講義をする教員も受講する学生も、きっと目をキラキラさせて、単位のためではない、「本当に教えたいこと」・「本当に学びたいこと」に真剣勝負で立ち向かうのではなかろうか。

本章の最後に、ダニエル・キースが書いた『アルジャーノンに花束を』（小尾美佐訳、早川書房）の一文を紹介したい。

「大学へ行き教育を受けることの重要な理由のひとつは、いままで信じこんでいたことが真実ではないこと、何事も外見だけではわからないことを学ぶためだ。」

第2章　アカウンタビリティーと原価主義会計

1　近代会計の輸入

第1章で述べたように、私は二〇一四年三月三一日をもって、これまで二〇年間勤務してきた神奈川大学を定年で退職した。健康で定年退職の日を迎えることができたことは、私を健康な体に生み育ててくれたわが両親と、結婚後、私の不健康極まりない日々に合わせて、食事や生活面でサポートしてくれた家族に感謝している。私の「遊んだ分だけ仕事をする」というモットーは、怠惰な自分を律するための規律であったはずであるが、それが、不本意にも家族のモットーとなってしまった。少し反省している。

私の定年退職に合わせて、神奈川大学経済貿易研究所が会計学教員による座談会を企画した。座談会は、神奈川大学経済学部の会計学担当教員である岡村勝義教授、奥山茂教授、戸田龍介教授と私の四名が出席し、私が提案した「戦後会計学の軌跡と反省」というテーマで開催された。テーマの「戦後会計学の軌跡」は、田中の目を通した「戦後会計学」を辿《たど》ったものであり、「反省」も、戦後の会計学を学び・教えてきた私の反省である。

戦後の日本では、戦争によって崩壊・疲弊した経済を再建するために、アメリカをはじめとする諸外国から資本を導入する必要があり、そのためにわが国の経済体制を近代化（英米化）することが喫緊《きっきん》の課題であった。英米のような、株式発行を中心とした直接金融に転換するためには、とりわけ企業経営を合理化し、公平な課税を実現し、証券市場を拡充して、幅広い国民が安心して証券投資することができるようにする必要があった。そうすることによって、外国の投資家も安心して日本の企業に株式投資できる世界を実現しようとしたのである。

直接金融を効率的に進めるためには、何を措《お》いても近代的な会計制度を確立することが先で、健全な会計のルールと企業外部の専門家による監査の制度を必要とした。課税を公平に行うためには企業の所得（利益）を適切に把握しなければならないし、企業活動を合理化するには原価計算制度などを産業界全体に浸透させる必要があった。あらゆる場面で近代会計の考え方とテクニックを必要としていたのである。

2　企業会計原則

昭和二四年の企業会計原則は、こうした近代的な産業と金融の世界を実現するための「科学的基礎」（企業会計原則、昭和二四年、前文）とするために、英米会計の「輸入」を最優先して設定されたものである。この当時は、会計制度の近代化と企業会計のルールの設定は国家的な大事業であった。法律学者が何と言おうが経済学者が何と言おうが、英米会計の制度と基準を輸入することが最優先された。

このころは、企業会計原則を逐条的《ちくじょう》に学ぶだけでは英米会計の真髄に迫ることができないことから、どこの大学の会計学ゼミナールでも、英米会計のバックボーンをなす近代会計の精神や英米の会計思想を知るために数多くの外国文献を読んだ。とりわけアメリカの会計学者、ペイトン、リトルトン、メイ、ギルマンなどが書いた古典的名著やアメリカ会計学会（ＡＡＡ）の出版物は、近代会計の理論やその背景を理解するうえで欠かせないものであった。企業会計原則を一〇〇回読んでも分からないことが、こうした文献を読むといとも簡単に解決することも少なくなかった。

第二次世界大戦の後に大学で会計学を学んだ世代は、かなり均質な会計学教育を受けた。大学・大学院の会計学ゼミナールでは、ほぼ同じようなテキストを使い、ほぼ同じような外国文献を講読した。

特に関東の大学では、企業会計原則の設定や改正に直接携《たずさ》わっている先生方が多いことから、会計学のゼミナールは非常に人気が高く、大学院には、研究者・学者志望の院生があふれていた。私が佐藤孝一先生の大学院ゼミナールに入れていただいたのは、昭和四一年の春で、まさにそうした「会計学の熱き時代」であった。

私はそれから半世紀近くにわたって会計学を学び・教えてきた。座談会は、私が学び・教えてきた「戦後会計学」を振り返り、学者としての、教員としての「反省」を語ったものである。座談会は上記の四名が出席したが、私の定年退職に合わせての企画であったことから、三名の先生からの質問に私が答えていくというスタイルになった。以下では、座談会における私の発言を紹介することにする。

3　会計学との出会い

会計学との出会いですが、どの先生にもそれぞれの出会いというのがあると思います。私の場合は結構若いときなんです。私、中学の終わり頃に父を亡くしたこともあって、高校は商業高校に行ったんです。母子家庭になったので母親に楽をさせたいという気持ちでした。商業高校の二年生のときに、実は太田哲三先生に会っているのです。私の高校の校長先生が朝倉和夫先生という会計学者だったのですね。その先生が一橋大学同窓の太田哲三先生と親しかったらしくて、高校二年のときに太田哲三先生を講演に呼んでくださった。

太田先生の話を聞いて、それがすぐ私が会計学の道に進むということにつながったというわけではなかったんですけれども、ともかくそのときは、会計という学問があるんだというぐらいのことだったんだと思います。高校三年のときに会計学を勉強したのですが、その頃には高校の勉強に飽き足らず、大学へ行きたいという思いが強くなって、結局は、母親の気持ちを裏切って家を飛び出してしまいました。大雪の朝で、腰までの雪をかき分けて電車に乗ったのを覚えています。

大学に入って、最初に大学でお会いした先生が、何と管理会計の青木茂男先生だったのです。一〇分ほど話をする機会があって、青木先生から「君は何を大学で勉強するつもりかね」って訊《き》かれて、「会計学をやりたいと思っているんです」と答えたのです。私は相手が青木先生だって知りませんから気楽に言えたんですね。理由を訊かれたので、高校で工業簿記や会計学を学んだけど受験で十分な勉強ができなかったからだということを話したんです。そうしたら、青木先生はすごく喜んで、「会計学は役に立つから一生懸命やりなさい」なんていう話をしてくれたのを覚えているんですよ。

4 佐藤孝一先生

その後、会計学で一番感動を受けたのは、私の恩師であった佐藤孝一先生の講義でした。教卓が自分の汗でぐしゃぐしゃになるぐらいの熱弁の講義を聞いていて、会計というのはこれだけ熱を入れられる学問なんだと思いました。会計学の中身はよく知らないですよ、中身は知らないけれども、これだけ熱中できる学問なのだということに心を打たれました。

実を言いますと、私が一番嫌いな職業が学校の教師だったのですよ（笑）。だから、学校の教員になるつもりは全くなかったんですけれども、ちょうど私が大学を卒業するのが昭和四一年で、まさに学生運動の真っ盛りのときで、大学は紛争に明け暮れていて、というときに就職活動をしなければいけなかったんですけれども、あのころ学園紛争をやっている大学に対しては、どこの会社もみんな「就職お断り」の看板が掛かっていたんですね。

私自身も大学四年間で勉強した記憶がほとんどないし（笑）、ほとんどアルバイトで暮らしていたということもあるので、これは卒業しても何もできないなという気持ちがあって、それで大学院に行こうと思ったんですよ。今から思うと不遜《ふそん》というか怖いもの知らずだったのですね。

大学院に行くときに、あれだけ熱烈な講義を聞いていますから、佐藤孝一先生のところがいいと思って、佐藤先生のゼミに入れていただきました。あのころは早稲田の商学研究科は定員が一学年一一〇名で、二学年合わせて二二〇名、ドクター・コースの院生を合わせると三〇〇名の大所帯の大学院だったんですね。その中で、ともかく会計学を勉強しようと思ったら、染谷恭次郎先生とか、青木茂男先生ももちろんそうですけれども、日下部《くさかべ》与市先生、新井清光先生などの有名な先生がずらーっとそろっている。それぞれの先生に全く違う領域の会計学を教えてもらいながら、だんだん、もうちょっと会計学を勉強したいなという気持ちになって、マスター・コースが終わったときに、これは本当に何となくですけれども、ドクター・コースに行っちゃったら、就職の道が思い切り閉ざされていて、一番なりたくなかった学校の教員しかなかったという笑えない話です（笑）。

私、会計学の出会いの中で一番よかったなと思うのは、佐藤孝一先生との出会いかなと思うんです。私は早く父を亡くしていましたから、どこか父親代わりの存在でもあったのかもしれません。佐藤先生は院生に対しては非常にフレンドリーで、手紙の書き方から資料の整理の方法まで、いろいろ教えてもらいました。会計学の話も学者としての生活の話もためになりましたが、実生活の知恵というか工夫の話は、今でも役に立っています。

例えば、手紙やはがきのあて名を書くときは、「東京都　品川区　○○町　三丁目」のように空白をつけて、郵便配達の人が読み間違えないようにするとか、時刻は二つの時計で確認する（二個の時計が同時に故障することはないから）とか、雨上りのときに食堂や喫茶店などに入ったら傘は通路側に置く（帰るときに傘を忘れない）とか……私は今でも雨の日に喫茶店に入ったら傘を通路側に置きながら佐藤先生のことを思い出しています。

大学院が終わって、すぐ名古屋の愛知学院大学の教員になったんです。よく知っている先輩が一人既に就職していたこともあったので、その先生を頼りにして何とか潜《もぐ》り込んだんですけれども、あの大学は給料がいいんですよ。学生時代にアルバイトだけで何とか生きてきた私にしては、毎月使い切れないぐらいに給料をもらうんですね。

学校の教員というのが嫌だと言っていたのは、中学や高校に嫌な教師がいっぱいいたからだったんですね。その嫌な教師みたいにはなりたくないから学校の教員が嫌なのだということに気が付いてからは、何だ、ああいう先生にならなければいいのかと考えました。なれるかどうか分からないのですけれども、そういう嫌だったと思う先生を反面教師にして、自分が好きだと思うような先生になれればいいのかなと思って、少し反省しまして、何とか少しずつ努力したつもりです。そのうちに学校の教師のいいところは、何せ周りにいつも若い学生がいることだということに気が付きました。そのころはまだ私も若かったんですけれども、学生が誰も私のことを「先生」なんて呼ばないんですよ。「先輩」ってしばらくの間呼んでいて、はっと気が付いて先生と呼び直すような、そういう非常にフレンドリーな関係を続けられたというのがすごくよかったかなと思います。なかには、「ひろし！」って呼びかける学生もいました（笑）。

5　時価会計との出会い

研究テーマも、今から思うと不思議かもしれないんですが、修士論文のテーマはアメリカの価格変動会計論なんです。つまり時価会計だったんです。アメリカの時価会計の研究をやって、今読んでも面白いなと思うのですが、「原価主義会計の枠の中での時価主義」というのを結論として出しているんですよ。

例えば、後入先出法《あといれさきだしほう》を使うような話です。あのころだったら、投資有価証券みたいなのはなかったし、価格が変動するのはほとんど棚卸《たなおろし》資産だったということもあって、売上原価の計算で、時価会計的な発想を取れるものとすると後入先出法とか基礎有高法だろうというので、後入先出法をメーンの研究テーマにして、原価主義会計の枠の中で時価会計をうまく取り込んだらどうかというようなペーパーを書いたのです。

それがずっと引っ掛かっていて、しばらくしてから、アメリカあたりから時価的な発想の考え方、エドワーズとベルみたいな考え方、あるいはオーストラリアからチェンバースみたいな考え方が入り込んできたときに、そういう考え方はどちらかというと原価主義の枠内ではなくて、原価主義を取っ払って、新しく時価会計を構築しようとする、そういう考え方だったのかなと思うので、それについてはかなり懐疑的なところがありました。

懐疑的といっても具体的でなくて、まだ大学院生、ドクター・コースの学生ですから、あまり偉そうなことは言えなかったんですけれども、でも頭の中にはずっとそれがあって、いつかこれについて書いてみたいなという思いがずっとあって、それで大学の教員になってから、エドワーズとベルの批判を書くようになったんですね。

エドワーズもベルももともと会計学者ではないからやむを得ないところもあるのかもしれない

ですけれども、彼らが提唱する、いわゆる多元評価論では会計はできないと思ったのです。彼らには「記帳」とか「原始記録」という発想はないのですね。あくまでも、会計データ（アウトプット）の利用者から見てどういうデータが欲しいのかを論じたのだと思います。ですから、「操業利益と保有損益」を分離するといった、とんでもない誤解をベースとした理論を展開してしまっています。エドワーズとベルの話は、会計ではないですね。情報会計はできるかもしれないけれども、決算はできないというような思いがあって、時価を使うとどういうことになるのかとずっと考えていたのが、時価主義会計を批判するベースになっていたんじゃないかなと思うんです。ですから、修士論文のテーマが依然として今につながっているところがあるのかなという思いはありますね。

6　イギリス会計との出会い

愛知学院大学に行ったときに、たまたまなんですが、新井清光先生から、あるイギリスの本を読んで、これをまとめてペーパーにしろと言われたんですよ。私一人じゃなくて、院の先輩の原光世《みつとし》先生と一緒にやるように言われて、それでイギリスの文献を読んだんですけど、これが難解なんですよ。それまでずっとアメリカの会計の文献を読んでいて、アメリカの会計の文献というのは比較的やさしいですから、特別苦労はしなかったんですけれども、イギリスの文献を読んだ途端にまるで分からないという、文学書を読んでいるような、あるいは哲学書を読んでいるような雰囲気なんですよ。イギリス人の英語というのは、そういう英語なんですね。

それを悪戦苦闘しながら、何とか原先生と二人でペーパーにまとめて出したのですが、終わってみると結構面白かったんですね、やったテーマが。イギリスの会計をやっている学者は極めて少ないから、下手にアメリカをやるととんでもない世界に入っちゃうし、原先生は第二外国語がフランス語、私はドイツ語じゃないですか。ドイツもフランスもたくさん学者がいるから、じゃ、イギリス会計を研究しようかという話になって、イギリスの会計をある程度一〇年ぐらいやってみようかという話をして、イギリスの会計をやってみたら、いろいろな面で面白かった。

第一は、イギリスは日本と経済力とか国土とか似ているんですね。中小企業の国じゃないですか、イギリスも日本も。その点もよく似ているし、法律でいうと、商法、会社法があって、会計基準があってという、この階層もよく似ているし。似ているって、後から気が付いてみたら当たり前なんですよね。イギリスのいわゆる直接金融を背景にした会計制度がアメリカに移って、それが日本に来たんですから。イギリスの会計が私たちの会計の源流なんだということに気が付いてから、源流だったら、日本の会計とイギリスの会計が今どういう違いになっているのか、あるいはイギリスから学ぶことがあるんじゃないか。日本から輸出することがあるかどうかは分かりませんけれども、イギリスの会計を、今風の言葉でいうと座標軸にして、日本の会計を評価することができるんじゃないかという、ちょっと大それた思いがありまして、結局それから二〇年間イギリスの会計の研究をやっちゃったという、そういう経緯があるんですね。

7 染谷恭次郎先生の会計観

「取得原価の枠組みの中での時価会計」という着想を得たきっかけは、エドワーズとベルの本を読んでいて、すごくうさんくささを感じたことだと思います。こんなの会計じゃないんじゃないかなという、そういううさんくささを感じたのと、もう一方で、時価は監査できないということを感じたのです。

結構その時期いろいろな方に話を聞いていると、染谷恭次郎先生の話が一番影響があったのかもしれないですね。染谷先生が財務会計論という大学院の授業の中でよく言われたのは、お金を、資金を預かる経営者の責任って何なんだろうと。会計責任ですけどね。そのときは預かったお金、つまり投資をいかに大きくするかというよりも、投資をどう使ったかの報告をすることだということを染谷先生が言われたんですよ。

でも、資金を大きくできたらもちろんいいんですけれども、大きくする、あるいは小さくなるかもしれないんだけれども、染谷先生は、そのときにどういう経緯でもって大きくなったか、どういう経緯を経て小さくなったかの記録を残しておかないと、経営者として責任を果たせないでしょうという話を盛んにされていて、特に年度決算をやっている以上は、一年目の経営者の責任は、同じ経営者が二年目を経営するにしても、二年目の経営者の責任と違うだろうというのです。一年目と二年目では株主が代わっていますから、一年ごとに経営者が資金受託者としての会計責任を果たしていかなければいけないだろうというとき、一年目の経営者の責任というのは、受け入れた資本をどう使って、最終的にどうなったのかを明らかにするために、今の言葉でいうと、投下資本の回収計算を期間でやる必要があるのですね。投下資本の回収計算をやっていて、回収余剰が出たら利益とするという、いわゆる原価主義会計の考え方をそういう表現で言われたのかなと思うんですよ。それが私にしてみたら会計の大枠を決めた話、今から思えばですけれどもね。そうした原始記録から離れて行われる時価主義会計というのはそのころからうさんくさいなという思いはありましたね。

よく時価主義会計を否定すると原価主義会計しか残っていなくて、原価主義会計を否定すると時価主義会計しか残っていなくてという。それについて私は、二者択一の世界じゃないんじゃないかなという思いもあって、十何年前でしたか、広瀬義州《よしくに》先生や平松一夫先生、濱本道正先生、北村敬子先生、上妻《こうづま》義直先生、商法の岸田雅雄先生などと、取得原価主義会計の科研費

（一九九五年度総合研究（A）および一九九六年度基盤研究（A））の研究会をつくって、二年間ほど原価主義会計の研究をやったんですね。そのときの結論も、原価主義を現状でいいと思っている人はいないので、いかに原価主義会計を強化するかという、その研究をするべきだという話を、最後の結論的なところで研究会としては出したんです。どんな制度でも完全なものはないというふうに考えていかないと、じゃあ原価主義は駄目だからといって、時価主義に移ったら、時価主義は別の問題がいっぱい出てくるじゃないですか。そういう意味では、どっちの方法を取ったほうがいいというのではなくて、私は原価主義の立場に立ったら、原価主義に問題点があることを認識して、それをいかに強化するかということを研究するのが学者の一つの仕事じゃないかなとは思いましたね。

※　この科研費研究会の成果は、田中弘編著『取得原価主義会計論』（中央経済社、一九九八年）として出版した。

8　アカウンタビリティーと原価主義会計

時価主義による財務諸表はどちらかというと、特定の経営者の経営能力を示すものじゃなくて、誰でもいいわけですよね。例えば時価によるトヨタ自動車の財務諸表を見せられたとしたら、トヨタ自動車がどれだけの財産を持っているかとか一年間における財産価値の増減額などはわかるにしても、トヨタの経営者がどれだけ頑張ったかとかどれだけの資源を投入してどれだけの業績を上げたかなんていうことは読めないですよ。ましてや次の期にどれだけの業績を上げるかなんていうことはまったく読めないですね。

例えば、ある企業が資金を有価証券に投資したとしますね。その有価証券を期末まで売らずに保有したとすれば、それは売りたくても希望する価格では売れなかったか、売却して資金を回収する必要がなかったか、売却益を計上する必要がなかったか、だろうと思うのです。原価主義ですと、企業が利益政策・財務政策として何を考えているのかを読み取ることができます。

ところが、時価会計ですと、その有価証券を売って（売却益を計上）も売らなくても（評価益を計上）企業利益に変わりはないですから、それなら企業は売却などという面倒なことはしません。売ることがないとなりますと、その企業がいかなる利益政策・財務政策を採っているかが読めません。

時価をベースとした会計情報は、譬《たと》えて言いますと、「学歴・経歴」とか「経験」といったことを問わずに、「現在」「現状」だけで人事を行うようなものではないでしょうか。「履歴書は見ない」「出身大学は問わない」といった採用を謳《うた》っている企業もありますが、現実には、「新卒」という条件で「年齢制限」をかけていますし、採用試験に英語を課したり社会常識を問うことで、さりげなく学歴を訊《き》いていますし、面接では露骨に「当社に大学の先輩はいますか」と訊いてくるそうですね。

「現在情報」「時価情報」だけで採用人事をすれば、その人の「現在」は知ることができるでしょうが、その人の「伸びしろ」とか「限界」は読めませんから、年齢制限をかけない限り、四〇代、五〇代の経験豊かな、されどその経験がもしかしたら「限界値」「賞味期限きれ近い」に達している人を採用することになりかねません。

トヨタ自動車とまったく同じ財務構造（バランス・シートが同じ）の会社を、もう一社作ることは可能ですね。資産の構成も負債の構成もまったく同じにするのです。企業の規模で言いますと、トヨタの総資産は三五兆円ほどですから、日産自動車（一三兆円）と本田技研（一三兆円）と日立製作所（一〇兆円）を合わせたような会社でもいいですし、規模だけでいうならＮＴＴ（一九兆円）とソニー（一四兆円）を合体したような会社を想定してください。同じ数だけの従業員を採用するとします。トヨタと同じような車を作って売ることにするとしますね。時価会計の場合は、何を作っている会社なのかは問題になりませんから、ＮＴＴ（日本電信電話）のように通信・携帯事業でもソニーのようなＡＶ機器を製造する会社でも、利益は期首にあった資産の時価が期末までにどれだけ増えたかで計算しますから、業種とか事業の内容は関係ないのですね。

そうした場合、果たして、トヨタを模倣《もほう》した会社がトヨタと同じ売り上げと利益を計上できるでしょうか。時価会計の場合は、当期の売り上げがどれだけあったかは問題になりません。あくまでも期末の純資産額、つまり、期首に在った純資産が期末までにどれだけ増えたか、これを計算することが目的です。

それが原価主義で作られた財務諸表ですと、トヨタの経営者がこれだけの資金を受け入れて、これだけ資金をこういうふうに運用して、結果これだけの利益を出したんだという、経営者の能力まで全部財務諸表に表れてくるじゃないですか。これまで経営者がやってきたことだけではなくて、これから何をしようとしているかも読めます。それが原価主義の財務諸表だと思うんですよ。

それを全部時価にしてしまったら経営者の能力も企業の将来性も成長性も読めません。わかるのは、その会社がどれだけの資産を持っているかだけです。それも、売れるはずのない時価を使っているのですから、投資家をミスリードしかねないですね。

第3章　イギリスに学ぶ

1　ロンドン大学ＬＳＥ

第1部では、私の定年退職に合わせて開いていただいた「座談会」の内容の一部（私の発言部分）を紹介している。座談会のテーマは、「戦後会計学の軌跡と反省」であったが、何も日本の会計界や会計学の軌跡を辿《たど》るとかその反省をするといった大それたものではない。あくまでも私が経験した「戦後会計学」の歩みであり、私が学び・教えてきた会計学への「反省」である。

前章は、会計学との出会い、佐藤孝一先生との出会い、時価会計・イギリス会計との出会い、そしてアカウンタビリティと原価主義会計について語った。本章は、私が二度、合計二年間の在外研究先であったイギリスの話を語りたい。

私が在外研究先としてイギリスを選んだのは、前章で記したように、新井清光先生から出された宿題（イングランド・ウェールズ勅許会計士協会（ＩＣＡＥＷ）の*Survey of Published Accounts*という出版物の内容を紹介する原稿を書くこと）がきっかけであった。

イギリス人の書く文学的・哲学的な文章に悩まされながらも、パズルを解いたときの（誤解もたくさんあったはずだが）うれしさもあり、また日本の会計に関する法制度や会計制度がイギリスを源流としていることに気が付いたこともあり、しばらくは、日本の会計学者が書いた論文や本でイギリス会計のことを学んだ。

黒澤清著『近代会計学（改訂増補版）』（春秋社、一九六四年）、中川美佐子著『イギリスの会計制度―比較制度論的研究』（千倉書房、一九八二年）、大矢知浩司・佐々木秀一編著『イギリス会計制度の展開』（国元書房、一九八三年）などである。

外国の会計制度を理解するという視点では、山桝忠恕教授の『アメリカ財務会計―その性格と背景―』（中央経済社、一九五五年）から学ぶことが多かったし、イギリスとアメリカの会計観（資本観、利益観）の違いについては、同じ山桝教授の『近代会計理論』（国元書房、一九六三年）から多くのことを学んだ。特に、後者の付録として収録された「会計学と風土」は、イギリスの会計観や会計基準を理解するうえで大きな助けとなった。

初めてイギリスに在外研究（一般に言うところの「留学」であるが、大学教員の場合は「在外研究」ということが多い）に出かけたのが、私が愛知学院大学の助教授のときであった。一九八四年から八五年にかけての一年間で、留学先はロンドン大学の経済学研究科（London School of Economics and Political Science：LSE)で、受け入れ教授（日本から留学のお願いをしたときに、招聘状（invitation letter）にサインしてくれる教授）は、何と、あの時価主義者のカーズバーグ教授であった。

2　カーズバーグ教授との出会い

教授のことは、ＩＣＡＥＷの機関誌「*The Accountancy*」に載っていた紹介記事を読んだくらいしか知らなかった。そこには時価主義者であることは書いてなかった。教授は、あまり論文や本を書いていなかったこともあり、財務会計を教えていることくらいしか分からなかった。

当時、ＬＳＥには、他にデブ教授がいたが、彼女は管理会計が専門であるうえに、そのときはサバティカル・リーブを取っている時期であった。サバティカル（リーブ）というのは、大学の教員に与えられている長期の研究休暇（通常は一年間）で、本来は講義や会議から解放されて「充電」する期間であるが、「放電」「漏電」で終わる人も多いらしい。

残念ながら、前章に書いたように、私が時価会計に対して非常に懐疑的なことが伝わったらしく、カーズバーグ教授と会っても話は弾まなかった。教授も、その後ブリティッシュ・テレコム（英国電電）の事務総長に転任することが決まっていて、日本から来た原価主義者の相手をする時間などなかったに違いない。

二度目の在外研究は、二〇〇〇年—〇一年で、神奈川大学からの派遣であった。すでに学位を取っていたし、ＬＳＥのブロミチ教授とは面識もあったので、今回もロンドン大学経済学研究科に滞在した。前回は、客員研究員（visiting scholar）であったが、今回は客員教授（visiting professor）として受け入れていただいた。

広い研究室、充実した設備、寛大な教授陣、会計学スタッフの研究会（これは毎週木曜日に開かれ、主に欧州大陸から来た若い教員が報告していた）、懇親パーティ、非常に恵まれた一年であった。私の滞在中に、同じＬＳＥに井上信一教授や柴健次教授が短期留学され、また、澤邉紀生教授、加藤正浩教授、斉野純子教授、吉見宏教授、奥薗幸彦教授などの皆さんともロンドンでお会いすることができた。井上、柴両氏を除けば、当時はまだ講師か助教授であったのではなかろうか。

3　ウインブルドン

二度ともウインブルドンにフラットを借りた。最初のときは、テニスのコートのすぐ隣、当時のセンター・コート（現在の1番コート）まで歩いて二分、二階の窓からゲームが見られるところに、二度目のときはウインブルドンの駅の近く、昔のセンター・コートがあったところに住んだ。家の近くに、ウインブルドン・コモンとかリッチモンド・パークという、一八ホールのゴルフ場がいくつも作れるような大きな公園があちこちにあり、野生のシカが群れをなして棲《す》んでいたり、手のひらに乗せたパンをリスが食べにきたり、玄関先にまでキツネがよく顔を出すところであった。昼間は、ロンドンの街中にあるオフィスで過ごし、夜はキツネが鳴く声が聞こえる自宅で家族と過ごすのは、イギリス人の理想とする生活スタイルのようである（紳士諸君は、家族との団らんの後、近くのパブに出かけるようであるが）。

ウインブルドンと言えば、六月の最後の週と七月の第一週に開催されるテニスのチャンピオンシップ（全英オープン）で名高い。アナウンサーが「ロンドン郊外のウインブルドン」と紹介するのが常であるが、ウインブルドンの駅からロンドン中心部のウオータールー駅まで、電車で一〇数分ほどしかかからない。ウオータールー駅からＬＳＥのあるオルドウィッチまでもバスで一〇分ほどであった。

ウインブルドンの大会を、時に「全英オープン（British Open）」とか「The Championship」と呼ぶが、このときの「オープン」というのは、一九六八年からプロの参加が認められたためであり、単に「チャンピオンシップ」と呼ぶのは、「世界で最高位のプレーヤーを決める大会」という（イギリス人の唯我独尊的な）意味である。

一九八四年のウインブルドンは、男女シングルス、男女ダブルス、ミックス、すべての試合で前年のチャンピオン（defending champions）がトロフィーを手にするという珍事が起きた。またこの年は、大会に女子が参加できるようになってちょうど一〇〇年目ということで、昔の女子チャンピオンが勢ぞろいし、ビリー・ジーン・キングとかバージニア・ウエードといった懐かしい顔を拝むことができた。

センター・コートのすぐ隣に住んでいたことから、開幕戦の前日は、夜の一〇時ころに当日券売り場に並んだ。普通の入場券なら並ばずに買えるが、その券ではセンター・コートとか第一コートには入れない。センター・コートなどの指定券は半年前には売り切れている。ただし、センター・コートでも当日券があった。それを求めて前日の夜から並ぶのである。

前日の夜から並ぶというのも、おもしろかった。イギリス人は「割り込み」（彼らは割り込みのことをjumpingと言っていた）を許さないので、夜に並んだとき前から五〇番目とすると、開場の一〇時になっても五〇番目であった。イギリス人が、何であれ並ぶ（queuing）のが大好きなことは知っていたが、友人であれ彼女であれjumpingを認めないことは初めて知った。目の前で、遅れてきた彼女に「後ろに並べ」と言っている現場を見たときは、私なら「君はここに並んで。僕は後ろに並ぶから」と言ってしまうだろうと思ったものである。

前夜から並んだおかげで、男子シングルスの開幕戦を、センター・コートの最前列で観戦することができた。前年チャンピオンのジョン・マッケンローとオーストラリアのポール・マクナミー戦であった。二週間のチャンピオンシップに毎日のように通った。ジミー・コナーズも、ナブラチロアも、クリス・エバートも、イワン・レンドルも、手を伸ばせば届きそうなところでプレイしているのである。ロンドン大学はしばらくお休みであった。

ウインブルドンの大会が終わって、やっと、仕事に戻れたような気がする。それまでは、窓を開ければ試合の大歓声が飛び込んでくるところに住んでいたので、とても机に向かって本を読むという気にはなれなかった。

私はロンドン大学の図書館よりもイングランド・ウェールズ勅許会計士協会（ＩＣＡＥＷ）のライブラリーやアーンスト・アンド・ヤングなど大手会計事務所のライブラリーに通うことが多かった。日本では手に入りそうもない文献がそろっていたし、各社のAnnual Reportや非上場証券市場（ＵＳＭ）の財務諸表を見せてもらうこともできたし、他の会計団体への紹介状も書いてくれた。

最初の留学でイギリスから学んだことは、次の三編にまとめて発表した。

(1)「イギリス・インフレーション会計の政治的背景」『會計』（一九八六年五、六月）

(2)「商法・企業会計原則における離脱規定」『會計』（一九八六年一〇月）

(3)「企業会計原則の法的認知」『會計』（一九八八年三月）

4 『会計学の座標軸』

二度目の在外研究（二〇〇〇―〇一年）のときは、すでにeメールが使えるようになっていたので、出版社との間で原稿やゲラのやり取りが簡単にできた。原稿が書きあがると、税務経理協会にメールで送った。同社の『税経通信』鈴木利美編集長（当時）には、私が勝手に送る原稿を同誌に掲載する便宜を図っていただいた。これらの原稿をまとめて本にしたのが、『会計学の座標軸』（税務経理協会、二〇〇一年）であった。

本書は四四二頁という大部のものであったし、書名からして何の本なのかは分からないこともあって、出版社としては印刷部数を少なく（その結果、定価は高く）したいという。当然である。出版業界はその当時からすでに市場が縮小気味で、大学などの教科書として使えるようなマーケットの大きい場合は別として、学術書・研究書の場合は、初版の印刷は一、五〇〇冊が普通で、それも三年程度で売り切れるものでなければ、在庫の山を築いてしまう。市場が小さい場合は、印刷部数が一、〇〇〇冊でも売り切るのに五年、一〇年、いや売り切れればまだいい方で、在庫の山を出版社が被《こうむ》ることになる。

私は、一人でも多くの方に読んでいただきたいという思いから、同社の大坪嘉春社長にお願いして三、〇〇〇冊も刷っていただいた。私の方から、三年以内に三、〇〇〇冊が売り切れなかったら、私が在庫を全部買い取ると申し入れて、総頁数四四二頁の本を、売価三、〇〇〇円（税別）にしていただいた。通常なら四、五〇〇円か五、〇〇〇円の値付けになるボリュームの本であった。

三年で三、〇〇〇冊を売り切れなかったら、残部を買い取るという約束である。大学のテキストとして使えるような内容の本ではない。ありがたいことに書評を、須田一幸教授（『ＪＩＣＰＡジャーナル』）、藤田晶子教授（『税経セミナー』）、吉見宏教授（『税経通信』）などの諸先生に書いていただいたこともあって、約束の三年を待たずして売り切れ、増刷することまでできた。これもすべて、読者諸兄のお陰だと心から感謝している。

5 『新財務諸表論』

この時期、同時進行の形で、同社の『税経セミナー』誌（長い間、税理士試験や公認会計士試験受験者のための情報を提供する有力誌であったが、受験者が激減したことから、残念ながら二〇一三年九月号をもって休刊となった）に、二〇〇〇年四月号から「ポイント学習　財務諸表論」を連載することにした。この連載は、二〇〇三年八月までの三年半、四一回まで続いたが、途中で『財務諸表論の考え方』（税務経理協会）として出版し、さらに本書をベースとして『新財務諸表論』（税務経理協会、二〇〇五年、現在第四版）を書くことができた。

この連載は、私にとって貴重な経験であった。それまで、財務諸表論の全体を万遍なく書いたり講義したりする機会はなかったが、これを機に、財務会計論・財務諸表論を一貫して流れる「会計固有の考え方」、「会社法と会計の考え方の相違」、「ルールの背景と問題点」を整理することにしたのである。在外研究という時間と空間がなければできなかった仕事であったと思う。

前置きが長くなってしまったが、座談会の話に戻りたい。

6　イギリス会計から学んだこと

イギリスはちょっと面白い国で、損益計算は原価主義ですが貸借対照表は時価主義なんです、発想が。つまり貸借対照表に記載される不動産などが、あまり時価から離れるのは投資家にとってもあまり好ましくないから、こっちは時価で見せようとするのです。バランス・シートには時価で表示するけども、では評価益はどうするのかというと、これは未実現だから損益計算書には出さないという発想です。

剰余金計算書みたいな第三の計算書を用意して、損益計算書にまだ回せないものは一回ここに預かっておくという、それが後で売却して実現したら、損益計算書に戻すという、考えです。一般に、積立金会計（reserve accounting）と呼ばれた手法です。そういう会計をやってきたのを見てきて、これはなかなか実学だなと思いました。投資家が欲しい情報が両方出ているわけです、うまい具合に。理論的な整合性はないかもしれないです。要するに複式簿記から出てくるデータを、バランス・シートと損益計算書にぱっときれいに分けるという、そういう発想じゃなくて、分け切れないものは第三の計算書を置いておいて、そこにしばらく入れておくんだという発想は、これは実学的な発想なんだなと思います。

イギリス人は空理空論を嫌うだけではなく、体系的に美しいとか論理的に組み立てられているということに価値を置かないというか、胡散臭《うさんくさ》さを感じるようで、実際に使えるかどうかを重視しているように感じますね。学問というよりは発想なんだと思います。

それに比べると今の私たちは、国際会計基準なんかみんなそうですけれども、そこのところを、どちらかというと複式簿記のアウトプットを無理やりに右と左に分けちゃって、全部バランス・シートか損益計算書かどっちかに全部無理やり入れようとする。それだから、「その他の包括利益」みたいな変なものが損益計算書に出てくるんじゃないかなと思います。そういう意味では、いい勉強をさせてもらったなと思うんです。イギリスからいろいろなことを学んだ中でも、イギリス人の柔軟な考え方に感心しました。投資家が必要としている情報をどういう形で出すかという問題に対する一つのアイデアだったと思うんです。

7　カーズバーグ教授とベル教授

私はイギリスに二回行かせてもらったんですけれども、最初に行ったのが一九八四年から八五年で、ちょうど英語圏というか、イギリス、アメリカ、オーストラリア、カナダ、ニュージーランド、この辺の国々に時価会計の嵐が吹き荒れた直後に行ったんです。ロンドン大学にはつてがなかったので、カーズバーグさんに取りあえず手紙を書いたんです。

幸いにしてインビテーション・レター（招聘《しょうへい》状）をもらったのはいいんですけれども、カーズバーグさんという人がどういうペーパーを書いているか、一度も読んだことがなかったんですよね。書いた本がなかったから読みようがなかったんですけど。それでロンドン大学に行って、最初に会って、しばらく話しているうちに気が付いたのは、彼は時価主義者なんですよ（笑）。

それで、私はそのときに特別に反論したわけではないんですけれども、イギリスの会計学者というと、ほかには誰か知っているかと聞くから、あのころはエジンバラ大学に同じ時価主義者のスタンプ教授がいましたから、スタンプの名前を挙げたら、顔色が変わるんですよ。仲が悪いんだなと分かりました（笑）。

しばらく彼の授業に出ていたんですけれども、向こうも何となく私が時価主義を信じていないところが分かるらしくて、いつも時価主義のいいところをピックアップして教室で話すのを聞いていて、これは宗教じゃないんだから、時価主義のいいところばかり言うんじゃなくて、学者なら批判的な目で話してくれたらいいのになんて思いました。

時期も悪かったのでしょうか、イギリスは現在原価会計、カレント・コスト会計という名の時価会計に失敗して、原価主義会計に戻った時期でしたが、そのカレント・コスト会計の旗を振っていた一人がカーズバーグさんだったのです。もう一人はＩＡＳＢの議長を務めていたトゥイーディーさんでした。そうした事情を知りませんから、彼が講義で時価主義を強く主張するのに違和感を覚えたのですね。

夏休みの頃でしたか、エドワーズとベルの、ベルさんがロンドン大学に講演に来ました。エドワーズとベルもカレント・コスト会計と同じように、資産の個別価格の変動が企業に与える影響を財務諸表に反映させようとするものでしたから、考え方が似ていたのですね。

カレント・コスト会計もエドワーズとベルの価格変動会計論も強い批判にさらされていた時期でしたから、反論でも聞けるかと思ってベルさんの話を聞いたのですが、自画自賛めいた話で終わったように思います。私の英語力に問題があって、アメリカ英語が聞き取れなかったということもあったと思います。一回目の留学はそんなものでした。

8　ブロミチ教授

二回目の在外研究は、神奈川大学から行かせてもらいました。同じロンドン大学に受け入れていただいたのですが、受け入れ教授がマイケル・ブロミチ教授で、日本通ということもあって、歓迎していただきました。ちょうど二〇〇〇年のときで、それこそ国際会計基準が力を持ってきはじめたときのロンドンにいましたから、ヨーロッパから来る先生方もいろいろ国際会計基準をテーマにした研究報告なんかされるんですけれども、二〇〇〇年というと、まだ現実味が薄いんですね。ヨーロッパが採用するのは二〇〇五年じゃないですか。二〇〇〇年というと、国際会計基準を使うか使わないかの議論をやっていて、それほど現実味がない。

一九八四年に最初にイギリスに行ったとき知ったのですが、実はＩＡＳをイギリスは使っていたんですよ。ロンドンの証券取引所にイエローブックというルールブックがあるんですけれども、そのイエローブックの中に、外国の、イギリスですから、イギリス以外の外国の会社が国際会計基準に従って財務諸表を作ったものはイギリスの基準で作ったものと同等なものとして受け入れると書いてあるんです。何年間か受け入れて、しばらくしてから、ここは駄目だ、あそこはイギリスに合わないと条件を付けてくるんですけれども、一〇年近くの間、受け入れていたんですね。

その最後の方になってから、やっぱり国際会計基準の中身がイギリスにどんどんどんどん合わなくなってきて、結局使用禁止になったということがありました。

ですから、ＩＡＳって単なる作文だったわけではなくて、しばらくの間、少なくともイギリスでは使っていたという時代があったんですね。でも、そのころの国際会計基準というのは、いわゆる資産負債アプローチではなくて、収益費用アプローチで作られたものですから、特別イギリスでも、アメリカでも、違和感の小さい会計が国際会計基準だったんですね。

9　ウインブルドンのこと

研究テーマの選択上、イギリスを選んだんですけど、何を学んだかというと非常に微妙でして、昔はインターネットの時代ではないですから、確かに文献を手に入れるのは結構面倒くさかったのもあるんですが、行ってみてびっくりしたのは、日本では手に入らないものがいっぱい普通の本屋さんに並んでいる。

日本でも、日本書籍やなんかがいろいろ外国語文献を紹介してくれるじゃないですか。パンフレットで紹介してくれるけど、そういうところに全然出てこない文献というのがいっぱいあって、それが結構読まれている。こういうものが読まれるんだということに気が付いたのと、比較的そういう読まれているものというのは、時代を描いているというんですか、粉飾決算を暴いてみせるようなものがたくさん出版されているのです。

帳簿に手を加えるのをcook（料理する）、粉飾まがいはwell-done、元の形がなくなるまでこんがり焼くのをroastというそうで、帳簿が操作されているような話を具体的に書いた本とか。それから、イギリスの監視機構がいかに役に立たないかを書いた本とかいうのが結構、日本にいると分からないのですが、向こうに行くと比較的読まれている本なので、手に入りやすかったというのもありますよね。

最初に行ったときは家内と二人だったので、しかも住んだところがウインブルドンという（笑）。ウインブルドンのセンター・コートまで歩いて二分ぐらいのところにフラットを借りていましたから、どちらかというと遊びに行ったところがあるんですけれども、二回目のときは子供たちが一緒だったので、そんなに遊んでばかりもいられなくて、どちらかというと子供たち中心の留学でした。向こうの家庭生活というか、学校生活とか、学校での勉強の仕方なんかよく目にすることができたので、その点ではよかったなと思います。

それと向こうに行って、いろいろな人と知り合っているうちに気が付いたのですが、イギリス人というのは、どちらかというと地球という世界でいうと、長男坊なんですね。どんなときも嫌な顔をしない。誰に対してもフレンドリー。本心は知りませんよ。本心は知らないけれども、誰に対してもフレンドリー。ちょっとおせっかいなぐらいまで、他人に対して面倒を見てくれるというのはよかったし、それは日本に帰ってきてからも、自分もああなりたいなという思いもあって、学生にはできるだけそういうふうに接してきたつもりなんですけど、長続きはしないですね（笑）。

第4章　「記録の会計」と「報告の会計」

1　座談会ならぬ独演会

2　「財務諸表の化けの皮を剥がす」

3　司馬遼太郎氏に学ぶ

4　大蔵省銀行局保険部の仕事

5　時価評価と時価情報の違いが理解されていない

6　原価主義への確信

7　記帳（簿記）から入る学者と簿記を知らない学者

8　情報の採り方

1　座談会ならぬ独演会

第2章から、座談会のうち、私の発言部分を紹介している。座談会は、私が神奈川大学を定年で退職するのを機に、経済学部の岡村勝義教授、奥山茂教授、戸田龍介教授に出席していただいて、私が経験した「戦後会計学」の歩みと、私が学び・教えてきた会計学への「反省」を語ったものである。「座談会」というよりは、「独演会」に近かった。「聞き上手」を目指す私よりも、三先生の方が上手であった。

座談会の速記録は、神奈川大学経済貿易研究所の年報『経済貿易研究』（第四〇号、二〇一四年）に収録され、各大学の図書館や研究所に配布されたが、私の「最終講義」に出席していただいた方々にもお配りした。

お読みいただいた方々から、メールや手紙などで感想や意見を頂戴したり、当方の誤解を指摘していただいたり、うれしい反応があった。こちらが舌足らずなところは、本書で補足させていただき、誤解があったところは、修正・訂正させていただくことにしている。

第2章では、私の会計学との出会い、時価会計・イギリス会計との出会い、そしてアカウンタビリティと原価主義会計について語り、第3章では、留学先のロンドン大学、ウインブルドンのことなどを書いた。本章は、私の学風（らしきこと）を紹介したい。特に、なぜ私が原価主義にこだわるのか、なぜ時価主義は会計でないと主張するのか、その根底にある経験を語りたい。

2 「財務諸表の化《ば》けの皮を剥《は》がす」

イギリスで目にした会計の本は、ロンドン大学のそばにある書店（大きいのはEconomist's Bookshopという名であったと記憶している）では教科書や会計士の受験書が並んでいましたが、日本のように、小さい書店にも簿記検定の本や大学の会計教科書が並んでいるというのは見かけなかったですね。

小さな書店にも会計のコーナーがありましたが、そこの棚に、一般人向けの本が並んでいるのです。ですけど、日本のような、「三日でわかる……」「一〇時間でマスター……」といったことを謳《うた》い文句にしたような、「三日で三キロ痩《や》せるやせ薬」みたいな会計本ではありませんでした。「三日でわかる」本を、簿記の専門学校の教師が書いているのも変ですね。簿記の学校が要らなくなりますね。私たちも失業しそうです（笑）。

イギリスの書店で見かけたのは、一般社会人向けの会計本なんです。そうした本は日本には少ないですね。日本の会計学者が書く本というのはやっぱり硬い。学者向けというか仲間向けに書いている。会計士などの実務家の書いた本は、税法や会計基準の紹介がほとんどで、一般社会人が読むような内容でない。

ところが向こうで気が付いたのは、そういう本ではなくて、一般社会人を相手に会計問題を堂々と議論している、あるいは弁護士なんかが会計問題を一般向けに書いた本の中で議論している。しかもそれが売れているから社会に対する影響力もあると思います。やっぱり一般向けに書くというのも大事なんだなと思いました。

例えば、Terry Smithというジャーナリストが書いた、*Accounting for Growth : Stripping the Camouflage from Company accounts*とか、Ian Griffithsが書いた、*Creative Accounting : How to make your profits what you want them to be*、弁護士のDoreen McBarnetとChristopher Whelanが書いた*Creative Accounting and the Crosseyed Javelin Thrower*、D. R. Myddletonの*On a Cloth Untrue : the way forward*などは、専門の書店でなくても売っていました。私も、本の内容はともかく、書名で買った記憶があります。

*Accounting for Growth*という書名からは、きっと「会社を成長させるためにいかに会計を活用するか」といった経営分析の本だと勝手に解釈したのですが、副題がついていて*Stripping the Camouflage from Company accounts*、「財務諸表の化けの皮を剥がす」とあるではないですか。二―三頁立ち読みしてびっくりしたのは、この本はたびたび出版妨害を受けているんです。

creative accountingを指摘された会社とか監査が甘いと指摘された会計事務所からです。

How to make your profits what you want them to be、「望み通りの利益を作る方法」といった会計学者の良心に訴える本もありましたし、Creative Accounting、「独創的会計」「創造的会計」「創作的会計」というのでしょうか、要は「法のギリギリのところで行う不正会計」とでもいうべきことを指弾して書いた本もありました。私はcreative accountingを「法律やGAAP《ギャップ》に準拠しつつ恣意《しい》的な利益額をcreateする会計操作」と定義しています。

本屋で、*Creative Accounting and the Crosseyed Javelin Thrower*という書名の本を見たときは、とまどいました。Javelin Throwerが分からなかったのです。その当時はまだ電子辞書が普及していなかったのですが、私はソニーのDigital Data Viewer（DD-IC70）を持っていたのでチェックすると、「やり投げの選手」だということが書いてありました。Crosseyedが「やぶにらみ」のことだとは何とか推理できました。

最初に関心を持ったのは、この書名でした。何の本なのか分からないけれど、いや、何の本だろうと思って立ち読みする気になったのです。この点で、この書名は成功していると思います。

立ち読みして分かったのは、creative accountingという不正をターゲット（的）にして監督官庁や会計士団体が槍を投げても、その選手が「やぶにらみ」であったら的に当たるかどうか分からない、しかし、観客（投資家、経営者、行政、会計士などの関係者）は、一〇ペンスか二〇ペンスを賭《か》けながら（イギリス人の賭け事好きを思い出してください）結果を見守っているはずだ……ということです。すぐに二〇ポンドほどを投資しました。

3　司馬遼太郎氏に学ぶ

日本で、大手出版社の社長とか財界の方などから言われたことがあるんですが、本を出すことはいいけれども、売れるということが大事だと。売れて初めて自分の意見が世の中に伝わるんだよと言われました。ですからそれから私が本を書くときに気を付けたのは、売れるような内容に、売れるようなものにしなければいけないんだなというのが一つです。もう一つあります。もう言ってもいいと思うんですけれども、そのころまで私がイギリスの会計をずっと書いてきたものが、しばしば盗作されるんですよ。見事なぐらいにすぽっと盗作される。それもひどいものでは私の書いた論文数本をほとんどまるまるコピーして自分の本に載せちゃう人もいましたし、学会の報告で私の書いた論文を読み上げる人も何人かいました。

私はイギリスにいなければ絶対手に入らない文献を見つけて、向こうで文献を翻訳して紹介すると、帰国してみると絶対に文献を持っていないはずの人が、自分の意見のようにすぽっと抜いちゃうんですね。それを何回かやられているうちに、よし、次の本を書くときからは、まねできないような文体にしようと思いました。

そのときに思ったのは、どこかの本にも書きましたけれども、私は司馬遼太郎さんが大好きなので、司馬遼太郎さんの本を読んで、例えば一〇ページとか二〇ページ読んで、読んだ勢いでもって自分の原稿を書くと、司馬さんの文体が乗り移ってくるんです。司馬さんの文体はエッセイでも小説でもそうですが、短い文章をつなぎ合わせて書きますから、実に歯切れがいい。私も、司馬さんの書いたものを音読してから自分の原稿を書くようにしたら、比較的読みやすい、あまりだらだらしていない、すぱっすぱっと終われる文体で書けるようになったんです。ときどき私の本を読んでくれた方から、読みやすいとか分かりやすいといった評価を頂くんですが、司馬さんのおかげみたいなところがあります。それ以来は、私の書いた文章をそのまま写すような盗作は減りましたね。「着想」や「結論」は、相変わらず盗まれてますが。

4　大蔵省銀行局保険部の仕事

私は二五年ぐらい前から大蔵省の保険部の仕事を手伝ってきました。保険会社の経理の規定を作るお手伝いしていたんですけれども、そのときに保険業界の人たちといろいろ話をしていて、だんだん確信を持ってきたのは、会計や決算では時価は使えないということでした。保険会社は生保も損保も大量に有価証券を持っているわけです。その有価証券に含みがいっぱいあるわけです、バブルのときですから。大蔵省の官僚はその含みを表に出せ、オンバランスしろって言っているわけです。そのころ生保はほとんど相互会社ですから、株式会社ではないので、相互会社は証券市場の土俵に上がってこないじゃないかというのです。だから含みを全部出して、バランス・シートに載っけて、納税のほうは言わなかったですけれども、外国の保険会社と対等に勝負するようにしなければいけないというのです。アメリカからそうするように言われていたのでしょうね。

横浜国大で開催された会計学会の関東部会でしたか、醍醐聡さんと一緒に統一論題で報告したことがありました。私は、日本の証券市場は小さいし持ち合いが進んでいるので上場会社が持っている株は時価では売れない、だから有価証券の含み益なんて実現できないという話をしました。そうしたら、彼は言うじゃないですか、上場会社の所有株は何年かかければ売れるんだから実現可能だと。

何年かかければ売れるというのは分かります。しかし三年後とか五年後に売ったときの売却益なんか今年の利益じゃないですよ、本当は。それを五年後の売却益も一〇年後の売却益も全部今年の利益として計上するというのは、時価評価でも何でもないです。所有株が来年いくらで売れるかも分からないのに、売れたことにして利益を計上するんですよ。

その後、エンロンが将来利益だとごり押しできるものをすべて当期に計上し破綻しましたよね。ＩＦＲＳにも、種《たね》を蒔《ま》いたら一年後の収穫を予測して当期に利益を計上するというのがありますけど、ファイナンスの世界ならいざ知らず、こうした話は会計ではないと思うのです。

そのときは東大の教授を傷つけてはいけないから黙っていましたけれども、あの当時は時価がもてはやされていましたから、醍醐さんも強気でしたね。考え方が醍醐さんは醍醐さんなりに一貫して言っているんでしょうけれども、現実の証券市場は醍醐さんが考えるほど大きくないのですね。自分の主張が日本経済や企業決算に与える影響を、透明性とか比較性の観点といったミクロの観点からしか見ていないように感じました。醍醐さんも、記録・記帳から会計の世界に入ってきたのではなく、経済学といいますかマルクス経済学というマクロの世界からミクロの会計の世界に入ってきて、アウトプットである財務諸表・会計データに不満を感じたのかもしれません。

大蔵省の話に戻りますが、有価証券の含み益をオンバランスするという話をしているときに、生保の人たちはそんなことはできないって言うんです。できない理由をいろいろ聞いてみたら、所有する株は時価でなんか売れっこないって言うんです。それ以上に、日本の生保が持っている有価証券は売りに出せないというのです。

例えば日本の代表的な生保は、一社あたりでみても上場会社の何十社もの筆頭株主じゃないですか。その筆頭株主がほんのちょっとでもどこかの会社の株を売ったら、一気にその会社の株価が大暴落するというんです。いわゆる生保が見放した会社という評価をされるので。逆に大手の生保がちょっとでも買うと、生保のフィルターを通った会社だというので、株価がぐっと上がる。そういう市場で、含み益を実現できるなんていうことは絶対あり得ないというのです。

当時、この含み益を契約者配当などに使うときは、「クロス取引」という虚構の売買をするんです。売り手と買い手が売買価格と分量と売買の時間を決めておいて、市場で一瞬にして売買を成立させる方法ですね。売買が成立したら、今度は売り手と買い手が逆になってもう一回クロス取引をやる。そうすると売却益が計上できて、各社が保有する株の中身は変わらない。時価で評価して評価益を計上するのと同じです。保険会社だけではなくて、一般の事業会社もクロス取引を使っていました。株の含みがあっても売却して実現することができないから、こんな無理なことをしてきたのです。私は、クロス取引は書類上だけのやり取りであり、虚構なものだから禁止するべきだと主張して、会計処理のルールを変えてもらいましたが、その後、時価会計が入ってきて、クロス取引なんかしなくても期末に時価評価することになりました。

5　時価評価と時価情報の違いが理解されていない

含み益の金額は情報として出すのは大事かもしれないけれども、それは投資情報としてなら構わないということであって、これをオンバランスすることはできないだろうと思いました。オンバランスすると、それが利益に計上されますから契約者に配当されるし、場合によっては課税されるかもしれないし、もしかしたらその利益を使って何かをやろうとする人たちも出てくる。でも、それは実は使い道のない、空気か泡みたいなものだとはそのころ知らなかったですけど、これは実現する可能性のないものだということを、盛んに研究会や会議なんかでもいろいろ官僚にも言ってきた段階で、確信を持ってきたんですよね。時価で評価する評価益は実現性がないんだと。

生保は、四〇年とか五〇年契約のお客さんを相手にしていますから、現在の株の含み益というのは誰のものかという議論を延々とやったんですけれども、現在の契約者のものも一部あるかもしれないけれども、やめちゃった人が残していった部分がいっぱいあるわけです。これをどうするのって。実現しそうにもないし、誰のものかも分からないし、これを利益として出すというのはどういう理屈からなのかということをいろいろ議論しているうちに、バブルが弾けてオンバランスの話は消えてなくなりました。それで私は生保の会社の人たちからすごく感謝されました。あのときあなたがあそこで時価評価をとめなかったら、われわれ生保は全部つぶれていたって。そういう実学として使われている学問、そっちからの経験もあって、原価主義に対する思いが強くなったんだと思うんです。時価主義を主張するなら、原価主義と一緒の土俵に上がって議論して欲しいと思います。

6　原価主義への確信

高校のときに簿記を習っていて、取引を取引額で、つまり現金の収支額で記帳するというのがずっと身に染《し》みているところがあるわけです。記録を使ってやるものが、時価主義だったら記録が要らなくなっちゃうわけじゃないですか。時価は会計向きじゃないなという思いもあったし、やっぱり記録を付けていくことによって、家計簿でもみんなそうですけど、これは歴史ですから、歴史は将来を物語る、将来を照らし出す力があるんだ思うのです。

私は経営分析を教えているのでよく学生に言うんですけれども、経営分析というのは、過去や現在を知るだけではなくて、過去のデータを分析することで次の一年、次の二年が読めるようになる、過去のデータは将来を照らし出す力があるから、その力を利用するために分析をやるんだよと言ってきました。その過去のデータがなかったらどうしようもないですもんね。そういう意味では、まずは取引の記録、それから派生する投下資本の回収計算、回収余剰としての利益というのが私の中にある会計観であって、そこには評価としての時価が紛れ込むということは原則としてないなと思うのです。

原則という言い方をしているのは、時価を物差しとして使うというのはあってもいいと思うからです。例えば低価法の適用のときに時価を使いますし、時価を全面的に使ってはいけないと言っているわけではなくて、使うことはある。ただし、それは損失とか失った原価の効用を測る物差しとして使っているだけで、時価評価しているわけではないですよね。

7 記帳（簿記）から入る学者と簿記を知らない学者

会計の世界に、簿記から、つまり記帳から入る学者・研究者と、簿記からアウトプットされたデータ、つまり、会計データから会計の世界に入る学者・研究者という、二つのタイプがあると思うのです。

大学の会計学教員には、簿記が得意じゃない人が多いみたいです。日商簿記の三級レベルの問題でもあやしい人もいます。大学で採用している簿記のテキストを見ると、個人商店が株式を発行したり、期中に減価償却したり、在庫量を超えて販売する取引が出てきたり、思わずニヤッとしたくなるものが結構あります。

管理会計の教員でありながら、日商簿記二級の工業簿記が解けないと正直に言う人もいました。「簿記の教師じゃないから」「大学院では簿記はやらなかったし」……と言えばそのとおりなんですが、原因は、皆さん、会計の世界に「入口」である記帳から入らずに、「出口」であるデータの利用から入っているからだと思います。

例えば私の恩師筋にあたる新井清光さんは早稲田の政経学部から商学研究科に入ってきた人なので、簿記的な発想とかの下地が薄くて、記録とか帳簿とかの入口よりも会計報告の内容といった出口に関心が深かったようです。スタート台としての記録ではなくて、ゴールとしての報告内容に目が向いていたと言っていいのではないかと思います。

ですから若いころは記録のベースとなる原価よりも、報告すべき情報としての時価に対する思い入れとか関心があったのではないでしょうか。ペーパーとしては書いていませんが、普段の会話の中に、ちらちらと原価主義を批判する話がでていましたから。

最後には新井さんも原価主義を支持していましたが、原価主義に対してかなり懐疑的になった時期もあったようです。どこかで経済的な発想、現状描写の発想が顔を出すんですね。そういうときに時価的な発想に傾いたのではないでしょうか。

私みたいな、原価主義こそ会計であって、もしもそれに欠陥があるならそれを補強すればいいじゃないかという発想はなかったと思います。世界が時価主義に傾いたときにはすでに原価主義論者の立場を鮮明にしていましたが、それ以前は経済学的な発想というか時価に対するシンパシーを持っていましたね。

8　情報の採り方

私は、Eメールが普及したころからは、書いた本や論文に自分のメールアドレスを書いてきました。最初は、出版社の方が「読者からのメールが殺到したら面倒です」とか「いやがらせのメールが来るかもしれませんよ」といった心配をしてくれましたが、そんなことにはならなかったですね。

自分のメールアドレスを公開しても、特別に、そこから新たな情報が入ってくるということはほとんどないです、実を言うと。たいてい読まれた方は自分の会社の話を書いてくるだけなので、業界の動向とかの話はありません。

私が書く原稿には、何か暴露的な、私だけが知っているようなニュアンスの情報が入っているかのようにお考えの方がいるかもしれませんが、私には、裏の情報なんてないですよ。ほとんど表の情報です。

『税経通信』の二〇一三年一二月号に国際会計基準の資金の話を取り上げたんです。IFRS財団の資金はどこから来るのかというのを書いたんですけど、今までどなたも書かないんですね、財団の資金がどうなっているのか。この間、三菱電機常任顧問の佐藤行弘さん（金融庁顧問、経済産業省企業財務委員会委員長）とお会いしたときに財団の資金の話が出たんです。戸田龍介先生もご一緒の時でしたが。ＩＦＲＳに賛成の企業もＩＦＲＳを採用するつもりのない企業も、みんなＩＡＳＢに金を吸い取られているということが話題になって、もっと日本の企業はそのことを知っておくべきだという話になりました。

それじゃあ書いて紹介したほうがいいなと思って書いたんですけれども、秘密の情報でも何でもないですよ。全部ネットで探していけば、そういうデータがあるので、そのデータを集めて書いただけなんですよ。集めてみると面白い結果が出てくる。書いていて楽しかったです。

第5章　標準的テキストの功罪

1　「書斎の会計学」
2　輸入学問からの脱皮
3　標準的テキストの出現
4　「考える」ことよりも「知ること」が学問に
5　理論研究から実証研究へ
6　「時価会計不況」
7　時価主義の「踏み絵」
8　国際会計基準の時代
9　イギリスとアメリカの会計観の相違

1 「書斎の会計学」

二時間ほどの座談会で私が話したことを紹介してきたが、前章で書いたように私の独演会じみたところもあり、また、話し足りなかったり言葉不足で意を尽くせなかったところもあり、それを補ったりしたために長い原稿になってしまった。冗長にならないように気を付けているが、こういう機会でもなければなかなか本音は書けないので、寄り道が多いのはお許しいただきたい。

なお、神奈川大学を定年で退職した後、東京の辻・本郷税理士法人（理事長・本郷孔洋氏）に顧問としてお招きいただき、当面、同法人の七〇〇名ほどのスタッフを対象とした研修を担当している。また、「一般財団法人経営戦略研究財団」の理事長を拝命し、中小企業の振興と税理士業界の発展に微力を捧げることになった。

実務経験のない私ではあるが、理論の筋を通せば実務ではこうなるはずだという世界が見えてくるものだ。理論の筋を通した話が現場の実務と大きく異なるようなことがあれば、その理論が学の世界と実務界で合意されていないのであって、「実践されない学」「理論的裏付けのない実務」が横行しかねない。学者が一般論として話すことを実務で応用するのは実務家の仕事であろうし、実務の世界で集積された経験を一般化・理論化するのは学者の仕事である。この機会に

「実務と学の融合」を図る仕事にチャレンジしたいと思う。

2　輸入学問からの脱皮

これまでお話したように、私は、高校・大学から今までの間、約五〇年間ほど簿記と会計学に付き合ってきたわけですが、この間に日本の会計界で大きな事件というか、大きな動きが三つあったような気がするんです。一つは昭和二四年、私はまだ六歳ですけれども、企業会計原則ができました。企業会計原則なんていうのは翻訳ですから本当のことは何だかよく分からなくて、一〇年経ってもかんかんがくがくの議論をやっていました。大学に入ったのが昭和三七（一九六二）年ですから、当時は企業会計原則の中身の議論から、これを商法に取り込むかどうかという、商法との調整にテーマが移った時期で、日本の会計学者が一番熱を帯びていた時期に大学に入ったんです。

マーケティングだとか、金融論だとか、ロジスティクスだとか、近代経済学だとか、経営学・経営管理論だとか、大体アメリカから入ってきた学問は全部同じ時期だったような気がするんです。だから、大学で私も会計学の勉強をやるという気持ちでいながらも、隣でマーケティングがものすごく人気なのを見ていて、マーケティングってきっと面白いんだろうなと思ってました。

そのころは宇野政雄先生というマーケティングの先生がいて、その先生の授業に行くと、確かに面白いんです。今でも宇野先生の講義を再現できるくらい記憶に残っています。

日本でスーパーが登場した時期でしたから、デパートとスーパーの違いとか、マヨネーズが広口瓶入りに変わって売り上げが伸びた話とか、不真面目な学生の割には、この先生の話はよく聞きました。ただ、後から気が付いたことですが、学問として体系だったことは聞いてないのですね。聞き手の私が未熟でしたから何を聞いても感心しましたが、その話を応用するだけの知恵が湧かないのです。

もう一人原田俊夫先生というマーケティングを担当している先生がいたんです。こちらも面白いのかと思って行ってみたら、全く面白くないんですよ（笑）。私が高校時代に習った商業学と同じだったんですね。ただし、こちらの講義の内容は長い歴史を持っていますから、多少は体系的なことを聞いたような気がしました。内容はほとんど記憶にないですね。

その両方の先生の話を聞いていて、同じマーケティングという学問も人によって違うんだなと思いました。時間の空きがあると、履修の登録をしていないほかの科目をいろいろのぞいたのですが、全部アメリカから入ってきて、日本でやっと議論ができるぐらいまで理解が進んできた時代だったと思います。ただ単に外国文献を翻訳する時代から、日本に定着させる時代だったのかもしれないですけれども、そのときに私は学生時代を迎えていますから、会計学がものすごく熱かった時代だったんです。どこの教室に行っても、会計学者が汗をだらだら流しながら熱弁を振るってくれた時代です。まだどこの大学にもエアコンなど入っていない時期でしたから、教師も学生も汗だらけでしたね。

3 標準的テキストの出現

そのころから、会計学の標準的なテキストがいっぱい生まれてきました。佐藤孝一先生が書いた八〇〇ページぐらいの『現代会計学』とか、後継の『新会計学』などや、黒澤清先生の『近代会計学』、山下勝治先生の『会計学一般理論』などです。

私が大学院（博士課程）を終えて教員になったのが、一九七二（昭和四七）年で、札幌オリンピックがあった年です。私は、学生時代に東京オリンピックと札幌オリンピックの両方を経験したのですが、東京オリンピックのときは大学がフェンシングの会場だったので大会中すべて休講でした。札幌のときは、子供のころ滑っていた山が会場でしたから、格別の思いがありました。

標準的なテキストとして、長い間、大学や受験界などで使われてきたのは、飯野利夫教授の『財務会計論』と新井清光教授の『財務会計論』などでした。どちらの本も、お二人が税務大学校での講義や通信教育の教材をベースにしていたようです。お二人は同じ時期に税務大学校で財務会計を教えていたのです。私も新井教授に呼ばれて市ヶ谷にあった税務大学校に行って、初めて飯野教授にお会いしたことを覚えています。

二冊とも特徴のある本ですが、読んでみると章立てとか制度の説明とか、核になる部分はよく似ていますね。ちょうど国税庁が、国税専門官という専門職を作って大卒を採用し始めたころで、国税専門官教育のための講義ノートを本にまとめたようです。

4 「考える」ことよりも「知ること」が学問に

こうした本が大学の会計テキストとして広く採用されるようになって、日本の会計教育も会計研究も、教科書で学ぶスタイルにだんだん変わってきました。そうなってきますと、これは学問じゃなくて、科学として、知識として吸収する時代になってきたのかなと思うんです。「考える」ことよりも「知ること」が勉強のスタイルになってきたのだと思います。学者も、それまでは「理論武装」が仕事だったのですが、次第に「情報武装」、つまり、「知っていること」が求められるようになってきたのではないでしょうか。

公認会計士や税理士の試験問題も、次第に「知識の質」よりも「知識の量」を問うような出題に変わってきました。「知識の量」の競争となったら、情報の豊富な関東の研究者は圧倒的に有利ですし、学者よりも会計士のほうが有利です。

そうなってくると、学問の方はだんだん分化し始めて、いわゆる企業会計原則全体の研究なんていうのは、表向きは大体終わっちゃっていますから、その中でどこかの部分部分だけを勉強する先生方が増えてきて、会計学が「たこつぼ化」しちゃったというんですかね。「たこつぼ化」しますと、関東も関西も情報量の差がなくなって、どこにいても、外国の文献さえ手に入れば研究ができますし、外国の文献をベースとした研究となれば会計士は競争相手じゃない……。今は、大手の監査法人には国際部などがあって、海外情報の入手・翻訳・伝達に活躍していますが、それでも、ほとんどの情報はＩＡＳＢかアメリカのＳＥＣ・ＦＡＳＢによる英語の情報を逐語訳で紹介するだけですから、英米以外の情報や専門書・研究書の情報は、まだ学者のほうが多いのではないかと思います。

5　理論研究から実証研究へ

アメリカの会計が「学」であることをやめたのは、ＦＡＳＢができてから、言葉を換えますとＦＡＳＢができたからだと思います。ＦＡＳＢができるまでは、アメリカ会計学会（ＡＡＡ）がアメリカの会計界を、理論面でも実務面でもリードしてきましたが、ＦＡＳＢができると、ＳＥ

Cの権威を背景にしてコンセプチャル・フレームワークから個々の基準まで、それまでの経験の蓄積を無視して、独自の、つまりSECの意向に沿ったものを次々と公表して、しかもそれを実務界に押し付けるようになりましたから、AAAなどの出番はなくなったのでしょうね。ですから、FASBができて以来のアメリカの会計学界は、理論研究から離れてもっぱら実証主義、例えば株価と会計情報の連動性とか個々の会計基準と報告される企業成果の関連とか、「会計そのもの」から離れて、資本市場と投資家の行動を研究するものに集中することになったように思います。

実証研究は、私にはできません。算数音痴ですし、必要なデータを集積して、コンピュータを駆使して解析する……聞いただけでも無理です。少し前に、東大の大日方隆教授から、『利益率の持続性と平均回帰』（中央経済社）を送っていただきました。拝読してから礼状を書くべきと思い、「はしがき」を開いたんですが「クロス・セクションの関係と時系列の関係とを同時に視野に入れた、パネル・データのミクロ計量経済学的分析が必要」と書いてあり、数学音痴の私には「猫に小判」と思いました。かといって読まずに礼状を書く勇気もありませんでした。

しかし、そこであきらめずに勇気を出してもう一枚めくりましたら、「持続性の高低に従って、利益を区分計算し、開示する日本の会計制度には一定の合理性がある」「それに対して、国際財務報告基準（IFRS）では、……その合理性は、学問的には不明である。」と書いてあり、思わず膝を叩きました。「実証研究というのは説得力がある」ということを教えてもらいました。「学問的に不明」という表現にも、ＩＦＲＳ陣に対する大日方教授の配慮を感じました。

私なんかが書くことは、感想の域を出ず、いつも「証拠を見せろ！」と言われています。ＩＦＲＳを批判した私の「感想文」は、確かに根拠らしい根拠は示していません。しかし、大日方教授の本で「ＩＦＲＳを日本の会計制度に導入せよと主張するのは、会計学に対する挑戦であり、見逃すことのできない問題である」という箇所を読んで、感動しましたね。東大の教授がこれだけストレートに問題を指摘する勇気と学者としての正直さに打たれました。

6 『時価会計不況』

次に経験した大きな事件と言いますか変化は、時価会計だったと思います。時価会計の歴史は長いですが、提案されたのはハイパー・インフレーション対応であったり、物価変動指数を使ったり個別価格の変動を反映させる試みであったり、いろいろありました。英米諸国で実践されたカレント・コスト会計という時価会計は、政治的な導入ということもありましたし、制度化後に急速にインフレが鎮静化したこともあって、ほとんどの国が三年ほどでやめました。一九八〇年代でした。

カレント・コスト会計のときは、対象が主として棚卸資産と償却性資産で、資産の時価評価によって期間配分されるコストを時価で計上しようというものでした。ですから、名前が「カレント・コスト」会計だったのです。

ところがその後、金融資産・負債を対象とした時価会計・時価評価が出てきました。きっかけになったのは、アメリカのS&L（貯蓄信用組合）の破綻《はたん》でした。まだ有価証券などが原価評価されていた時代で、一部のS&Lが原価主義を悪用して値が上がったものは売って、原価割れした有価証券は原価のまま塩漬けして、揚句はキャッシュ・フローが回らなくてバタバタと破綻した事件です。

SECなどが「犯人捜し」をやって、原価評価・原価主義だからいけないのだということになって、それでは有価証券を時価評価しようという話になったのですが、当時のFASBには有価証券を時価評価するといった発想はなくて、結構、SECに抵抗したようですね。SECは、時価評価させることが目的ではなくて、狙いは有価証券に投資することを抑止したかったということから、有価証券に投資したら時価評価させるぞ、という脅しが目的だったと思います。

日本の会計界は、そうしたアメリカの事情を知らずに、「それ、アメリカは時価会計だ。日本も遅れるな」とばかりに時価会計の基準を作ってしまった。間の悪いことに、ちょうどそのころ、ロンドンの国際会計基準委員会（IASC）も、時価会計の基準を設定しようと躍起になっていました。こちらは、一九八〇年代に英語圏で時価会計の旗を振っていたカーズバーグさんやツゥイーディーさんが、英米で全否定された時価会計を復活・復権させようと、失地回復を狙っていたときで、何が何でもＩＡＳに時価会計の基準を盛り込もうとしていましたが、ヨーロッパ諸国から猛反対を受けて、すごいですね、事務局長だったカーズバーグさんが、反対する国の委員を全部首にして、賛成派だけで委員会を再構成するという荒業をやって、それでも話がまとまらず、最後には、「これは作文だ」「適用することは考えない」「三年以内に書き直す」といった約束をして公表したという経緯があります。

日本は、こうしたことを知らずに時価会計を導入したらしく、そのころアメリカから帰ってきた会計士の方が、「日本にはちゃんとした情報が入っていないのか。時価会計の基準は『使わない』という暗黙の了解のもとに作文された基準なのに」という話を学会でされて、私たちは、びっくりしました。

でも、後から聞いた話では、日本の関係者の中には、そのことを知りながら時価基準の導入に走った人たちがいたようですね。ＩＡＳよりも先に日本版の時価基準を発表すれば自分たちの功績になるとでも考えたのでしょうか。バブル崩壊後の大不況は、間違いなく、時価会計を、それも世界中でどこも使っていない時価会計を導入したことに大きな原因があると思います。株価が急落しているときに時価会計を強制するというのですから、経済音痴としか言いようがなかったですね。

当時は、時価会計を批判する立場に立っている学者がほとんどいませんでした。日経新聞が盛んに、世界は時価会計なのに日本は遅れているという記事を書いていたこともあって、会計学者の多くは日経新聞の報道を信じて、世界の流れに合わせようとするばかりでしたから、私のように、論文や著書で声高に時価会計を批判するのは異端であり、中には売名行為だという声もありました。その割には、私の本は売れなかったですが（笑）。

7 時価主義の「踏み絵」

記憶に残るのは、一九九九年に京都学園大学で開かれた日本会計研究学会です。高田正淳先生が大会の準備委員長でした。普通は、会計学会の統一論題は、財務会計、管理会計、監査論の三つの会場が用意されるのですが、この時は、統一論題のテーマが時価主義の会場と原価主義の会場に分かれていまして、私が報告したのは、「原価主義会計・監査の系譜と二一世紀への期待」というテーマの会場でした。

司会・進行が近畿大学の興津教授で、報告者は、松山大学の原田満範教授、龍谷大学の加藤正浩教授、日本大学の堀江正之教授と私でした。原田教授は会計士としての実務の面から、加藤教授は監査論を専門とする学者としての立場から、堀江教授は情報としての面から、私は、アカウンタビリティ（経営行動に対する説明責任）と原価の情報力・時価の情報力を取り上げました。

実に悲惨な、また不幸な学会でした。統一論題の会場が、時価主義者の集まりと反時価主義者・原価主義者の集まりに二分され、ほとんどの会員が時価主義の会場に押しかけ、原価主義の会場はガラガラで、どう贔屓目《ひいきめ》に数えても五〇人もいなかったようです。思うに、この時の学会は、高田委員長の意図に反して、学会員に「時価主義者かどうか」の踏み絵を踏ませることになったのではないかと思います。

会計学会のメンバーといっても、全員が財務会計や国際会計の知識があるわけではなく、監査論、管理会計、会計史、各国の会計、個々の会計テーマなどを研究テーマとしている人がほとんどです。時価会計に関する情報は、声高に主張する学者の論文か日経新聞あたりの報道しか手に入らず、かといって自分で調べるとか考える時間もなく、結局は、多数に従う……。あの時の学会は、烏合《うごう》の衆か時価主義者の決起大会だったのではないでしょうか。

いま、会場を時価会計と原価会計に二つに分けて学会を開いたら、皆さん、どちらの会場に行くでしょうか。あの学会以降も時価主義を主張している学者がいるのかどうか私は知りませんが、少なくとも、学会誌や商業誌で時価会計を主張している論文などはあまりみかけません。

今は、時価会計と原価会計というよりは、ＩＦＲＳ推進派とＩＦＲＳ慎重派の対立の話のほうが話題性があるのかもしれません。ただし、時価会計と原価会計の話のときは理論的な一面がありましたが、IFRSを巡っての議論は、会計理論としての話ではなく、どっちが金儲けに結びつくかといった話とか、どっちの政党がどちらを支持していたかといった話がほとんどで、会計学者は口をはさめない状況だと思います。

私は、時価会計と原価会計の二者択一といった、激論の真っただ中に投げ込まれたというか、数名の時価主義者と時価主義者もどきの人が一〇〇人、反対論者の私が一人という、そういう時代をずっと経験してきましたが、私の学者としてみた第二期だったのかなと思うのです。学者として幸せだったと思います。自分の意見が採り上げられ、多少は会計と経済の世界を動かすことができたのですから。

8 国際会計基準の時代

第三期が、国際会計基準の時代ですか。理念とか理想としては、批判しにくい一面があるのですが、国際会計基準を推進しようとする人たちの本当の意図とか目的が透けて見えてくるようになってきたんですね。要するに会計基準を使って金儲けしようという投機家連中と、会計基準を変えることによって金儲けしようという監査法人や証券市場関係者がなりふり構わず、政治力や企業への圧力を行使するようになってきました。

私は常々、「会計は政治」ということを言ってきましたが、私が言う「政治」は、「国益を護るための政治」であり、「国の産業界や企業を育成するための会計を目指す政治」といった意味だったのです。ところが、国際会計基準を巡る政治の動きは、自見庄三郎さんが軌道を修正するまでは、監査法人と証券取引関係者の「鎖国論・開国論」があたかも正論であるかのように扱われていました。

自見さんは、国際会計基準がいいとも悪いとも言っていません。ただ、国際会計基準が、経団連や個々の有力企業の支持を得ていない以上、「もっと成熟した議論」が必要だと言っただけです。この発言を受けて、日本の経済界がやっと自分の意思を表示できる下地ができたのではないでしょうか。要は自見さんになら腹を割って話すことができると。

自見さんが金融担当大臣を辞めてから、ごたごたがありましたね。後任が自殺したり。そうしているうちに政権が交代して、自民党政権になりました。私も、その前の小泉政権の時に、何度か自民党の会議に呼ばれて、時価会計や国際会計基準のことを話したことがあります。当時の野党であった民主党からも呼ばれましたが。

振り返って見てみますと、私のベースになっているものに、会計というのはローカルなものだという思いがあるんですよ。企業会計原則を勉強しているときに思ったのは、企業会計原則ってすごく温かい、冷徹さがないというと、ちょっと言葉が分かりにくいかもしれないですけれども、企業会計原則が一番狙っているのは企業の存続繁栄なんです。どうもどこか勘違いして、最近の会計基準でいうと、「利益が出せないんだったら、さっさと事業をやめちゃえ」というような、そういうのを決める基準みたいになっているじゃないですか。

企業会計原則を読んでいくと、例えば臨時巨額の損失の繰り延べ経理を認めるとか、内部留保ができるように、企業が倒れないようにという仕組みがあちこちに、例えば国庫補助金の資本組み入れみたいな話、あれは税法から反対されて、結局最後には利益のほうに回されたけれども、企業会計原則の考え方として見たら、国庫助成金は資本として扱って初めて企業が存続できるのであって、もらったものだから利益だという発想はもともとないわけですよね。

あの温かい、私は温かいと言うんですけれども、私が学問をスタートしたころ、企業会計原則がベースにあったのかなと思います。あれは単なるルール・ブックではなくて、会計の哲学といったら大げさですが、一種の会計思想が盛り込まれていると思います。その後に時価会計の批判にしろ、国際会計基準の批判にしろ、これは同じなんですよ。これをやったら日本が駄目になるぞ、これをやったら日本の産業はつぶれるぞという思いが非常に強くありますね。そういうことをやって構わない国だったらどうぞやってください。でも日本のように、やらないほうがいいという国もあるし、やってはいけない国もあるだろうと思うのです。

9　イギリスとアメリカの会計観の相違

しばしば例に出すのは、イギリスとアメリカという兄弟国の利益観の違いです。イギリスは木が大きくなって成長したところで、それを利益とは思わない。そこにリンゴなりミカンがなって、摘み取る実がなったら利益だけれども、木が成長したというのでは利益とは考えない。いわゆる土地の価値（時価）が増えたものを利益とは考えない。

アメリカはその点は社会資本の薄かった国だから、どちらかというと、何でもいいから利益と呼べるものは全部利益にしようという発想です。だから、木が成長したらその成長分は利益とする、実がならなくてもかまわない、実がなったらもちろん利益なんだけれども、木が大きくなったら、それだけで利益と呼ぼうという、だから土地の値段が上がったら、それを利益としようという発想の国と、いや、土地の値段が上がったって、価値は増えているわけじゃないんだから、価値が増えたなら別だけれども、そうじゃないので、土地の値段が上がっただけだったら、これは利益としない。木が、幹が太くなっても、実がなっているわけじゃないから、これは利益としないという、会計観というか、利益観が全く違うじゃないですか。ということは資本観が違うわけですよね。

というと、イギリスとアメリカでそれだけ利益観とか資本観が違うんだったら、日本には日本の資本観があっていいんじゃないかなと思うのです。だから戦後日本がほとんどどうしようもないぐらいに壊滅的な状態だったときに、そのときに厳格な会計基準を持ってきたら、どこの会社だって決算をやれば真っ赤っ赤ですよ。そうじゃなくて、真っ赤っ赤にならないようにするための会計基準というか、会計原則を最初に設けて、企業と産業を育成していく方向に持っていこうとしていたというのは、その時代の会計観、その時代の資本観だったのではないでしょうか。少し日本が経済力を付けてきたら、それなりに修正する必要があるとは思いますが、基本的には企業会計原則のスピリッツを大事にしたいと思います。それが今の私の会計観かなと思うんですけどね。

三つの時代を経験できたというのは、私自身にしてはよかったなと思うんです。三つの時代を経験して、三つの時代それぞれに関係したから、実をいうと、いつまでもペーパーが書けるのかなという気もするんです。

第6章　出発点を間違えた現代会計

1　ミルク補給に感謝
2　中小企業の活性化
3　『会計学はどこで道を間違えたのか』
4　出発点を間違えた現代会計
5　会計は「合意の学」
6　輝きを失った税理士業界
7　税理士のセカンド・オピニオン
8　社内不正の予防と早期発見
9　座談会を終えて

1　ミルク補給に感謝

学者・教員として四二年間過ごした。会計を武器とした学生を世に送り出すことには多少とも貢献できたかと自負しているが、自らが会計実務・実践の場に出る機会は非常に限られていた。前章でも書いたが、退職後、辻・本郷税理士法人と経営戦略研究財団の仕事に微力を献げている。

この度の仕事は、私が会計学を学び・教えて四〇余年の反省あるいは社会還元として、実社会に対する「お返し」「お礼」をする機会を頂いたということであると考えている。「学者」なんていう甘えた表現に「甘えた」学者が大勢いる。私は北海道の貧乏人の息子であるから、何をするにも精一杯に取り組んだという気持ちはある。機会があれば、私が社会から受けた様々な恩恵（高校、大学、大学院の奨学金、二つの大学からいただいた過分の給料と二年間の留学（二年ともイギリスのウインブルドンで遊び三昧《ざんまい》の生活でした）、政府や企業からの助成金や委員手当、出版の印税や講演料……）に多少ともお返しすることを考えてきた。

未熟な私に「ミルク補給」のごとく研究費（名目は資料代ということもあった）を支給してくださった団体や会社、それほど売れない本を辛抱強く出版してくれたいくつかの出版社（最大のリスクを負ってくれたのは、私が次々と書く本を出版して下さる税務経理協会）、一般論しか語れない若造に委員長だの座長だとか委員という「美しいポスト」「誰もが垂涎《すいぜん》のポスト」を惜しげもなく与えてくれた大蔵省（現財務省）、郵政省（現総務省）、金融監督庁（現金融庁）、日本生命保険、ニッセイ基礎研究所等々に心から感謝している。

こうした場面での経験は、書斎で文献を読んでいて得られるものではなく、また、会計がいかに政治や政策に結びついているか、表現を変えると、会計がどれだけの政治力を持っているか、あるいは、政治や政策の用具として使われるかといったことを学んだ。そうであるからこそ、理論性や潔癖性、中立性を謳《うた》う会計基準の、隠された背景や意図を明らかにして、現代の会計、特にアングロ・アメリカが会計を使って何をしようとしているのかを解明することが、学者の一人としての私の仕事だと思うのである。

2　中小企業の活性化

書斎にこもっていた私に何ができるか（何ができないか）、何をやりたいと考えているかは、辻・本郷税理士法人の本郷理事長に機会あるごとに話してきたことであるが、あえて書くと、私が一番やりたいことは、「中小企業の活性化」と「税理士業界の再生」である。そしてそのための、「会計の活用」を図ることができれば、こんな幸せなことはない。仕事の内容やそこで得た経験は、いずれ読者の皆様の目に触れるようにしたいと考えている。

以下、座談会の続きを紹介するが、本章を最後としたい。座談会は二時間で終わったが、院から数えて五〇年近くも会計を学び・教えてきたことへの自負と反省（こちらのほうが大きいことは間違いない）は、二時間では語り切れなかった。舌足らずなところの補足やら、口が滑ったところの訂正やら、座談会では話せなかったことを長々と書いてしまい、結局、五章になってしまった。

自分のことばかり長々と語ってきた無礼と非常識をお許しいただきたい。

私も、単に自分史を語ったつもりはない。そんなものは、USBメモリーかCDにでも記録して、自分の葬儀のときに棺に入れてくれれば満足である。私の、歴史とも呼べない小さな一歩を語るのも、それで会計と会計学の未来をちょっとでも照らし出すことに寄与できるならば（たとえそれが反面教師としてであっても）幸いだと考えるからである。

私の愛読書である「ONE PIECE」では、オルビアが娘のロビンに、こう語っている。

「『歴史』は人の財産」「あなた達がこれから生きる未来をきっと照らし出してくれる。」
「だけど、過去から受け取った歴史は、次の時代に引き渡さなくちゃ消えていく」

（出所：尾田栄一郎、「ONE PIECE」、集英社、第三九六話）

3 『会計学はどこで道を間違えたのか』

この間、私、考えようによっては実に不謹慎な本、税務経理協会から『会計学はどこで道を間違えたのか』という、とんでもなく不謹慎な本を書いたんですけれども、今の会計学は出発点を間違えているという思いは非常に強いんです。今の会計は、特に国際会計基準（ＩＦＲＳ）ですが、会計の機能というか目的を完全に誤解して理論や実務を組み立てようとしていると思うのです。「誤解」というより、「曲解」だと私は思います。

私が会計学を勉強し始めたころは、山下勝治先生の本には利害調整会計と書いてあって、読むと面白いんですね。会計には株主や債権者の利害を調整する力があるんだということを書いてあるんです。会計ってすごい力があるんだと感心しました。

でも、佐藤孝一先生と山下先生の対談が『企業会計』という雑誌に載っているのを読むと、佐藤先生が山下先生に向かって「山下さん、会計には利害調整なんていう機能はないんだよ」って言うんです。そのころは佐藤先生が何を言おうとしているかがよく分からなかったんです。随分経ってから、会計というのは、投下資本の記録をつけて、回収の記録をつけて、回収余剰の計算をして、その資本を出してくれた人たちに納得してもらう、そのアカウント、説明するのが会計なんだという話をあちこちで聞いているうちに、会計ってそこまでなんだと分かるようになりました。

それが結果的に株主と債権者の利害調整、あるいは現在の株主と将来の株主の間の利害調整になるかならないか、どちらからもクレームがつかなければ、山下先生はそこを利害調整会計だと言っただけであって、利害を調整しようと思って会計をやっているわけではないんだと気が付いたんです。結果として正しい利益を計算すれば、株主も納得するし、債権者も納得するし、課税当局も納得する。これを利害が調整されたと見ているのが山下先生の考えではなかったでしょうか。

あのころ情報会計なんて誰も言わなかったですね。武田隆二さんが『情報会計論』(一九七一年、中央経済社)という本を出したあたりから、会計の情報の局面がかなり強調されてきて、でも、そのころはまだ伝統的な投下資本回収計算に取って代わる話ではなくて、会計の情報力を高めようというだけだったような気がするんですよ。それがはっきりいつかというと、例えば国際会計基準の中のコンセプチュアル・フレームワークもそうですし、FASBのコンセプチュアル・フレームワークの中でもそうなんですけれども、会計情報の一番の利用者を投資家だと決めてくるじゃないですか。

IASBもFASBも、上場会社が投資勧誘のために作成する連結財務諸表だけを対象としているので、そうした結論になるのだと思いますが、これはもう、会計の原点とも言うべき「投下資本の回収計算」「回収余剰としての利益の計算」から大きく逸脱していると思います。

4 出発点を間違えた現代会計

まず投資家ありきで、投資家に必要な情報を提供するのが会計だというふうに、第一の利用者が投資家だから、会計は投資家のために必要な情報を提供するんだという、その出発点というか、会計の目的を決めた途端に、会計は何でもありになったんだと私は思うんですよ。

どんな情報だって、これは投資家が必要としている、これも投資家が必要としている、そんなことは簡単に証明できます。だから資産の時価を出せ、負債の清算価値を出せと言うんです。そうした情報が必要なことは簡単に証明できます。負債の時価評価益を出せというのも、一部の投資家、中身は投機家ですが、その投機家が必要としているという話です。そのことは誰でもいくらでも証明できるけれども、逆はできないんですよね。そんなものは投資家には要らないとは言えないのです。これはアリバイ（不在証明）と一緒なんですよ。「その情報は要らない」という人を一〇〇万人集めても一〇億人集めても、不要だという証明にはなりません。逆に、一部の投資家が「その情報が欲しい」と言えば「投資家が必要としている情報」だと強弁できますから。

一〇〇万人の「目撃していない」という情報よりも、たった一人でも「目撃した」と言えばアリバイは成立しないのと同じです。

逆は証明できないとなると、会計基準を作っている側にしてみたら、どんな基準を作ってもOKなんです。どんな基準を作ったって、これは投資家が必要としていると言っているんだからといえば済むのです。含み益を全部オンバランスした情報が欲しいといえば、全てオンバランスする。資産除去債務を資産計上する話だって、会計の理論からはまったく説明がつかない話ですが、これも投資家が必要としているって言えば済んでしまう。

今、国際会計基準はその状況なのではないでしょうか。スタートラインを自分たちの勝手なところに決めておいて、勝手なところというか、投資家が必要としている情報を提供するのが会計だ、投資意思決定会計なんだというふうに言っちゃったら、もう自分たちが好きなような会計基準が作れる時代です。

しかもそこでいう投資家と言うのが、一般に言われているような中長期の投資観を持った人や機関を指すのではなく、どこかの会社を買収して、その会社の資産・負債をばらばらに切り売りしたときの企業解体の儲けを狙っているような人たちです。そうしたハゲタカのような投資家のために作られる会計基準ですから、事業の継続とか事業の収益性とかは関心がなく、ただただ企業の持っている資産と負債の即時処分・清算価値を重視するものになっているのだと思います。

先に、「記帳（簿記）から入る会計学者」と「会計報告（情報）から入る会計学者」のことを話しました。今のＩＦＲＳやＦＡＳ（アメリカの会計基準）を設定している人たちは、後者なんだと思います。「会計情報はどういうプロセスから作られるか（記録と集計）」には関心が薄く、「会計情報をどのように使うか」ばかりに目が向いている。

ですから、複式簿記なんか要らないといった議論とか、貸借平均の原理を捻《ね》じ曲げたような会計情報を出させようという話が飛び出すんだと思います。アメリカやイギリスの大学の科目に「簿記」がないというのも一因かもしれません。ある情報が欲しいというときに、資産側（借方）の情報が欲しくても負債・資本側（貸方）にも何か出さなければ貸借は平均しません。しかし、その貸方側が何とも会計的に説明がつかない。その逆に、負債に関する情報をオンバランスしたいけど、資産の側に載せるちゃんとした項目がない、貸借平均の原理、つまり複式簿記が邪魔になるのです。

例えば負債の時価評価をする。評価益が出る。本当は評価益は計上したくないのかもしれません。評価益を計上することにしてしまうと、それ未実現だとか、実感に合わないとか、会社が潰れそうになればなるほど儲かるような会計は信用できないとか、いろいろ出てきます。そういう議論をせずに、あくまでも負債を清算するときにいくら必要かを書かせたいだけです。資産除去債務も、資産除去債務の金額を債務の額として書かせたいけども、そうすると貸借が合わなくなるから、無理やり資産の側にも何か書かせるのです。

他にもリース資産の計上、退職給付引当金の繰入額などがそうですが、会計の理論を持ち出すより前に、一般社会の通念や経済常識からみて、あまりにも「非常識」ですね。

5 会計は「合意の学」

そうして無理に作った基準の一番大きな問題は、その会計基準を多くの人が納得しないということではないでしょうか。現在の株主が納得しない、経営者が納得しない、全部の国ではないでしょうけれども、会計と課税が結びついている国では課税当局が納得しない。今、一番会計を使っているところが納得しないような基準になってきたんではないかなと思います。

私は、いつの時代にもどこの国にも通用する会計観というものはないと思っています。同じように、時代や国を超えた「正しい会計基準」とか「正しい利益」なんていうのもないと思うんです。あるとすれば、その国、その時代において、大多数の関係者が合意する、納得する会計観や利益観ではないでしょうか。私は、会計学は、その国、その時代の多数の関係者の合意を形成できるかどうか、納得してもらえるかどうかが、その存在意義を左右していると思います。その意味を込めて、私は「会計は合意の学」だと言ってきました。

社会科学は、いや自然科学も、どれも同じではないでしょうか。天動説だって、その時代では「正しい」と信じて何も不都合はなかったし、地球が丸いと分かってからも、「水準器」が使われています。

私たちは、地動説が正しいことや地球が丸いことを知っているけれど、生活の実感としては天動説、「地球平面説」と変わらない。私たちの日常生活では、車で移動するときに、このまま行けば地球の裏側に出るなってことを考えませんよね。頭では「地球は丸い」ですが、実生活は「地球平面説」なんです。日常生活は「地球平面説」が合意されているんです。

あの本（『会計学はどこで道を間違えたのか』）を書いてからなんです。じゃあ、会計はどこに行くのかという話です。原点に戻っていくというのは、日本の会計だったら、企業会計原則に一回立ち戻って、企業会計原則が今のままでいいと言っているわけではなくて、企業会計原則のスピリッツがいいと私はよく言うんですけれども、あの会計観に立ち戻って、原価・実現主義みたいな発想で、取得原価主義の枠内でもって、投下資本の回収計算を期間を区切ってやる会計に一回立ち戻って、足りないものがあれば情報として出すようにしたらいいと思います。必要だという情報、例えば時価情報を出す、資産除去債務の金額を出す、オンバランスしないで情報として出すことは一向に構わないと思っています。私は、それは会計の守備範囲じゃないと思っていますから。

五〇〇年の歴史を誇る簿記が依然として使われているというのは、これに代わる技術がないのが一つなんですけれども、一番大きなファクターは、複式簿記に対するニーズが非常に高いことだと思うんです。複式簿記をうまく使えば、社内のミスとか社員による不正などは大幅に減らすことができます。借方を記録する人と貸方を記帳する人を分けるだけでも、記帳や計算の誤りから在庫の持ち出し、着服、流用、架空取引、みんなばれちゃいます。複式簿記を活用している会社は、不正やミスが少ないと思います。活用しない手はないですね。

6 輝きを失った税理士業界

これからの研究テーマとして私が考えているのは、一つは中小企業の活性化を会計的にどうサポートできるかという問題です。微力で高齢な私ができることは、分量的にも時間的にも限られていますから、ここは、中小企業と密接な結びつきのある税理士の皆さんと一緒に仕事をしたいと考えています。

ところがですね、ここ二〇年くらい前から税理士の人たちといろいろな仕事をしているんですけれども、今の税理士の方々は、はっきり言ったら、やる気がない人が多いのです。特に稼いでいる税理士は何もしないですね。何もしなくても稼げるのですから。稼げない税理士はあきらめている（笑）。

よく私、あちこちの税理士会や各大学のＯＢで組織する会計人会でその話をして、税理士業界の現状は「今日、会場に来ている先生方の事務所は栄えているかもしれないけれども、業界全体として見たら、こんな輝きを失った、なり手のない業界はないですよ」と警告しています。そんなことを言うから嫌われるんですが。

必ず付け加えて、「だけど税理士の皆さんがもしこの世の中にいなくなったら、日本の国家の税収が確保できなくて、国がやっていけないんですよ」と言ってきました。税理士の皆さんはその意味で半分国家公務員、準国家公務員なんだからという話を片一方でしながら、反面では、今の「稼いでいる」税理士にはもうあまり期待できないと感じています。

税理士に、自分の仕事に使命感とかプライドを感じている人は少ないような気がします。収入だけで自分の仕事を評価している。情けないですが、学者も似たようなものですね。安定した収入と、それなりの社会的地位があれば、それ以上のことはしない……。どちらも志が低いような気がします。税理士なら、あとはゴルフでも夜の接待でも、取引先の社長が喜ぶようなことをすればいいと考えるのでしょうか。最近は、それもしない税理士が増えてきたみたいで、ゴルフをするにしても酒を呑むにしても、顧問先の社長とよりも、同じ業界の税理士とのほうが気楽なのか、仲間内の寄合になら足が向くという話を聞いたことがあります。

学者なら何もしないほうが恥をかかない、何か書いたら実力がばれてしまうので、書かずにいれば、大学教授の顔をしていられる。仕事をしないほうが社会的な対面を保てるのですから、大学教授は一度やったらやめられない……らしいですね。私もその世界の恩恵をたっぷり受けてきました。学者も税理士も、汗をかかなくなったということでしょうか。

今の税理士はほとんど一人税理士事務所です。共同でやるような税理士法人ってなかなか作らないじゃないですか。一人の判断で全ての会社や事案の判断をするから、医者でいうと誤診をするのは当たり前なんですよ。税理士も誤診・誤判断・計算間違えをする危険があるからと思って、いくつかの事務所を組み合わせてやろうとすると、けんかするんですよ、税理士同士が。私の感想ですが、税理士同士が一緒に仕事をしない、相談をしないというのは、結局は自分の判断に自信がないからではないでしょうか。そう疑われても仕方ないような人がたくさんいます。

7　税理士のセカンド・オピニオン

私はあちこちの会社や資産家から頼まれて税理士事務所を紹介するのですが、その案件によって何々先生と何々先生で相談して、お客さんに説明してくださいと言うと、「お前がやるなら俺はやらない」とか、「俺がやるからお前は口出しするな」とかいうんです。私には信じられないほど、他人の意見を聞かない世界なんです。私が経験した範囲の話ですから、割り引いて聞いてくださって結構です。

だけど今の時代、病院でも重要な病名の判断とか手術のこととかは、担当の医師の他にもう一人の医師が同席して説明してくれるようになりましたよね。わざわざもう一つ別の病院へ足を運ばなくても、いわゆるセカンド・オピニオンが取れるようになりました。セカンド・オピニオンを出すのは、逆に、安易な判断や無責任な姿勢を生むという批判もあるようですが、そちらの弊害よりも一人診断・判断の弊害や不信のほうがはるかに大きな問題だと思います。

税務のことでも、一人の税理士でやるとお客さんは納得しないですよ。これから相続の時代じゃないですか。そうすると、税理士法人みたいな組織を持って、しかもお客さんには何人もの税理士が一緒に会って、それで税理士の先生方が、これはこうだと思う、こっちがいいですよね、そうですね、これがベストですね、という、自分の目の前で専門家が相談して決めたことだったらお客は疑わないのに、たった一人の先生が出てきて、これはこうで、ああで、こうしたらいいですよと言われても、セカンド・オピニオンは取れないわけですから、疑心暗鬼になってもおかしくないです。特に、納める税金が巨額になれば、「この先生の言うことは、本当にベストアドバイスなんだろうか」「もっとほかの税理士の話を聞きたいな」と考えて当然です。今はそれができないような環境とか雰囲気ではないでしょうか。

私は、今は、税理士が一人で何でもかんでもする時代じゃないということを盛んに言っているんです。顧問料収入を銀行振込みにした途端に、税理士はもう顧問先にも顔を出さなくなりましたし、顧問先の社長の声や相談にもまったく聞く耳がないようですね。何もしなくても顧問料が銀行振込みで入ってきます。それ以上のことはする必要がありません。いい商売です。何もしないほうが稼げるのです。

そうした状況では、個々の税理士に危機感はありませんから、税理士の法人化は全然進んでいないですね。今の税理士にはプロとしての意識がない人が少なくないですね。稼げればそれでいい……。公認会計士ははるか以前に、公人としての意識を失った仕事をしてきたように感じますが、税理士も自分がよければそれでよいという、自分の職業に対するプライドを失ったように感じます。学者は、もっとひどいですが。

8　社内不正の予防と早期発見

最近いろいろやってますが、もう一つは社内不正をどうするかというテーマです。会計には社内不正を防ぐ力がいっぱいあるんですね。内部統制みたいな外来のハードなものではなくて、日本が昔から使ってきた配置転換だとか転勤だとかいうのがありますけれども、それだけじゃなくて、複式簿記のシステムをうまく使えば不正はかなりの程度防げると思うのです。なにせ、借方と貸方を別々の人が記録するだけで、不正やミスのほとんどが予知・予防・早期発見できるんですから。

一日の最後に集計して、貸借が合わなければいけないわけですから、どこかで誰かが間違いや不正をすると、もう一方のほうで気が付くようなシステムになっているんですね。それにもかかわらず、最近のように帳簿を付けるのがコンピューターだから、簡単だからって一人で全部やってしまうと、これは逆に不正の元になるんじゃないですか。これを何とか作業を分けて、なおかつコストがかからない状態で、企業内不正をいかに防ぐにはどうすればいいかというような、その応用編をいろいろ今考えたりしています。

9　座談会を終えて

二〇年も同じ職場で仕事をしてきた方々との座談会であるから、お互いに気心も知れているし、研究の関心や進み具合などもよく知っている。それでも、こうして改めて私の定年退職に合わせた座談会を開いてみると、いつも学内で開いてきた研究会では話せなかったことや、普段は面と向かって話せない将来の計画などまでも話題にすることができた。

本書では私の発言部分だけを紹介してきたが、座談会に出席した他の三人（岡村勝義、奥山茂、戸田龍介各教授）の発言も非常に有意義で示唆に富む。さらに、それぞれの先生が、今後の研究について「決意表明」とも「公約」ともいえることを話している。是非、座談会の速記録を読んでいただきたい（神奈川大学経済貿易研究所年報『経済貿易研究』二〇一四年）。本誌は大学付設の研究所が発行している雑誌なので、各大学の図書館などでしか閲覧できない。下記のアドレスにご連絡くだされば雑誌か抜き刷りをお送りしたい。長い、長い「問わず語り」をお読みくださった方々への罪滅ぼしにしたい。

田中のメールアドレス　akanat@mpd.biglobe.ne.jp
（@マークの左側のakanatを逆に読んで頂くと、入力に戸惑わないと思います）

第2部

書斎の会計学

第7章　プラモデルに熱中する学者たち
——「書斎の会計学」は通用するか(1)

1 「研究」か「趣味」か

本章と次章は、私を含めて、学者が「研究」という美名の下に行ってきた営みが、果たして社会に役立ってきたのかどうか、つまり「書斎の会計学」を再評価してみたい。

「学者」なんていう甘えた立場にも、「大学教授」などという浮世離れした地位にも、それなりの責任や義務があるはずである。「一〇年間も二〇年間も、一本の論文も書かない学者」「学生の前では滔々と自説を述べ、学会では静かに通説を述べる大学教授」……。学会で報告する勇気のある学者はまだいい。論文も書かず、学会も沈黙を通せば、世間では立派に「学者」「大学教授」として生きていける。へたに論文を書いたり学会報告したりすれば、「なんだ、日本語もまともに書けないのか」「あんな報告なら院生でもできる」といった冷たい評価は避けられない。

それが分かっているから、論文は書かない、報告はしないのだとすると、救いのない話である。「書斎の会計学」の中には、「研究成果が書斎から一歩も出ない」ために「研究」なのか「趣味」なのかよく分からないことも多い。

一般社会では通用するわけがない話であるが、学者の世界ではごくごく当たり前で、一流大学も二流大学もない。東大や早慶でも博士論文（こんなものは学者デビューの「あいさつ文」みたいなもの）も書けない「学者」がぞろぞろいる。へたに書けば実力がばれるが、書かなければ「一流大学教授」で通る……と考えているらしい。

2　最後の一葉

オー・ヘンリーが書いた短編に「最後の一葉（The Last Leaf）」という傑作がある。老画家のベアマンは、口ではいつか傑作を描いてみせると豪語しつつも久しく絵筆を執らず、酒を飲んでは他人をあざ笑う生活を送っていた。ところが階上に住むジョンジーが肺炎にかかり、窓の外の壁をつたう蔦《つた》の葉が全部落ちたら自分も死ぬのだと思い込んでいるのを知り、ジョンジーを救おうと嵐の中、煉瓦の壁に絵筆で蔦の絵を描く。最後の一葉が嵐に耐えて生き残ったことに力を得てジョンジーは回復するが、ベアマンは肺炎に罹《かか》って死ぬ。蔦の葉の絵が、ベアマンがいつか描いてみせると言い続けてきた傑作であった、というストーリーである。

「いつか傑作を描いてやる」と言い続けて、果ては駄作さえ描けなくして世を去る画家は数えきれない。学者も似たようなものである。大学院時代や助教授（今は准教授という）時代までは、周囲から前途を嘱望《しょくぼう》され、学会などでの発言にもキレがあり、近い将来、学界のニュー・リーダーになると期待されていた人物が、四〇歳を過ぎたあたりからであろうか、急速に輝きを失うのである。周りは「いつ傑作を書くのか」と期待し続けるが、本人は、「いつか『最後の一葉』を描いてみせる」という気概さえ失うのだ。

いつの時代もそうであったのか、我々の世代だけがそうであったのかは分からない。少し、我々の時代の話をする。戦後会計学という時代に限って言えば、近代的な産業と金融の世界を実現するために設定された企業会計原則が、長い間、学の世界の中心課題であった。戦争によって崩壊したわが国の経済を再建するためには、アメリカなどの諸外国から資本を導入する必要があり、そのために、わが国の経済体制を近代化（英米化）する必要があった。とりわけ、企業経営を合理化し、公平な課税を実現し、証券市場を拡充して幅広い国民が安心して証券投資することができるようにする必要があった。

戦前は、わが国の企業金融が間接金融に偏《かたよ》っていて、企業が必要とする資金をもっぱら銀行や保険会社が提供していた。これを、英米のような株式発行を中心とした直接金融に変えることが狙いであった。

直接金融を効率的に進めるためには、何をおいても近代的な会計制度を確立することが必要で、企業決算の基礎、公認会計士による外部監査の依るべき指針、公平な課税の基礎を提供するものとして企業会計原則が設定された。わが国の会計学者が、もっとも華やかで生き生きと仕事ができた時代であった。「日本会計学の熱き時代」であった。

3 「追い抜く」ことを知らない学者たち

ところが、わが国の会計学は、その後急速に学問としての熱を冷ましてしまうのである。理由はいくつかある。一つは、アメリカ会計学会（ＡＡＡ）などの報告書やペイトン・リトルトンをはじめとする諸学者の書物などに精力的に取り組んだ結果、近代（英米）会計の理論構造がほぼ明らかになったことである。英米会計学にキャッチ・アップした途端、理論研究の目標を失ったのである。後は、ＡＡＡやアメリカ公認会計士協会（ＡＩＣＰＡ）が新しいモノグラフや調査報告書を出すのを待って、寄ってたかって「紹介論文」を書くしかなかった。

しかし、日本の学者が頼りとしてきたＡＡＡやＡＩＣＰＡは、財務会計基準審議会（ＦＡＳＢ）ができたとたんに理論的研究や基準作りから手を引いてしまった。アメリカの会計基準を設定する権限がＦＡＳＢに与えられた以上、ＡＡＡもＡＩＣＰＡもすることがなくなったのである。ＡＡＡとＡＩＣＰＡを追いかけてきた日本の会計学者も、追いかけるものを失った。「追い抜く」ことを考えない学者にとって、キャッチ・アップは実に不幸なことであった。

企業会計原則は、設定された当時は商法や税法をもリードする地位にあったが、昭和三八年の商法改正によって一部の会計ルールを法の中に盛り込んでからは、会計と商法の調整が主な課題となり、議論が発展しなくなったという事情もある。

会計実務がついてこなかったという理由もある。わが国の会計は、制度も基準も英米のものを「輸入」したものである。わが国経済の土壌に合うとか、経済環境に適合しているという理由で輸入したものではなく、英米の「外観」を取り入れたに過ぎない。会計実務の方は、わが国の実情に合わせた「本音の会計」が行われてきた。理論と実務の乖離《かいり》が大きくなればなるほど、「使われることのない」会計理論を研究することに虚《むな》しさを感じた学者も少なくない。管理会計はともかく、財務会計や監査を研究する学者にとっては大きな問題であった（はずである）。

4 「技術としての会計」

しかし、もっと根本的な理由がありそうである。それは、誤解を恐れずに言うと、日本の会計界が、「思想としての会計」や「文化としての会計」を学ぶことを忘れて、次第に、会計を技術としてしか見なくなり、「技術としての会計」「ルールに関する知識としての会計」として学ぶようになってきたことにある。

こうした「会計の技術化」は、「テキストによる教育」が定着したことと、さらに会計士や税理士の試験、簿記検定の浸透によって一段と強化された。この段階で、わが国の会計学は、伝統芸能か儀式のごとく、何の疑いもなく世代から世代へ引き継がれていく「技術」と化したといってよいであろう。「考える」ことよりも「覚える」ことを重視する「暗記の学」になったといってよい。

そうした中でも、「学としての会計」を志す多くの学者がいたことは、発表された論文や書物から知ることができる。そういう人たちによって、「技術としての会計」が理論的な厚みと深みを増したことは高く評価されるべきである。

ところが、学を志す人の中には、少なからず、会計学が実践科学であることを忘れたのか、「研究室の中の理論作り」に精を出した人もいる。外国の文献を翻訳したり紹介することが学問だと勘違いした人も少なくない。いや、少なくないどころか、日本の会計学者の過半は、「翻訳が学問」だと考えているのではなかろうか。外国文献を翻訳して紹介した学者は、ほぼ例外なく、その本とその著者に心酔しているらしく、「訳者あとがき」にも紹介論文にも批判的な話は出てこない。それなら、学者が翻訳した意味がない……とは言わずとも、翻訳者が批判的な目で読んでいないのは極めていただけない話である。

ある研究会の席での話である。関西の国立大学の教授が研究報告をした。そのレジュメ（報告の概要や資料・データを書いたもの）に載っていた計算が何度やっても合わないので、「この計算は間違っていないか」と聞いたところ、この教授は顔を赤くして言う。「間違っていません。

この計算は、アメリカの○○教授の本に書いてあるのですよ。」

私は返す言葉がなかった。この教授は、「英語で書かれていることはすべて正しい」、「英米人の言うことは間違いがない」と信じ込んでいるのである。だから、英語の本に書いてある計算を検算するなどという「不謹慎」なことはしない。

昔、まだワープロやパソコンがなかったころ、ゼミの学生によく「活字を信じるな！」と言ってきた。「田中が書いたものだって活字になるんだ。だから活字になったからって信じちゃいけない」と。今なら、小学生でもパソコンを使って「活字にできる」から、「活字で書かれたものを鵜呑《うの》みにする」学生はいない。そんな時代に、くだんの教授は活字を盲信するのである。

5 「understandable」は「理解可能」でよいか

外国文献の翻訳には、英語力や会計に関する知識よりも、極めて高度な日本語能力と推理力が要る。仮に書いてある内容が理解できたとしても、その内容を多くの人が理解できる日本語で紹介しなければならない。実は、これが至難である。

英語で「understand」といえば、「理解する」「分かる」「知っている」と訳せばほぼ間違いない。では、「understandable」はどう訳せばよいであろうか。この話は、外国語の翻訳にはいかに高度な日本語能力と推理力が必要かを語る好例なので簡単に紹介したい。

国際会計基準（IFRS）の趣意書（Preface to IFRSs）には、国際会計基準審議会（IASB）の目的として、次のように書かれている（六(a)）。訳文は、企業会計基準委員会（ASBJ）等の監訳による公式訳である。

「(a)公益に資するよう、高品質で、理解可能、かつ強制力のある国際的な会計基準の単一のセットを開発すること。その基準は、財務諸表及びその他の財務報告において、高品質で透明性があり、かつ比較可能な情報を要求し、世界中のさまざまな資本市場の参加者及びその他の情報利用者が経済的意思決定に役立つものであること」

「高品質で、理解可能、かつ強制力のある国際的な会計基準の単一のセット」という箇所は、原文では、「a single set of high quality, understandable and enforceable global accounting standards」となっている。公式訳がある以上、それを尊重することに異存はない。しかし、「understandable」を「理解可能」と訳してしまえば、「理解可能な基準」ということになり、あまりにも当たり前のことで書く意味がない（「理解不能な会計基準を作る」というのであれば書く意味があるが）。ここは「分かりやすい」「誰でも理解できる」とでも訳すべきであろう。

もう一つ言えば、「その基準は……資本市場の参加者及びその他の情報利用者が経済的意思決定に役立つ」では、言葉足らずであろう（日本語としても違和感がある）。「情報利用者が経済的意思決定をするのに役立つ」あたりであろうか。

昔から「布団と翻訳は叩けばホコリが出る」と言われてきた。どれだけ優秀な人たちが翻訳を担当しても、外国語を日本語に翻訳するのは至難である。上に述べたように、ＩＦＲＳの翻訳には、会計の知識と英語力に加えて、極めて高度な日本語能力を必要とする。会計と英語ができればＩＦＲＳの翻訳もできるというわけにはいかない。しかも日本語に翻訳されたＩＦＲＳは、これを採用する企業にとっては法律と同じような規制力を持っているのだ。ＩＦＲＳの翻訳は、法律を作るのと同じことなのだということを関係者は認識しているのであろうか。

6　プラモデルに挑戦する学者たち

会計は、利益の計算を仕事とすると考えようと、財産の計算を仕事とすると考えようと、いつの時代にも成り立つ思考とかどこの国・地域にも受け入れられる考え方といったものは存在しない。利益の概念も資本の概念も、資産や負債（債務）の概念も、時代により、国・地域により異なるものである。

イスラム圏のように、商業のような労働による「利潤」は稼得が認められるが、金貸しによる「利子」は、自ら努力せず、かつ危険を負わずして財産を増殖させる「不労所得」として（借手に請求することを）禁じられている世界もある。

イギリスでは、樹木の成長や不動産の価格上昇などは「まっとうな利益」とみないが、アメリカでは、含み益であれ何であれ利益と呼べるものはすべて利益として処理する。会計に関していえば、本家（イギリス）と分家（アメリカ）か、本社と支社のような両国でありながら、資本観や利益観が大きく異なるのである。

会計は、したがって、社会的な文脈の中で考えなければならないものである。会計を取りまく社会的な文脈は、国により、文化により、時代により、宗教や社会資本の蓄積度により異なる。

それが、一部の会計学者は、そうした「生きた会計」を無視して、ガラス細工のごとき理論作りに励んできた。会計の使い勝手のよさとか、現実経済界をどれだけ忠実に再現できるか、自分の経済思想や経済感覚をいかに盛り込むかなどといったことには関係なく、ただただ、理論（というより、形）としての美しさだけを追い求めるのである。

複式簿記という五〇〇年も昔に作られた建造物を、数学だの情報理論だの計量経済学だの社会学だの実証研究だの……をくっつけて、近代科学であるかのように見せかけようとしている学者もいる。簿記の歯車の一つか二つを取り上げて、精密機械の歯車のように、ピカピカに磨きあげようとしている人もいる。会計学をプラモデルか何かと勘違いしているのではなかろうか。こうした学者の営みを見て、会計学への情熱を失った若き研究者は少なくないはずである。

要するに、日本の会計界が、「会計の思想」とか「会計観」を学ぶ姿勢や機会を失ってしまった。会計の技術的側面や会計ルールの変化に目を奪われ、「学」として学び教えることができなくなったのである。そのいい証拠に、わが国の大学で採用されている標準的な教科書を開いてみると、「会計制度の解説」と「会計ルール（会計基準）の紹介」に終始するものだらけである。日本の会計制度が抱える問題点も会計基準群が内包する矛盾も、何一つ書かれていない。そうしたテキストで会計学を学んでも、当面の「ルールとしての会計知識」は身につくかもしれないが、自分の一生を捧げる会計界の共有財産である「学としての会計」「会計観」を身に付けることはできないのではなかろうか。会計制度や会計ルールはしばしば変わるものである。学生時代に学んだものが卒業する頃には変わっていてもおかしくない。

7　夏目漱石

そんなことを書いていて思い出したのは、夏目漱石の『吾輩は猫である』に出てくる研究者・寒月の話である。余談ながら、漱石のことを少し書く。私も愛読者の一人であったことは間違いない。読みふけったのは大学生の頃であった。私の学生時代は、高田馬場駅から大学までの道々、何十件となく古書店（古本屋）が軒を並べていた。漱石の本といえども、店先の特価品のコーナーに一冊一〇円で並んでいた。都電が往復一五円、生協のカレーライスが三〇円の時代であるから、今なら古本屋で一〇〇円、ブックオフで二〇〇円であろうか。

学生時代の一〇年間、会計の専門書はもとより文芸書や趣味の本、なんでも一〇円、二〇円で手に入った。失礼な話であるが、私の場合、学生時代の一〇年間、大学の講義よりも古書店で手に入れた本から学んだことの方が圧倒的に多い。今でも思うのであるが、「知識を得る」という点では、大学に行く必要はない。

話を漱石に戻す。博士課程の一時期、私はこの漱石の誕生の地に立っていた加藤家の一室を間借りしていた。部屋の前に「夏目漱石誕生之地」と書いた石碑が立っていた。この碑が立っている左隣に「小倉屋」という酒屋があり、堀部安兵衛が高田馬場の決闘に向かう前に一杯ひっかけたという話が伝わっている。夏目家はこの一帯の大地主であったとかで、漱石の父親が自宅前の坂道に家名をつけて「夏目坂」としたという。大学紛争のときは、ヘルメットと盾と金属製の警棒で身を固めた機動隊が、大挙して夏目坂を下って早稲田に突入したものである。

8 「硝子玉《がらす》」を磨く

寒月は、「蛙《かえる》の眼球の電動作用に対する紫外光線の影響」を研究している男である（夏目漱石『吾輩は猫である』新潮文庫、二三二頁）。寒月がこの研究で博士論文を書くらしいということを、猫の主人・苦沙弥の友人である自称美学者の迷亭氏が鈴木君に向かってこう言うのだ（登場人物の関係は、是非、本を読んでいただきたい）。

「君寒月が博士論文の稿を起こしたのを知っているか。寒月はあんな妙に見識張った男だから博士論文なんて無趣味な労力はやるまいと思ったら、あれでやっぱり色気があるから可笑しいじゃないか。君あの鼻に是非通知してやるがいい、この頃は団栗《どんぐり》博士の夢でも見ているかも知れない」（一七一頁）

この寒月に、吾輩の主人が「君そんな事が骨の折れる研究かね」と聞く。寒月が答える。

「ええ、中々複雑な問題です。第一蛙の眼球のレンズの構造がそんな簡単なものではありませんからね。それで色々実験もしなくちゃなりませんが先ず丸い硝子の球をこしらえてそれからやろうと思っています」「元来円とか直線とか云うのは幾何学的のもので、あの定義に合った様な理想的な円や直線は現実世界にはないもんです」「それで先ず実験上差し支ない位な球を作って

みようと思いましてね。先達《せんだつ》てからやり始めたのです」(二二三頁)

以下は、迷亭氏とその伯父の会話である。

「可愛想に、あれだって研究でさあ。あの球を磨《す》り上げると立派な学者になれるんですからね」「玉を磨りあげて立派な学者になれるなら、誰にでも出来る。わしにでも出来る。ビードロやの主人にでも出来る。ああ云う事をする者を漢土では玉人と称したもので至って身分の軽いものだ」「凡て今の世の学問は皆形而下《けいじか》の学で一寸結構な様だが、いざとなるとすこしも役には立ちませんてな。」(三七〇—三七一頁)

わが国の社会科学の多くは英米などの諸外国にモデルや規範を求める。経済学しかり、経営学しかり、そして会計学しかり、である。だからどこの大学にも「寒月先生」がたくさんいる。研究室という、社会から隔離された空間で、社会との「つながり」もなければ「つながり」も求めない学者が空想たくましく「研究」に精を出せば「硝子玉を磨く」ことになりかねない。

9 高校教師の悩み

あるとき、新潟県の商業高校で簿記・会計を教えている先生から電話をいただいた。県下の商業科の先生方が開く研究会で講演してほしいという話であった。高校の先生方から数年に一度くらいこうした話を頂戴する。

わが郷里の札幌においても、簿記会計の研究会やわが母校の商業高校から呼ばれたこともある。せっかくの機会だからと両親の墓参りを家族ですれば、とんでもない大出費になる。それでも私の年齢では後は少ないと思い、お声をかけていただくと喜んで出かけている。

新潟の先生の話は、こういうことであった。私なりに敷衍《ふえん》して書くことをお許しいただきたい。商業高校で簿記や会計を教えているが、これだけ機械化（会計ソフトの導入など）された時代に、果たして、これまでのような簿記を教えることに意味があるのであろうか、借方も貸方も知らなくても、会計ソフトに入力すれば簡単に損益計算書も貸借対照表も作れる時代になったのに、仕訳や元帳転記、試算表の作成を教える必要が本当にあるのだろうか。

自分たちが教えている商業科の高校生は、ほとんどが中堅・中小企業に就職するが、今では中小企業でも会計ソフトが導入されていて、簿記も会計もまったく知らない先輩社員が日々の会計処理をこなしている。こうした実態を見て、商業科で簿記・会計を勉強してきたことにどれほどの意味があるのか、疑問を高校の教師にぶつけるという。

もう一つの悩みは、国際会計基準（ＩＦＲＳ）である。新聞報道などを見ると、今にも日本の会計はＩＦＲＳに全面的に移行するかのようなことが書かれているが、自分たちが教育に使っている教科書には何も書かれていない。自分たちが企業会計原則や会社法に従って教えていても、生徒たちが卒業するころには会計のルールがまるで違ったものになっていれば、自分たちの教育が無駄になってしまうのではないか。それ以上に、ＩＦＲＳの時代になったら生徒たちに何を教えたらよいのだろうか。

高校生を教える教員としては、実に真剣な悩みである。残念ながら、大学で簿記や会計を教えている教員からは、そんな悩みを聞いたことがない。自分が教えていることに自信があるのか、それとも無関心なのか。きっと後者の人が多いであろう。自分が研究し、教えていることが社会で役立っているのかどうかにほとんど疑問も持たないのであろうか。「書斎の学問」と揶揄《やゆ》されても返す言葉がない。

第8章　ヨロイを脱げない学者たち
――「書斎の会計学」は通用するか(2)

1　辻・本郷の研修と経営戦略研究財団
2　社員研修の内容
3　新人研修
4　地区研修
5　土曜研修と「辻・本郷クラブ」
6　大学教育と簿記
7　複式簿記にビルトインされている「複眼思考」
8　月次試算表
9　ヨロイを脱げない学者たち

1　辻・本郷の研修と経営戦略研究財団

何度かご案内したように、神奈川大学を定年退職した後、辻・本郷税理士法人（東京。理事長・本郷孔洋氏）に顧問としてお招きいただき、当面、同法人の七〇〇名を超える職員を対象とした研修を担当している。職員のうち、公認会計士や税理士の有資格者が二五〇人ほどいるので、研修の内容も多岐に渡り、私には手に負えないものも多い。その点では、有資格者・専門家集団の特長を活かして、職員の相互研修を工夫したいと考えている。

同時に、「一般財団法人　経営戦略研究財団」（会長・本郷孔洋氏、理事長・田中）を設立し、(1)中堅・中小企業の発展と育成を目的とした実践的研究、(2)税理士業界の活性化と発展を目的とした実践的研究、(3)企業経営者・経理担当者・税理士事務所スタッフ、監査役スタッフなどを対象とした経営経理セミナーの開催などを行う予定である。

この度の仕事は、私が会計学を学び・教えてきた四〇数年の間にはほとんど経験らしい経験のないものである。ただし、簿記や会計の活用や最近の機械化（会計ソフトの導入）による弊害などについては、日ごろから考えるところがあり、これを機会に「書斎の会計学」がどの程度実務で使えるのかを現場で試してみたいと考えている。

2　社員研修の内容

辻・本郷税理士法人の職員（当法人では職員を「社員」、顧問先を「お客様」と呼んでいる）を対象とした研修は、法人内に「経営戦略大学」という名称の下にカリキュラムを編成し、希望者を募って、以下のような講義を行っている。

会社を読む（経営分析）入門編

(1) 成長性―会社は成長しているか
・グラフに騙されない
・バランス良く成長するには

(2) 収益性を読む―会社の稼ぐ力はどこにあるのか
・本業の儲けは十分か（純利益ではわからない）
・業界の平均と比べる
・商品別・地区別の損益はどうなっているのか

(3) 安全性を読む―財務の安定を保つにはどうすればよいか

会社を読む（経営分析）中級編

3　新人研修

辻・本郷税理士法人では、二〇一四年の春から夏にかけて税理士試験や会計士試験の合格者を中心に、四〇名ほどの新人を採用した。採用した人数も驚きであるが、新人のための研修は、これまで聞いたことがないほど徹底している。九月一日の採用と同時に、一〇月末までの二か月間、法人、事業継承、相続、資産税、医療法人、公益法人等の各部門の責任者による座学・実習、各部門に配属されてのＯＪＴ……理事や部長も参加してのホテル宿泊での研修と懇親パーティまで開催された。

研修は、税務と会計だけではない。あいさつ、身だしなみ、マナー、社会人としての常識、電話の取り方・受け答え、クレームの対応……私も研修を受けたくなるほどの、素晴らしいプログラムである。その中で、私が担当したのが、次のような講義であった。

(1)　税理士業界の現状と課題
(2)　社内不正とミスの予防と早期発見
(3)　コンサルらしくない「社長への一言」
(4)　決算書の読み方・社長への説明

・キャッシュ・フロー計算書の読み方
・月次試算表・バランス・シートの読み方
・損益計算書の読み方
従来の、税務を中心とした研修に加える形で「経営と会計」の科目を盛り込んだものである。

4　地区研修

辻・本郷は、東京本部（新宿）のほかに、青森から沖縄までにまたがる四〇ほどの支部を持っている。本部での研修は、テレビ会議システムを使って各支部でも受講できるようになっている。しかし、講師には支部の状況がうまく伝わらないし、支部で受講する方々には板書《ばんしょ》の文字や図が読みにくかったり質問しにくい。こうした研修は、やはり、フェイス・ツー・フェイスで、顔や反応を見ながらの講義がよい。

そこで、私は、機会を見ては各地を訪問して、支部の職員を対象とした研修や、ときには、お客様（顧問先）の皆さん向けのセミナーを開くことにしている。その場合は、時間を長く取れないので、「社内不正とミスの予防と早期発見」のような一時間か二時間もあれば済むような、また、聞き手の皆さんからも経験を披露してもらえるようなテーマを選んでいる。

5　土曜研修と「辻・本郷クラブ」

辻・本郷では、毎月第二週の土曜日に、「土曜研修」を開いている。朝から夕方まで、理事長研修・理事研修から、各部門の責任者による研修、税法等の改正に合わせた研修など多彩かつタイムリーな研修が行われている。

また、毎月第三水曜日には、「辻・本郷クラブ」という会員制の経営セミナーを開催している。職員の傍聴も歓迎されており、本郷理事長の講話とゲスト講師の話が聞ける。二〇一四年一〇月のゲスト講師は、前中華人民共和国特命全権大使の丹羽宇一郎氏で、氏が新著『中国の大問題』（PHP新書、二〇一四年六月刊）を出した直後ということもあり、「病《や》める中国」と「これからの日中関係」を聴こうと会場は満席であった。一一月は、二三一回目で、アパホテル取締役社長の元谷《もとや》芙美子氏とハー・ストーリィ代表取締役の日野佳恵子氏が登壇した。

職場にいながらにして、こうした最前線で活躍する各界の著名人の話が聞けるのであるから、辻・本郷の職員は非常に恵まれている。

6　大学教育と簿記

ところで、最近、大学の講義科目から「簿記」「簿記入門」「基礎簿記」などの名前を冠した科目が減ってきているという。「簿記を習得するなら専門学校へ行けばよい、大学は学問の府だ」とか、「簿記なんか、読み書き・そろばんのレベルで、大学で学ぶほどのものではない」といった理解が背景にある。経済・経営・商学系の学部では、どこも経済系の教員が幅を利かせて（つまり、声が大きい）、実学系・実務系の科目（とその担当教員）を見下《みくだ》したような発言をする。

要するに、「社会に出て使えることを教えるような科目」は大学の科目として下等で、「物事の考え方とか世界の仕組みを教えるのが大学なのだ」ということらしい。そういうことであれば、大学で英語を教えるとかスポーツの授業をするなどというのは「あってはならないこと」であろうし、こと会計や法律の教育について言えば、現在の東大・早稲田・慶応は大学として失格であろう。

なにせ、この三大学が、司法試験、公認会計士試験の合格者を出すために、つまり実学の社会に活躍する人材を一人でも多く輩出するために、カリキュラムや講義内容を工夫し、ロー・スクールやアカウンティング・スクールを開設し、課外講座の充実を図ってきたのである。先に合格した先輩たちが手弁当で後輩を指導する態勢も整えてきた。会計士に関する限り三大学とも競争相手は専門学校の大原学園でありＴＡＣである。

簿記・会計の教育の現場は、一流と評価される大学ほど大学全体で取り組むが、それ以下の大学では、多くの場合、「読み書き・そろばん」と同等として低く評価されてきた。そうした現象を生んだのは、もとより、簿記・会計についての無関心・無知（失礼！）と、自分の専門科目を（簿記・会計よりも）上にしたいという「優越願望」が働くのであろう。

簿記・会計が見下されてきた原因は、実は、簿記会計の長所でもある。特に、簿記は、商工会議所などによる検定試験が普及に大きく貢献してきた。日商簿記検定三級（基礎的な商業簿記原理および記帳、決算等に関する初歩的実務。小企業の商品売買業やサービス業向け）レベルであれば、商業高校なら一年生が習得するし、大学生や社会人であれば、二か月ほどの独学でマスターできる。容易にマスターできることが、簿記が見下されてきた原因の一つであろう。

最近の学生は、冬に合宿をしてもスキーはやらない。もっぱらスノボである。時代の流れということもある。それ以上に、スキーはマスターするのに時間がかかるが、スノボは一日あれば簡単に覚えられることが大きな理由であろう。スキーは「うまい下手」が一目瞭然《いちもくりょうぜん》なのに比べて、スノボは初級も中級も見分けがつかない。それも理由であろう。

簿記もスノボ並に、つまり容易に習得できる。そこで、「二か月かそこらで習得できる程度の技術」なら大したものではない、と考えるのであろうか。簿記や会計について見下した発言をする人に、「では、あなたは簿記ができるのですか」と聞くと、まず、間違いなく「簿記はできない」と答える。そこで、「どうして、あなたほど優秀な方が、簿記も知らずに、あれは大した知識ではない」と言えるのですか、と聞くと、「だって、二か月かそこらで分かるんでしょ」と言う。本屋さんに行けば、『一週間で分かる経済学』とか『一か月で読み解く経営学』などという本が並んでいる。そうした本を書いている大学教授は、大学での「経済学」「経営学」の講義でいったい何を話しているのであろうか。

簿記検定では記帳と決算が出題されるので、受験者が身に着けるのは「記帳の技術」と「決算の知識」である。大学の簿記講義も、多くの大学では簿記検定に合わせた内容にしている（受験を促す意味でも）から、「記帳の技術」と「決算の知識」である。そうすると、検定試験でも大学の講義でも、「帳簿をつける」ことと「決算書を作る」ことで終わり、作られた決算書（損益計算書と貸借対照表）をどのように「使う」かということはおざなりにされてしまう。

7　複式簿記にビルトインされている「複眼思考」

もともと会計や簿記のシステムには、「ダブル・チェック」「クロス・チェック」の技法がビルトインされている。私はそれを「複眼思考」と呼んできた。

複式簿記が世界中で使われるようになったのは、一つには、誰でも使える簡単な技法であることと、この技法を導入するのにほとんどお金がかからないことにある。簿記の技法を学ぶのには二か月か三か月もあればよいし、小規模な事業体であれば手書きの帳簿で十分に間に合う。今では会計ソフトが安く手に入るので、毎日の取引データを入力するだけで簡単な決算まですることができる（この「会計ソフト」が、実は経営に役立つどころか、逆に経営をダメにしているところがある。いずれ、そのことを書きたいと考えている）。

簿記は優れものである。簿記による記帳は、途中で作業を他の誰かと交代しても同じ操作が続けられるし、誰が担当しても同じ結果を得られるし、作業を何人かで分担しても集計すれば同じ結果になるし、記帳や集計の仕方や金額を間違えると簿記のシステムが「間違えている」ことを教えてくれる（自検機能）。さらには、一つの取引（経済事象）や有り高（資産や負債）を、常に借方（左側の記録）と貸方（右側の記録）として二重に記録することから記録の正確性も二重に確認できる。

世界の情報技術が飛躍的に発展・向上したとはいえ、五〇〇年前に考案された簿記のテクノロジーを超えるものはいまだに発明されていない。五世紀もの長きにわたって、基本的な構造を変えずに活用されている技術や知識は、他にはない。簿記と比べると、経済学や経営学の知識や技術はまだまだ信頼性に欠ける。何せ「移り気」ですぐに理論が変わるのだから。

しかし、最近では、企業の経理部門や記帳を代行する税理士事務所の業務を見ていると、こうした簿記の長所を十分に活かしていないのではないかと思うのである。複数の人が担当すれば間違いを発見しやすいしダブル・チェックの機能も働くものを、一人でするほうが早いとか、機械（会計ソフト）に任せたほうが一度にデータ処理できるので経済的だとかで、販売部門や仕入れ部門などから上がってくるデータを鵜呑みにしたりしていることから、間違いどころか、社内不正のチェックにも役立っていない。

簿記が経営にどれほど役立つものであるかを知ってもらうには、月次試算表の見方・読み方を覚えてもらうのが手っ取り早い。以下、試算表、特に、月次試算表の話を書く。

8　月次試算表

試算表の話となると、会計学者はきっと簿記の入門講義（日商簿記検定の三級クラスか）のときに、仕訳から元帳転記までの手続きが間違いなく行われているかどうかをチェックするために作成する集計表として説明し、元帳の記録から試算表を作成する練習問題を解かせてきた。

ネットで「試算表」とか「月次試算表」を検索すると、ほとんどが「簿記検定三級」に出題される試算表の解き方が出てくる。実際に経営の現場ではどういう試算表が使われているのか、試算表がどう使われているのか、といったことは見つけられない。試算表は正式な（つまり、作成が義務付けられる）計算書ではないので、各社または各税理士事務所が会計ソフトを活用するなど、それぞれの工夫で使いやすいものを開発しているのであろう。

しかし、会計ソフトは、試算表を作ってはくれるが、でき上がった試算表を「読んでくれない」のだ。「読む」には、会計の知識と経営（者）の経験が必要である。

試算表の「残高」（つまり残高試算表）から、減価償却費や貸倒引当金、売上原価の計算などを加味して精算表を作成し、その中で暫定的な損益計算書と貸借対照表を作成する。精算表は、いわば「決算のリハーサル」といってよい。この簿記のプロセスにおいては、試算表は、単なる

「元帳記録の正確性」を確認するための計算表でしかない。しかも、ここでいう「正確性」とは、取引の仕訳が正しく行われていると仮定して、さらにその仕訳が勘定科目と金額を間違えずに元帳に転記されていることを前提にして、借方・貸方の金額的な一致を確かめるものにすぎない。

勘定科目を「（借方）現金」とするところを「（借方）売掛金」と間違えても、正しくは
「（借方）売掛金　一〇、〇〇〇　（貸方）売　上　一〇、〇〇〇」

とするところを、

「（借方）売掛金　一、〇〇〇　（貸方）売　上　一、〇〇〇」

と間違えても、試算表は完成する。試算表は、こうした間違いを教えてくれない。

簿記のテキストでは、ここらあたりまでのことは書いてあるものがある（ただし極めて少数のテキストであるが）。簿記の検定試験にはめったに出題されないことが原因かもしれないが、実務ではこうした間違いは珍しくない。しかし、この企業が「売上」を記帳・計算・管理する担当者と得意先との取引（掛売りとその回収）を記帳・計算する担当者を別々にしていれば、試算表の借方（左側）と貸方（右側）の合計が一致しないので、すぐに気が付く。

こんな話をすると、「うちの会社は記帳を一人でやっているから」とか「うちは会計ソフトを使っているので貸借は必ず合います」という方がいる。確かに金額としては一致するであろうが、売上を一〇、〇〇〇とするところを一、〇〇〇としたのでは、帳簿上の在庫と倉庫の実在庫とに大

きな違いが出る。これは出庫伝票からでも納品書からでも、請求書の写しからでも、得意先の領収書からでも発見できる。

経営と会計実務の現場では、この試算表、特に月次試算表が非常に、本当に非常に重視されているのである。もしかしたら、経営者にとっては年次の決算書よりも重要な情報ではなかろうか。年次の決算書からは翌年度とか数年先までの経営計画に役立つ情報が得られるが、現状の把握とか、問題点の発見、目標とのギャップ、原因分析と対策の立案といった、今すぐに手を打つべきことは教えてくれない。それらは、むしろ、月次試算表のほうが役に立つ。

例えば、先月と当月の月次試算表を並べてみると、売上高、売掛金、月末在庫などの増減がわかる。売上高が急成長しているときには、(1)どこの得意先の注文が増えているのか、(2)新しい得意先や海外からの注文に集中していないか、(3)特定の商品に注文が集中しているのか、(4)増えたのは掛売りか現金売りか、(5)返品・在庫は増えていないか、(6)売れ筋の在庫は確保しているか、(7)売れ筋から外れた商品の在庫はどうするか……といった諸点を検討する必要がある。ただ売上が増えたといって喜んでいるわけにはいかない。

そのためには、得意先ごとに、月次の販売量の変化、売掛金の増加と回収の状況（特に回収が遅れないように年齢調べをする）、返品の有無などを一覧できるように整理しておく必要がある。こうした作業を進めるには簿記の知識が大いに役に立つであろう。

万引き・従業員による在庫の無断持ち出しで悩んでいる店や企業も多い。簿記の知識を使って（前月末在庫数＋当月仕入れ数－当月の販売数）を計算すれば、帳簿上の月末在庫がわかる。月末に棚卸をすれば（帳簿上の月末在庫－月末棚卸高）の差が万引き・持ち出し被害にあったことがわかる（計算間違いもあるが）。

この計算を主要な商品ごとに行えば、どの商品の被害が多いかがわかるであろうから、その商品を店員の目の届くところに配置するとか監視カメラを設置するとかといった対策が立てられる。簿記はかくも優れものなのだ。

小売店であれば、月次の売上の変化を、製品別・色別・価格別・顧客の年齢や性別・購入時間帯別などで把握すれば、売れ筋の変化、購入する商品の組み合わせ、時間帯や季節による顧客の変化といったトレンドを知ることができ、仕入れ・品揃え・商品の配置・スタッフの手配などに役立てることができる。

何も難しいことはない、ＰＯＳ情報を活用するのである。今のＰＯＳは、業態別に開発されており、売上の管理・在庫管理・発注管理・売掛管理・勤怠管理・ポイント管理……何でもござれである。活用しない手はない。

9　ヨロイを脱げない学者たち

前章と本章は、「書斎の会計学」について書いてきた。「研究室の会計学」といってもよい。昔、「象牙の塔」という言葉があった。「現実を踏まえない学究生活や研究室」を言うとされる（「スーパー大辞林三・〇」）。昨今の学者（会計学者に限らない）は、「象牙の塔」などというカッコウのいい世界よりも、「（現実社会からの）逃避の世界」に安住している人がほとんどであるように思われる。

私には、会計実務の経験がない。会計士や税理士の友人が多いことから、実務の現場は見てきたつもりである。大蔵省や郵政省・総務省などの仕事を手伝ってきた経験から、「生きた会計」「現場の会計」「会計による企業・産業のコントロール」といったことも多少は学んだ。しかし、今にして思えば残念ながら、「学ぶ」ばかりで、学者として「お返し」する力は、私にはなかった。

私にとって幸運だったことが二つある。一つは、大蔵省や金融庁の仕事をしてきたことから、わが国最大の生命保険会社から、総代会（相互会社の場合、株式会社の株主総会に相当する）のメンバーとして選ばれ、さらに、同社の業務全般をモニタリングする業務監視委員会の委員に任命されたことである。この委員会は、社長直属の機関で、同社の全業務に目を光らせることが仕事であった。

委員会のメンバーは、わが国を代表する弁護士、東大総長や文部大臣の経験者、日本の代表的企業の社長経験者……そうそうたるメンバーの中に、私も混ぜていただいた。

「でしゃばり」「何にでも口を出す」私は、会計学者であることを忘れて、「パンフレットの色や文字の大きさが高齢者には向いていない」とか、「色弱者のことを考えて」とか「お客様目線といいながら、実は、会社の都合に合わせていないか」とか、普段、考えていることをストレートにぶつけるのであるが、その多くは、会社の実務に反映していただいた。学者のたわごとを真剣に取り上げてくださったことに、本当に感謝している。

もう一点は、私の研究というよりは、教育の領域を広げるチャンスを得たことである。私が大学教員であることから、ゼミ生や周りの会計士・税理士試験の受験者からたびたび同じような質問を受ける。いちいち答えるのも大変であるが、それ以上に、全国の受験者もきっと同じような疑問を持っているはずであるから、それなら、受験雑誌に記事を書くほうが効率的だと考えたのである。

そうしたことから、税務経理協会の『税経セミナー』(現在、休刊中)に、平成一二年四月号から、「ポイント学習　財務諸表論」を連載した。この連載は平成一五年八月号までの四一回まで続いたが、途中で、出版の企画が出てきて、三七回までの連載を取りまとめて『財務諸表論の考え方』（税務経理協会、平成一三年）として出版した。

この本は、幸いにして（出版社と著者にとってであるが）受験者の方々から歓迎されて、版を重ね、第三版まで出版することができた。これに気をよくして、公認会計士・税理士試験を独学で受験する人たちへの「応援歌」として、『新財務諸表論』（平成一七年初版、現在第四版）を書いた。

この二冊の本を書くには、日本の会計制度と会計法規、会計基準を幅広く学ばなければならない。それまでの私は、研究テーマが「イギリスの会計制度と会計基準」「イギリスと日本の比較研究」であったから、どちらかというとイギリス会計の研究に力点が置かれていた。だから、日本のことを書く「ポイント学習」や『財務諸表論の考え方』さらには『新財務諸表論』の執筆は、私の学修・研究範囲を大きく広げる機会になった。

今から思えば、得難いチャンスであった。自分が勉強したことも教えたこともない領域のことを、会計士・税理士試験の受験者に伝えるのである。間違ったことを書くことはできない。受験者という、半分は専門家みたいな人たちにどのように伝えたらいいのか、この人たちが資格を取った後で話をする相手は企業の経営者であることを考えたら専門用語を使わないで経営状態や今後の資金繰りなどを話すにはどうしたらいいのか、そういうことを考えながら書いた。だから自分の勉強になった。自分の「たこつぼ」に隠れていてはできない仕事であったと思う。

会計学者の多くが自分の専門領域を狭くして「たこつぼ」の中に閉じこもったかのような仕事をするようになったのは、ここ三〇年ほどのことである。ある人は、リース会計だけ、ある人は資金会計だけ、ある人は連結財務諸表だけ……。研究領域を狭めると、会計の全体像がつかめなくなる。IFRSがこれだけ「大騒ぎ」を起こしているにもかかわらず、多くの、いや、ほとんどの会計学者が「沈黙は金」を決め込んでいるのは、自分の専門領域との接点を見いだせないからであろう。IFRSは会計の全領域に広がる問題であり、うかつに自分の狭い専門領域からの批判でもしようものなら、返り討ちにあう恐れがある。

多くの学者は一度身に着けた「ヨロイ」を脱げないでいるのだ。「学の保守主義」を重んじるのか、なかなか「通説の世界」から出ようとしないし、自分の専門領域を狭くして「たこつぼ」の中に閉じこもりガードを固くして仕事をするようになった。他の研究領域が「外敵」であるかのように、交流することとさえ避けてきている。「外敵」は、学界だけではない。実務界も外敵である。実務家が読む気にならないような難解な「専門」書や論文を書けば、幸いにして実務界からの反応はない。かといって実務家が読むような論文は、実務を知らないだけに危なくて書けない。外敵から身を護るためにヨロイを脱げないのである。

一度、ヨロイを脱いで、ロッキング・チェアでくつろいだ気分になって、会計の世界を「他人の世界」のように眺めてみるとよいのではなかろうか。そうすれば、自分の研究が会計という世界のどこに位置づけられるのか、自分の研究が実務においてどのように役立つのか、自分の研究が会計の理論や実務を変える（あるいは説明する）力があるのか、そうしたことを客観的に評価できるようになるのではなかろうか。

私にとっても、今回の辻・本郷での研修は、「書斎の学問」という狭い世界から脱出して、実務界の洗礼を受ける好機と考えている。

第3部　学者の寿命

第9章　学者の寿命――「六〇歳限界説」

1　会計学は燃えていた

「寿命」を話題にするのは、退職を記念して出す本のテーマとしてはふさわしくないかもしれないが、新しい人生を始めるにあたっての「意気ごみ」をお伝えしたくて、この話を書くことにする。

自分の年齢が信じられなくなるのはいつごろからであろうか。二〇代のころは、五〇歳という と両親と同じ年齢で、随分、年寄りに見えた。自分が四〇代に入っても六〇歳の人は、住む世界が違うのではないかと思えるくらい老人に見えた。しかし自分が五〇歳になったとき、五〇歳になったということを事実として認めたくないくらい、自分の気持ちとしては若かった。スキーでもゴルフでも体は思うように動いたし、朝から晩まで滑っても疲れることはなかった。それが還暦を迎えてしばらくしてからであろうか、体が思うように動かなくなり、年齢を実感するようになった。これは肉体的な年齢の話である。

学者としては三〇歳とか四〇歳のころは、「まだまだひよ子」で通ったし、自分の感覚としても「ひよ子」であった。何せ、会計学会・学界には、天皇と呼ばれる黒澤清先生はじめ、佐藤孝一先生、番場嘉一郎先生、山下勝治先生、若手では染谷恭次郎先生、飯野利夫先生、高田正淳先生、武田隆二先生……、私のような新参者は言葉も交わせない先生方が、毎号のように会計誌に論文を掲載し、学会では雛壇《ひなだん》を独占していた。

私が大学に入ったのが一九六二（昭和三七）年で、日本の会計学は、日本の近代化を担って光り輝いていた。教室では、恩師の佐藤先生を初め、青木茂男、染谷恭次郎、日下部与市、新井清光といった諸先生から、わが国の企業会計原則やアメリカの会計に関する、ありとあらゆる話を聞くことができた。

私が研究者としてスタートを切ったのが二八歳の一九七二（昭和四七）年で、学会・学界は四〇代から五〇代の、学者として脂の乗り切った先生方が活躍されており、『税経通信』、『企業会計』、『産業経理』（当時は月刊誌であった）、『會計』といった専門誌には毎号のように論文を寄稿していた。会計学も会計学者も燃えていた時代であった。

それから一〇年か一五年ほど過ぎたころ、つまり、私も三〇代の後半から四〇代、上の先生方の年齢に近くなって気が付いたのは、そのころにはもうどの先生もほとんど論文を書かなくなっていたということであった。四〇代、五〇代でバリバリ活躍されていた諸先生が還暦を過ぎたあたりから急に論文も本も書かなくなったのである。「早稲田は多産系」とは佐藤先生の言葉であった。先生はご自宅のことを「佐藤学問工場」と呼び、若い教員を寝泊まりさせて、ご自分はもとより若い先生方にアウトプットの多さを競わせていたようであった。「多産系」を自認する先生方が、筆を執らなくなった。学者の寿命が尽きたのであろうか。

2 「六〇歳寿命」説

ある研究会が終わった後の懇親会の席でのことであった。たまたま高名な先生の隣に座ることになった。その先生がぽつりと言うのである。「最近、書きたいことが書けなくなったんです」、「書いていても根気が続かないんですよ」と。そして私へのアドバイス、「田中さんも、書くんだったら今ですよ。還暦過ぎたら書きたくても書けなくなりますから」。そのときは何気なく聞いていたが、それからしばらくして、同じ話を別の先生からも聞いたのである。「小さい字が読めなくなってね」、「英語の文献を読む気力がなくなりました」。

視力が弱るとか、本を読む気力が落ちるとか、持久力や回復力の低減といった、年齢を重ねることからくる肉体的・精神的な「壁」は、誰でも避けられない。スポーツ選手を見れば一目瞭然である。

しかし、スポーツ選手でも、「力勝負」ができるのは若い時代だけであっても、それを過ぎて「知能勝負」で活躍している人は少なくない。肉体の衰えを頭脳でカバーしているのである。現役を退いた後も、監督になったりコーチになったり、プロ野球ではジェネラル・マネージャーになったり、「体力勝負」の時代の経験を生かして「知能勝負」の世界で活路を見いだしている。学問の世界も同じではないか、という思いがあった。

思考力、判断力、批判力、説得力、構想力といった学者の命とも言うべき「力」は、むしろ年齢を重ねることによって強化されるはずである。会計の世界を垣間見た程度の若造（私のこと）と、この世界で二〇年も三〇年も活躍してきた方々とでは、ものを見る目も違うであろうし、考える深さも広さも違うはずである。それらは、肉体的・精神的な「壁」とは関係なく、むしろ歳と経験を積んで身に着くものであろう。

3 「バカの壁」

そんな気持ちから、「書けなくなった」という先生に、養老孟司さんの『バカの壁』（新潮新書）のことを頭に浮かべながら、こんなことを話したことがある。あの本は養老さんが書いたものではなく、養老さんが話したことを編集者が原稿にとりまとめたもの（このことは『バカの壁』のはしがきに書いてある）だという。「小さい文字が読めない」とか「原稿を書くのがつらい」というのであれば、「先生、それなら、書きたいことをテープに吹き込んで、編集者にまとめてもらったらどうですか」、「先生の講演をテープ起こしして、それを本にしたらいいのではないでしょうか」という提言をしたこともある。何せ養老さんは、編集者の前で話しただけで、『バカの壁』を四〇〇万冊も売ったのである。残念ながら、私が同じ時期に、同じ新潮新書として出した『時価会計不況』は三万冊で止まってしまった。それでも、「文芸の新潮社」、つまり読者層は会計界の一〇〇倍という世界で本を出せたのは望外の喜びであった。

話が飛んだ。元に戻す。視力が落ちたとか気力が続かないということで書きたいことを書けないのなら、書きたいことをテープに録音したり編集者の前で話して、それを論文や本にしたらどうですか、という話をした。

その反応は二つあった。一つは、「自分の話を文字にしてくれるような優秀な編集者はめったにいない」というものである。それは理解できる。数年前に、ある出版社からの依頼で会計学のテキストを書いた。そのときの編集担当者は会計のことをまったく知らないだけではなく、おどろいたことに、私が書いた原稿を、私に断りもなく、勝手に加筆・修正するのである。ある章のタイトルに副題を付けたところ、校正紙では副題が落ちていたので問い合わせた。その編集者からの答えは「副題は不要です！」。誰が著者なのか、聞きたい。

同じ本で、一センチ刻みの方眼紙を載せようとしたら、方眼紙のはずが横軸が六ミリ幅あり、八ミリ幅あり、一二ミリ幅あり……。この編集者には方眼紙の意味が分かっていなかったようであった。大先生が「自分の話をうまくまとめてくれる優秀な編集者はめったにいない」と言うのはうなずける。編集者は著者ではないのである。それは過分な期待としか言いようがない。

もう一つの反応は、「断片的な話ならできるが、一つのテーマで纏まった話をするのは難しい」「雑誌の一頁かそこらの記事であれば話すことができるが、五頁とか六頁の話となると、最近の文献を読まないといけないから」……といったものである。要するに、「感想」は話せるが「意見」までには至っていないということであろうか。

4 学者の五〇代

私は、かなり焦った。学者の寿命が五〇代までというのであれば、私に残された時間は少ない。私が「イギリス会計制度論」という論文で学位（博士号）を取得したのが今から二〇年ほど前の一九九二（平成四）年、四九歳のときであったからである（残りは一〇年か）。その三－四年前から、染谷先生や新井先生から学位論文を書くようにというお勧めをいただいていた。私も、大学教員になってからの中心テーマを、イギリスの会計制度とその制度の根幹をなす重要な会計思想に絞り、それとわが国の会計制度や会計実務を比較検討することに絞ってきていた。できるならば、イギリスの制度や思考を一つの座標軸として、日本の会計を発展・改善するための具体的な分析と提言を試みようとしたのであった。

そうした試みがどの程度うまくいったかは、公刊した論文『イギリスの会計制度』(中央経済社、一九九三年)で読者諸賢にご判断頂きたい。私としては、(1)日本会計界の課題であった「企業会計原則の法的認知」、(2)(わが国では知られていないが)英米では会計の基幹的な思考である「実質優先原則と離脱規定」の役割、(3)わが国の公認会計士がいまだ十分な社会的認知と社会的期待を受けていない原因と課題を探る「会計士・監査人の第三者責任」などの問題に関して、この国ではどのように考え、どのように問題解決してきたかを検討したつもりであった。本書で「イギリス会計の知恵」を紹介し、わが国での検討を促すことができたことは幸いであった。

その提言のうち、企業会計原則は財務諸表等規則第一条により法的認知を受けることになったし、離脱規定は国際会計基準(IFRS)に盛り込まれていることからIFRSを任意適用している企業ではすでに適用されている(実際に離脱した事例があるかどうかは不勉強にして知らない)。もちろん、私の力ではない。それでも、学者として五〇歳までになすべきことは、曲がりなりにでも、やり遂げたと思うのである。自画自賛をお許しいただきたい。

5　呪縛からの解放

博士号は「勲章」みたいなものかもしれない。自分でいい論文や本を書いたと思っても、学位を「下さい」とは言えない。勲章だって、ノーベル賞だって、自分がそれに値すると思っても、自分の自己評価とは関係なく、向こうが一方的に決めてくる。学位も、同じである。

特に文系では、指導教授とか先輩から「論文を書いて申請するように」言われなければ、論文審査を受けたくても論文を出すところがない。多くの場合、母校の指導教授か勤務する大学の教授に勧められて論文を書く。そうした勧めがない場合は、どれだけ立派な研究をしても学位は取れない。学位は勲章と同じである。自分から「欲しい」とは言えない。周りからの勧め（推挙、推薦）が必要なのである。

恩師からの勧めがあったとしても、すぐに論文を出せるとは限らない。会計の学界は非常にウエットな世界なので、恩師筋や先輩の主張と合わないことを書くことは、半ば、タブーである。また、恩師が専門とする領域に関しては、弟子は論文や本を書かないのが暗黙の了解事項といってよい。さらに審査する大学に所属する会計学教員の賛同がなければ審査が通らないから、書き直しやら修正、ときには根回しが必要である。

私がそんな面倒な手続きをやっと終えたのが、四九歳であった。論文を出すまでの数年間は、そんなことにかかりきりであったから、書きたい原稿もたまっていたし、しばらくイギリスの会計から離れたいという気持ちもあった。やっと学位の呪縛から解放されたのであるから、残された一〇年間は書きたいと考えていたことを書こうと思った。ところが残念ながら、気持ちは空回りして、書きたい論文も本もテーマは頭に浮かぶのであるが構想が纏まらず、どれもこれも実にならないのである。

6 「会計は政治」

事情はいくつかあった。そのころ、私は大蔵省の銀行局にあった保険部（保険会社の監督を主務とする）で、「保険経理フォローアップ研究会」の座長や保険に関する法制懇談会（保険業法の改正を審議）の委員、郵政省の簡易保険局「簡易保険経理委員会」の委員長などに任命されていた（多くはお飾りであったが）。大蔵省の会議は、週に二回という頻度で、身の程を知らずに座長などを務めた私は、毎日毎日、生命保険のこと、損害保険のこと、保険会社の経営のこと、そして肝心の保険会社の経理（保険経理）のことを学ぶのに必死であった。

この経験は、私の学者としてのその後に大いに役に立った。それまでは、会計学を「学」として学び教えてきたが、会計が使われる現場を経験することができたのである。「学」としての会計は、理論的に見て筋が通るかどうかとか、他の会計領域（会計基準）との整合性が保てるかどうか、法や経済学の思考と合致しているかどうか、などの観点を重視する。しかし、実際に会計（基準）が適用される場面では、理論からのアプローチよりも実務からのアプローチが優先されるのである。

例えば、企業を存続させるためにはいかなる会計基準にすべきか、この産業を振興させるためにはどのような会計ルールを設定するべきか、この基準を設定したら企業実務にどのような影響が出るか……こうした視点から会計を見るのである。初めての経験であった。そして、このとき、初めて「会計は政治」だということを認識した。いかに立派な会計理論を組み立てても、その理論を実行したら企業が破綻する……というのでは、その理論は役に立たない。

企業の観点から見て立派な会計理論であっても、それを実行したら国が滅びるというのでは、いずれ企業も存続できない。「国破れて山河あり」では、話にならない。今の国際会計基準（IFRS）は、企業買収・解体の利益を得るための会計であるから、IFRSが浸透すれば、「国は残れど産業はなし」という世界になるであろう。ちらっと最近のギリシャやスペインのことが頭をよぎる話である。

結局、学位論文を書いた後も、しばらくはイギリスの会計から離れることができず、『イギリス財務報告基準』や『イギリス会計基準書（第二版）』（二冊とも、中央経済社、一九九四年、原光世教授との共訳）などの仕事をしてきた。

書きたいことが書けない、悶々とした気持ちのまま何年か過ぎた。あるときに、なぜ書けないのか、その原因に気が付いた。

7 『ONE PIECE』

昔から、いいアイデアが浮かぶのは、「馬上《ばじょう》、枕上《ちんじょう》、厠上《かわやうえ》」という。馬上は、いまなら車を運転しているとき、枕上はベッドに横たわっているとき、厠上はトイレの中ということである。読者諸賢にも思い当たる話であろう。いいアイデアというのは、何も研究室や書斎で生まれるとは限らない。

私は、乱読や積読《つんどく》（本を買ってもすぐには読まず、積んでおく）が得意で、ベッドの枕元にはいつも五冊や一〇冊の、読みかけの本が積んである。小説であったりエッセイであったり、最近では文庫化された『ONE PIECE』（集英社）とか『NARUTO』（同上）とかも仲間入りしている。特に『ONE PIECE』には、はまった。いま二度目を読んでいる。

読み始めて面白いと思った本は、小説でもエッセイでもコミックでも、面白さが極限に達したと思われるところで、読むのをやめる。何のことはない、テレビの連続ドラマと同じである。同時に五冊も一〇冊も読んでいるから、ある本はまだイントロのところ、ある本は佳境に入ったところ、ある本はそろそろ犯人が判明しそうなところ……毎晩、ベッドに入るときに、どの本の続きを読もうかと嬉しい悩みである。

そんな嬉しい悩みで、枕元に積んである本の中から今夜読む本を探していたときに、ふと気が付いたのは、「続きを読む」という楽しみである。買ってきたばかりの本には「続きを読む」という秘めたる楽しみはない。たしかに新しい本を読み始めるという楽しみはあるが、一頁も読んでないのだから、面白いかどうかは分からない。他に面白いと分かっている本がすぐそばに何冊もあるのに、一頁も読んでいない本を手にするのはちょっとした勇気がいる。読みかけの本が持っている「こっちの水は甘いよ」という誘いにはなかなか勝てない。

寝ながらそんなことを考えた。つまり、娯楽として読んでいる小説やコミックでも、初めて手にしたときは読み始めるのにエネルギーが必要だが、読んで面白いと感じた本の続きを読むのは、まったくエネルギーなど不要で、むしろわくわくしながら入っていけるのである。

仕事も同じではないのか、と思った。一つの仕事を完全に終えて、次の新しい仕事に入るのは、大きなエネルギーを必要とするが、いくつもの仕事を連続して行っていると、一つの仕事を終えても他の仕掛《しかかり》中の仕事がいくつもあって、仕事が終わったという実感がなく、すんなりと継続中の次の仕事に入っていけるのである。

それに気が付いた私は、小説やコミックを読むときと同じように、「面白いな」「もうちょっと書きたい」と考えるところで筆を擱《お》くことにした。つまり、本を読むときも論文を書くときも、切りのいいところで止めないのである。切りのいいところで仕事を止めると、思考がいったん停止してしまうので、次の仕事にかかるときに大きなエネルギーと時間が必要になる。その点、書きかけの状態の仕事であれば、翌朝、すぐに続きを書きだすことができる。私はこうして「六〇歳寿命説」を乗り越えることができたような気がする。

8　もう一つの理由

多くの会計学者が還暦過ぎてから論文を書かなくなった理由がもう一つあるように思える。それは、一九四九（昭和二四）年に企業会計原則が設定されて以来、二〇年ほどかけて外国文献の研究と会計原則の議論が進んだ結果、近代会計の理論構造がほぼ明らかになったからである。少し、この間の事情を書く。

わが国の企業会計原則は、よく知られるように、アメリカのサンダース、ハットフィールド、ムーアという三人の教授がアメリカの会計実務、文献、法令などを調査して書いた『会計原則のステートメント』（わが国では、「SHM原則書」と呼ばれてきた）を基にして作成されたものである。

このSHM原則書は、かなり詳細なもの（注を含めて一三八頁）であったが、なにしろ敵性国・アメリカの会計理論や会計実務のうちモデルとすべきところを取り纏めたものであったから、主としてドイツ会計学を研究・輸入してきた日本の会計界にとっては分からないことだらけであった。そうした事情から、このころは、学者も院生も、企業会計原則を逐条的に研究するだけではなく、数多くの外国文献を読んだ。とりわけアメリカの会計学者や実務家の、ペイトン、リトルトン、メイ、ギルマンなどが書いた（今では古典に属する）名著やアメリカ会計学会（AAA）の公刊物は、近代会計の理論やその背景を知る上で欠かせないものであった。

翻訳バージョンの企業会計原則を一〇〇回読んでも分からないことが、こうした文献を読むといとも簡単に氷解することも少なくなかった。そうしたことから、大学や大学院の会計学ゼミナールでは、企業会計原則の研究と、アメリカ会計学文献の講読との、二本立てで研究が行われていた。

そうした研究の結果、アメリカの会計原則をモデルとしてわが国が設定した企業会計原則の理論的構造や原則間の関係などが次第に明らかになってきた。会計理論や会計原則について日本の会計界で一定の理解や解釈が定着するようになると、わが国の会計学は急速に学問としての熱を失うのである。

論文や本を書こうにも、企業会計原則の逐条的な解釈はほぼ固まっているし、アメリカの会計観の紹介など、よほどの異論・異説でもない限り、誰も読んでくれない。日本の会計「学」界は、ここで研究対象を見失ったのではなかろうか。多くの先学が筆を擱《お》いたのは、こうした事情があったからであろう。

その後、わが国の会計界は、大胆に言えば、会計観とか会計思想、会計理論、会計制度などの研究や議論から離れて、急速に「タコつぼ化」するのであった。この話の続きは次の章で書きたい。

第10章　「伝統芸能」と化した会計学

1 「科学」となった会計学

前章で、やや不謹慎な話を書いた。題して「学者の寿命―『六〇歳限界説』―」。その最後に、還暦を過ぎた（当時の）会計学者が論文も本も書かなくなった理由の一つとして、戦後の日本が必死になって輸入した「近代（英米）会計のスピリッツ」「近代会計の構造」が明らかになり、それを基に設定した日本の「企業会計原則」の解釈がほぼ固まったからだということを書いた。

英米の近代会計学も日本の企業会計原則も、取得原価主義をベースとして、原価評価の原則、原価配分の原則、減価償却の理論、収益に関する実現主義、費用に関する発生主義、収益費用の対応原則、引当金や繰延資産の考え方などなどが範型（パラダイム）を形成している。こうしたパラダイムの多くは、商法（現・会社法）や証券取引法（現・金融商品取引法）などに取り込まれ、企業決算の基準、会計監査の基準として定着するのである。

こうしたパラダイムが会計計算のツールとして公的に認められ、社会の中で安定的な役割を果たすようになった。この点で、今日の会計学は、「社会制度」「法律制度」として制度化されているのである。

会計学が制度化されることによって、会計学は「科学」としての外観を身につけ、会計学者にとってすこぶる快適な環境が与えられた。会計学の教員は、何らかのテキスト（場合によっては自分が書いたテキスト）に書いてあるとおりに講義すればよく、テキストの範囲内のことを一通り知っていれば専門家然としていられた。私もその恩恵にあずかった一人である。

会計学が制度化されるということは、この学問が保守化するということでもある。保守化は必ずしも悪いことばかりではないが、進歩が止まる、思考が停止する一面があることを否定できない。

2 「企業会計原則によれば……」

会計学の講義は、来る日も来る日も「企業会計原則によれば……」で済んだ。たまに薬味のごとく「ただし、商法では……」を入れると格好がついた。

会計学の講義では、最初に、会計とは何かを話し、次に会計と簿記の関係、会計を巡る法規、会計原則の話をし、それから資産会計、資本会計、損益計算の話……と話す順番も決まっている。目に見えないマニュアルがあって、それに従って講義をするのが約束事であるかのごとく、全国一律に、どこの大学でもほぼ同じ講義が行われていたのである。制度や基準を作る少数の会計学者がいて、そうした会計学者が「標準的なテキスト」や「解説書」を書けば、後はそれを祖述する会計教員がいれば済むようになってきた。違いがあるとすれば、採用するテキストと講義の濃淡くらいであった。いまだにこのような講義を続けている教員が多いことは、市販されている会計学のテキストを手にすれば分かる。伝道みたいなものである。教員としてはこれ以上快適な環境はないかもしれない。

3 「ツマラナイ」会計学

この話は、立場を教員から学生に入れ換えると、大分違ったものになる。木村剛氏と言えば、小泉内閣の時代に、金融担当大臣であった竹中平蔵氏の指名を受けて金融庁顧問になり、いわゆる小泉・竹中ラインの先兵として金融検査の厳格化を主張し、迅速な不良債権処理を強力に推し進め、銀行経営者を震え上がらせた人物である（その後、日本振興銀行で自分が不良債権の山を作り、さらに自分が作成した金融検査マニュアルに違反して逮捕されている）。

その木村氏であるが、東京大学経済学部における会計学の講義を、次のように述懐している。

「わが身の恥をさらすようだが、私は、大学時代に履修した『会計学』の講義に一毛の興味も抱けなかった。『会計嫌い』の学生を養成するためにわざわざ設営されているのではないかと誤解させてしまうくらいに、見事なまでにツマラナイ講義だった。『会計』の授業に出る目的は麻《マー》雀《ジャン》の面子《めんつ》を揃えるためだけだった。授業の内容は一つも覚えていないが、『本当にツマラナカッタ』ということだけは、強烈で鮮明な記憶として残っている。」（木村剛『「会計戦略」の発想法』日本実業出版社、二〇〇三年）。

4 「会計学」学者

そう言えば、経済学者のオルメロッドも会計学を評して「経済学よりもはるかに退屈な学問」（P. Ormerod、斎藤精一郎訳『経済学は死んだ』ダイヤモンド社、一九九五年）と断じている。たしかに、会計学は経済学に比べて「退屈な」学問かもしれない。しかし、経済学よりははるかに「使える」学問であることは間違いない。今の大学生は「ギリシャ文字の並べ替え」（木村、同上）に興じている経済学が、胡散臭《うさん》く、使えない学問であることを肌で知っているらしく、どこの大学でもゼミ生を募集しても経済系のゼミはほとんど人気（「にんき」と読んでもいいし「ひとけ」と読んでもいい）がない。

木村氏の言を借りれば、日本の経済学者は「海外の高名な学者が書き残した『カタカナ経済学』を暗誦することに気をとられて、実際の『経済』を直視することのできなくなった『経済学』学者」だという。自省の念を込めて言えば、この木村氏の一文にある「経済学者」を「会計学者」に置き換えても、なんら不都合はない。

5 「伝統芸能」と化した会計学

もう一つ、自省の念を込めて言えば、私の会計学講義も、まるでお祭りの儀式を順を追って説明するのと変わらなかった。この段階で私が教えてきた「会計学」は「伝統芸能」と化したのである。「お祭りの手順」も「伝統芸能」も、「変えない」ことで価値をつけてきた。しかし、私が教えてきた会計学は、「伝統芸能」や「お祭り」のように生き生きとしたものにはなり得なかった。

三〇年ほど昔になるが、若き日の佐和隆光教授が、名著『経済学とは何だろうか』（岩波新書、一九八二年）を世に出した。この小さな本が、私に二つのことを教えてくれた。一つは、経済学は（本当は）生きた学問だということであった。

私が学生時代に受けた経済学の講義は、どれもこれも公式ばかりで、しかも、「限界効用」だとか「市場の失敗」だとか「貨幣の流通速度」とか、とても日本語とは思えないようなジャーゴンだらけの講義で、正直に言って、「新しい時代の学問」といったことを感じるよりも、（失礼ながら）この学問に対して胡散《うさん》臭さを感じたものである。そうした考えが間違いであることを佐和教授は教えてくれた。

もう一つ、佐和教授の本から学んだことは、制度化された会計学のパラダイムや会計学の通説に対して疑問を抱くという、当時としては実に不届きな研究スタイルがあり得るということであった。

佐和教授の本の中に次のような記述がある。少し長いが是非とも読んでいただきたい。

「今日の経済学を他の社会科学から際だたせるのは、次の二つの側面である。一つは、それが見事なまでに範型（パラダイム）化され制度化されている、という側面である。いま一つは、それが漸次的（ピースミール）工学として編成されたがために、否応なしに、『経済学のユートピア熱を冷却させた』（サムエルソン）という側面である。……前者は、経済学を〈科学〉に仕立上げ、専門の経済学者にとってすこぶる快適な環境をつくりだすという効果をもった。そして後者は、はたして経済学は社会科学として健全な方向を目指してきたのだろうか、という深刻な疑問を生む。」（佐和隆光、一九八二年）

会計学もパラダイム化され制度化されている点では同じである。しかも、原価配分とか収益認識とか、ピースミール的に理論・基準が編成されてきた。したがって、「会計学のユートピア熱」が冷めてもおかしくはないのだ。アメリカの会計学が規範的研究から実証研究に軸足を移したのも、日本の会計学がタコつぼ化したのも、同じ原因からであった。

6　「タコつぼ化」する会計学研究

日本の会計研究がタコつぼ化した話を少し書く。会計学が制度化されたことは教員にとって快適であったということを書いた。大学院を終えたら、ほとんど学習する必要がないのである。そうは言っても教員は、普通、「講師（現在は助教）」で任用され、その後、「助教授（現在は准教授）」、さらに「教授」に昇進するための審査がある。昇進するには、何本かの研究論文か研究書を書かなければならない。

会計学の「一般理論」や企業会計原則の話は、すでに学界での定説が固まっており、これをテーマにした論文や本を書くのは至難である。ヘタに定説に異を唱えでもすれば、学界を支配している長老たちから目に見えないしっぺ返しを食らう。かといって、会計観とか会計思想、会計理論などの研究は若い研究者には荷が重い。かくして研究対象を見失った若き会計学者は、急速に「タコつぼ化」するのである。ある者は「リース会計」に、またある者は「資金会計」に、さらに「連結会計」に、「時価会計」に、「合併会計」に、「年金会計」に、「引当金会計」「フランス会計」「ドイツ会計」……に特化して、表現を換えれば研究領域を絞って論文を書こうとするようになるのである。要するに、狭いタコつぼに入ってしまったのである。

実は、タコつぼに入ってしまうと、外界の動きを見なくても研究ができる。競争相手も少ない。同じテーマでの研究者同士が集まって研究会を開いても、お互いが研鑽を褒め合うだけで批判し合うなどということはしたないことはしない。大学教員にとって、またまた快適な研究環境が整ったのである。

7 「標準的テキスト」の功罪

佐和教授は言う（「経済」を「会計」と置き換えて読んでみてほしい）。「〈制度〉としての経済学は、……漸次的な『パズル解き』に一心不乱の精を出すことを、〈経済学者〉に強要する。」と。制度としての経済学は、いまや「知恵の輪」か「パズル」に近くなったのである。

アメリカでも日本でも、学部であれ大学院であれ、「古典から学ぶ」「人から学ぶ」というスタイルの研究が廃《すた》れ、「標準的なテキスト」を読んで、よく言えば〈科学〉として研究するスタイルが主流となっている。まかり間違えば経済学も会計学も暗記の学となり、考える学問ではなくなってきたところがある。

今にして思えば、わが国で初めて、アメリカ・スタイルの会計学テキストを著したのは、わが恩師の佐藤孝一先生であった。一九五二年に出した『現代会計学』（中央経済社）は本文七四七頁という大部のものであったし、その改訂版と言うべき『新会計学』（一九五八年、中央経済社）も五九三頁というものであった。

この二書においては、すでにアメリカの標準的会計テキストと同じような章建て、同じような論述形式が取られており、「総論」では、会計公準・会計原則などが、「各論」では、資産会計・資本会計・損益会計などが、さらに「特論」では、静態論と動態論、会計主体論などが、満遍なく、詳細に述べられている。その後、会計学のテキストは数えきれないくらい出版されているが、標準的テキストとされるものの多くは、この二書のスタイルを取っていると言ってもよいであろう。

「標準的テキスト」は、会計がいかなるものであるかを、極めて合理的に説明してくれる。あれこれ悩むようなことは書いてない。会計とはこういうもので、何々とはこういうもので、そして、何々はこういうことだ、と明快に書いてある。

こうした場合にはこうすべきであああした場合にはああすべきだ……全て答えが書いてあるのがテキストである。「こういうことも考えられるし、こうも考えられる」とか、「あなたならどうするか」などという無責任なことは書いてない。当たり前である。それがテキストの使命なのだ。

日本の会計は、戦後の「アメリカ会計の輸入」のあと、標準的テキストという、一つの座標軸を手に入れている。ただし、素朴な疑問ながら、標準的テキストという座標軸を手に入れる一方で、「学としての会計」は、逆に、研究の座標軸を見失ってしまったのではなかろうか。研究の座標軸とは、表現を換えると、「会計観」と言ってもいいし、「会計思想」あるいは「会計の倫理」と言ってもよい。この点では、アメリカの会計も日本の会計も同じような気がするし、さらに言えば、会計界だけではなく、制度化された経済学の世界も同じではなかろうか。

8 「輸入学問」の末路

あるとき法律学者の方からメールを頂戴した。「社会科学のうち大学で教える価値があるのは、たぶん、法律の理屈と簿記会計の原理だろう」と言われる。確かに法学は社会の規律を学ぶものであるから、社会生活を送る上で必須であり、会計思考は国と企業の経済・経営の成り立ちを理解する上で欠かせない。

どちらの学問も非常に長い歴史を持っているし、各大学では、法学も会計学も、たくさんの科目を配置している。会計学で言えば、簿記論、財務諸表論、財務会計論、管理会計論、監査論、経営分析論、国際会計論、連結財務諸表論、税務会計論、会計思想史……などである。法学については言うまでもない。何せ法学部があるくらいである。

ところが、戦後日本に入ってきた社会科学の多くは、大学の講義科目としては一科目か二科目しか配置していないものがほとんどである。たとえば、商学部や経済学部の科目で言うと、マーケティング、経営学、社会学、物流論、金融論、銀行論、交通論、広告論、保険論……などである。経営学も学部が設置されているが、日本で初めて経営学部を設置したのは、神戸大学で一九四九年のことであった。経営学部は戦後生まれなのである。経営に関する講義科目も法律や会計に比べると極端に少ない。このことは、「経営」の二文字がついた出版物を眺めればよく分かる。

文系学部で開かれている講義科目は、戦後にアメリカから「輸入」したものが多いが、そうした科目は、アメリカの環境・風土・思考に即したものである。中には戦争のために開発されたロジスティックスやサイバネティックスのようなものもあったが、その進歩的・先進的な姿に魅せられたのは日本の若い学者たちであった。

戦前・戦中の日本の社会科学は、主として同盟国・ドイツにおける研究や、世界で最初に産業革命を経験した先進国・イギリスの研究を輸入したものであった。会計学も、日本の会計界を支配していたのは、東大や神戸大学のドイツ会計学者であった。イギリスからは経済学、ドイツからは会計学が輸入された。日本の経済力も政治力も不安定な時期に「安定していると見える国からの先進的学問」が「日本が戦争に勝つ」という目的のために有用と考えられたのであろう。こうした学問・研究は、目的がはっきりしているだけに、堅実な、地に足の着いたものという長所はあるが、後から見ると、こうした学問や理論を批判したり別の理論体系を提案したりすることは難しい。

9 「出羽の守」になった会計学

そうした時代を終えて、戦後は、アメリカから、これまでの学問・研究とはまったく異なるものが大挙して押し寄せてきた。どれもこれも日本の経済環境とか経済思考とか、根本的な社会通念とはかけ離れたところで組み立てられたツールでありアイデアであったが、何せ戦勝国の開発したものであり、フォードの自動車、マックスファクターの化粧品、パーカーの万年筆などと同様に光り輝いていた。

しかし、学問の成り立ちからして日本の環境や風土・思考を反映していないから、日本にとっては「ピカピカのおもちゃ」の理論という一面を否定できない。学界での研究も、「アメリカでは」「英米では」といった「出羽の守」が主流になりがちである。日本のものとして消化・吸収したくても、そういう学問なり研究の発想・出発点・解決すべき課題が日本になければ、研究は祖国のアメリカやイギリスを対象とするか、得意な語学を生かしてフランスの会計やドイツの会計を研究対象とせざるを得なくなる。「出羽の守」は日本での社会科学研究の宿命なのかもしれない。

第11章　会計学のユートピア

1　会計学の「熱き時代」
2　冷めた「近代科学」熱
3　会計の技術化・伝統芸能化
4　検定試験の功罪
5　「燃えない」大学生
6　「経営分析は使えない」と公言する会計学者
7　求む「会計学のユートピア」を夢見る会計学者

1　会計学の「熱き時代」

前章では、またしても不謹慎のそしりを免《まぬが》れないかもしれないのを承知で、日本の会計研究が「タコつぼ」化したこと、日本の学者が「出羽《でわ》の守《かみ》」になるのは宿命的なことだということを書いた。また「標準的テキストの功罪」という話も書いた。戦後にアメリカの会計学を輸入した後、それをベースとして標準的な会計学のテキストが誕生し、日本の会計研究も「古典から学ぶ」「人から学ぶ」という研究スタイルが廃《すた》れ、標準的なテキストを読んで、「科学」として研究するスタイルが主流になったという話である。

やや舌足らずな内容であったと思われるので、少し補足したい。

わが国を代表する会計学辞典の一つである『会計学辞典』（神戸大学会計学研究室編、同文舘出版）の初版（昭和三〇年）には、編集委員代表の（故）山下勝治教授が「刊行の言葉」で、次のような出版に至る動機と理由を書いている。少し長いが、ここは重要なことなので、飛ばさずに読んでいただきたい。

「昭和二四年七月、企業会計原則および財務諸表準則の公表を起点として、その後にみられた証券取引法に基づく法定監査制度、公認会計士制度の創設、監査基準の制定、企業会計と商法・

税法の調整問題など、これらは、いずれも、近代会計思考の広範な制度化への一連の力強い動きであることはいうまでもない、……企業会計領域において、今日ほど切実にして解決を要する多くの課題をもった時代もなければ、同様に今日ほど、会計学について広い階層に亙《わた》り、深い関心が寄せられた時代もまた、われわれの未だ経験しないところである」「(こうした時代であるから)……広汎な会計学の全領域に亙り、明確な知識と透徹した理解とをもつことが要請される」(同書、第六版「刊行の言葉」より引用)。

山下教授は、高名なドイツ会計学の研究者であった。第二次大戦の前は、日本の会計学といえば、三国同盟(一九四〇年に日本、ドイツ、イタリア三国間で結ばれた軍事同盟)の仲間であったドイツの会計を輸入することが主題であった。当時は、会計といえども戦争の道具という色彩が強く、今日の企業会計というよりは、軍需産業のための「原価計算」「事業別経理」というものであった。

それを、日本を支配したアメリカが、間接金融(銀行等からの資金調達)がメインの日本に、英米流の直接金融(株式発行による証券市場からの資金調達)とそれにふさわしい会計制度を導入し、それによって戦争によって崩壊した日本経済を再建し、アメリカなどの諸外国から資本を導入するような制度設計を日本に押し付けたのである。

日本の経済体制を近代化(英米化)するには、とりわけ企業経営を合理化し、公平な課税制度を実現し、証券市場を育成・拡充して、幅広い国民が安心して証券投資（上場する会社の株式や社債を購入）することができるようにする必要があった。それが実現すれば、外国の投資家も安心して日本の企業に投資することができるようになると期待されたのである。

直接金融の世界では、各企業は、公正な会計ルール（会計原則・会計基準）に従って経理を行い、その結果を広く投資社会に公開して投資を勧誘する必要がある。そうした金融の世界を実現するためには、まずもって公正な会計ルールとはどういうものかを明らかにし、さらに、その会計ルールに従った経理を行っていることを、企業外部の専門家（公認会計士）によって証明してもらう必要がある。

直接金融を構築するためには、何よりも先に、近代的な会計制度を確立することが必要であった。健全な証券市場を作って証券の民主化（多くの国民が証券に投資するようになること）を図るには、まずもって企業の決算報告が信頼できるようにならなければならない。

しかし当時のわが国には、公正な会計のルールもなければ企業外部の専門家による監査の制度もなかった。企業所得に対する課税を公平に行うためにも、企業所得を適切に把握する必要があったし、企業活動を合理化するためにも原価計算制度などを産業界全体に浸透させる必要があった。あらゆる場面で、近代会計のシステムとテクニックを必要としていたのである。

昭和二四（一九四九）年に設定された「企業会計原則」は、こうした近代的な産業と金融の世界を実現するための「科学的基礎」（企業会計原則、昭和二四年、前文）とするために、最優先で英米の会計制度を「輸入」したものであった。戦後における会計制度の近代化と企業会計原則の設定は、国家的な大事業であった。「国家的な大事業」などというと大げさに聞こえるかもしれないが、企業会計原則は、わが国の経済界や経済官庁だけではなく、会計教育を担うべき文部省も参画して、日本の官民総力を挙げて設定されたのである。

当時の大学・大学院では、企業会計原則を逐条的に学ぶだけではなく、そのバックボーンをなす近代会計のスピリッツとか英米会計学の思想を知るために、数多くの外国文献が読まれた。とりわけアメリカの会計学者や実務家、ペイトン、リトルトン、メイ、ギルマンなどが書いた古典的名著や、アメリカ会計学会（ＡＡＡ）やアメリカ公認会計士協会（ＡＩＣＰＡ）の出版物は、近代会計の理論やその背景を理解する上で欠かせないものであった。企業会計原則を何回読んでもわからないことが、こうした文献を読むといとも簡単に氷解することも少なくなかった。会計学の「熱き時代」であったのである。

2　冷めた「近代科学」熱

ところが、わが国の会計学は、その後、急速に学問としての熱を失ってしまうのである。理由はいくつかある。

一つは、わが国の会計学者が真摯な研究を続けた結果、近代（英米）会計の理論構造がほぼ解明されたことである。もう一つは、近代会計のパラダイム（範型）の多くが、商法（現・会社法）に組み込まれたことから、会計の議論が商法の議論に切り変わったことである。

それまでは、商法や税法に優先して会計の制度や基準を作ってきた。昭和二四年当時の企業会計原則前書きにおいては、高らかに「（企業会計原則は）将来において、商法、税法、物価統制令等の企業会計に関係ある諸法令が制定改廃される場合において尊重されなければならないものである」と宣言していた。

それが、昭和四八年の商法改正によって一部の会計原則が商法に盛り込まれた後は、会計の問題を議論しても、いつも商法に取り込まれた会計ルールが足かせとなって議論が発展しなくなったのである。一つの会計ルールを決めるとか改正するという話になると、すでに商法に取り込まれている会計ルールとの整合性が取れているか、その改正は法的な側面からみて妥当か、といった合法性や適法性の議論に巻き込まれ、会計としての主張が通りづらくなってきたのである。

「適切な期間損益計算」を行うという会計の視点から見て正しいと思うことを主張しても、商法の「債権者保護」という観点から受け入れられないことも多い。そうした商法と会計という対立軸で研究を進めることは、法律を専門的に勉強していない会計学者には荷が重い。その点、法律学者からすると、会計のパラダイムが数えられるくらいに少ないだけに、少し勉強すれば会計学者と議論できた。制度会計（商法会計）を研究する会計学者は次第に減ってきたのである。

会計実務が英米の会計観についていかなかったという事情もある。わが国の会計は、制度も基準も英米のものを「輸入」したものであるが、わが国の経済環境に合うとか、わが国の風土や土壌に適合しているという理由で輸入したものではない（この点は、前章で書いたように、戦後に日本に入ってきた、近代経済学、マーケティング、経営学、財務論、金融論なども同じである）。制度や基準は、英米の「外観」を身につけたのであるが、会計実務の方は、わが国の実情に合わせた「本音」で行われてきたのである。実務と理論が大きくかい離すればするほど、「使われることのない理論」を研究することに嫌気をさしたという事情もあると思われる。

3　会計の技術化・伝統芸能化

もっと根本的な理由は、前章で書いたように、会計学がパラダイム（範型）化され制度化されて、学者も学生も「思想としての会計」とか「文化としての会計」を学ぶことを忘れ、次第に「技術としての会計」「ルールに関する知識としての会計」として学ぶようになってきたことにある。

こうした「会計の技術化」は、簿記の検定試験や税理士・公認会計士試験などによって一段と強化された。大学の会計教育は、アメリカも日本も「公認会計士を養成するための教育」に力を入れてきた。どこの大学にも、簿記や会計学の入門講義があり、財務諸表論、原価計算、管理会計、会計監査論という科目がある。これらの科目がすべて公認会計士試験の科目と同じ名称であるのは偶然ではない。どこの大学も、会計士試験の科目を配列することにより、会計学を体系的・網羅的に教えることができると考えたのである。

今から思うと、とんでもない誤解であった。会計士試験の科目は、会計学の体系からすればかなり偏っている。そこには、投資家とかアナリスト、企業の経営者などが必要とする会計知識は、必ずしも網羅されていないか、視野に入っていない。会計士の試験科目は、公認会計士として監査の仕事をする上で必要と考えられる知識や技法を学ぶ科目であり、会計学の体系からすれば、かなり限られた領域でしかない。

大学の教室で会計学を講義しても、ほとんどの学生が関心を示さないのは当然である。教室には会計士や税理士になろうとして勉強している学生などほとんどいないのである。会計士や税理士試験を受ける学生は、大学ではなく専門学校で受験勉強している。いわゆるダブル・スクールである。会計士や税理士という会計の専門職になる人たちの教育を、大学ではなく、受験専門学校が担っているのである。

会計の「技術」を学ぶという意味では受験勉強は効率的かもしれないが、会計の文化的側面、つまり「会計観」とか「会計思想」を学ぶ機会は望むべくもないし、試験に出ない領域の会計が存在することさえ気がつかないかもしれない。後で紹介する「経営分析」などは、事業経営や投資意思決定の実務においては最も重要な会計知識でありながら、試験に関係ない領域として、受験教育の場から切り捨てられてきた。このことは専門学校に限らない。多くの大学では、会計士試験の科目として「監査論」があることから、カリキュラムの中に「監査論」を配置していても、「経営分析」を配置している大学は多くない。この科目を教える教員も少ないことも一因かもしれないが。

しかし、会計士試験の科目とされたものは国家試験の科目としての地位を得ただけではなく、会計士が企業を監査するときの用具として使われることになった。経済社会で、これらの科目に一定の役割と地位が与えられたのである。上に、会計学は制度化されたと書いたが、会計学の領域のうち、制度化されたのは会計士教育に必要とされた科目、表現を換えると、会計士監査において使われると考えられた会計科目だけであった。

私の知る限り、先進国の会計学の世界で、「簿記論」とか「監査論」を専門とする「会計学者」がどこの大学にもいる国は、日本以外には、ない（と思う）。会計先進国では、歴史としての「簿記」を研究する以外に、学問として簿記を研究する学者や監査論を学問として研究する学者は、滅多にいないない。アメリカでもイギリスでも、簿記や監査は学問とはみなされていないらしい。それが一つの理由かと思われるが、私が二度にわたって在外研究の場として受け入れていただいたロンドン大学大学院経済学研究科には、日本から多くの会計学者が留学希望を出しているが、簿記論や監査論の研究者が受け入れられることはめったにない。アメリカやイギリスの他の大学でも同じような事情だと聞いたことがある。

日本では、会計士試験（や税理士試験）に簿記（論）、財務諸表論（いまの会計士試験では会計学）、監査論という科目があることから、どこの大学にも、同じ名称の科目があり、それを担当する教員がいて、その教員が担当科目のテキストを書いてきた。そうしたことから、簿記（論）も監査（論）も、会計学の一科目、つまり大学で教える「学問」とみなされるようになってきたのである。

わが国では、会計学のテキストといえば、ほぼ例外なく、会計士試験の出題範囲に沿った形で書かれてきた。簿記も財務諸表論も、原価計算も、企業が外部に報告するための「財務諸表を作成する技術」として教えられてきた。「会計学の技術化」が急速に進んだのは、こうした会計士の試験制度を背景としている。

4　検定試験の功罪

わが国会計教育で忘れてならないのは、簿記の検定試験である。日本商工会議所や全国商業高校協会、全国経理教育協会、日本ビジネス技能検定協会などの簿記検定は、高校、大学はもとより広く日本中で催行されており、また、大学における簿記教育のレベルや範囲を均一化する役割をも担ってきた。とりわけ多くの大学・商業高校では、初等簿記会計教育は簿記検定の三級合格を一つの指標として行われてきた。

会計士試験や簿記検定が、日本の簿記会計の普及に非常に大きな貢献をしたことは特筆に値する。聞くところでは、中国には八〇〇万の会社があるが、帳簿をつけているのはその五％、四〇万社程度しかないと言う。日本企業のほとんどが複式簿記による記帳を行っているのは、高校・大学・専門学校における会計教育と簿記検定のおかげと言っても過言ではなかろう。

しかし、残念なことに、高校・大学・専門学校の簿記会計教育でも簿記検定試験でも、会計士試験と同様に、「財務諸表を作成する技術」を問われるだけで、その財務諸表をどうやって使うのかという、会計学として一番重要なことはなおざりにされてきたのではなかろうか。

日本の会計教育は、皮肉っぽく言えば「財務諸表の作り方教室」である。だから、わが国の会計教育を受けた学生は、財務諸表を作ることはできても、それがどういう意味を持つのか、それをどのように使うのかを知らずに卒業してしまう。

例えばこんな話ではなかろうか。自動車教習所に入ると、実技（車の運転）とともに座学として、車の構造、道路交通法なども学習する。車の構造と道路交通法だけをいくら一生懸命に学んでも、実技（車の運転法）を学ばなければ、せっかく勉強した車の構造も道路交通法も役に立たない。日本の会計教育を受ける学生は、自動車学校で、車の構造と道路交通法だけを学んで、運転法を学ばずに卒業するようなものではなかろうか。学んだことがほとんど役に立たないのだ。これでは会計嫌いが増えても仕方ない。前の章で木村剛氏の話を紹介したが、会計学の講義が「見事なまでにツマラナイ」のは、何も東大だけではない。

5 「燃えない」大学生

実は、ここ二―三年の間に、会計関係の資格を取ろうとする人が激減しているという。先日、勤務先の大学が開いている課外講座（正規の講義以外に、主に学生向けに開講している講座で、英会話、パソコン、簿記など正規の講義の延長・補完を目的としたものから、秘書検定、公務員講座など就職活動を支援することを目的としたものまで多彩にある）を受講する学生が激減しているという話を聞いた。二年前と比べて、三割ほど減少しているというのである。

税理士や会計士試験の専門学校でも、ここ数年の間に、税理士科・会計士科の学生が減少しているという。日本商工会議所が主催する簿記検定も、依然として人気は高いが、このところ受験者が減少気味である。

原因の一端は、上に書いてきたように、「財務諸表の作り方」教室にあろう。しかし、それだけではないはずである。私は新入生の簿記の時間に、「大学の講義一科目だけ勉強しただけで履歴書に書くことができる資格を取れるのは簿記だけですよ」と言って検定試験の受験を促すのだが、最近の学生は「湿ったマッチ」のごとく「燃えない」。

もう一つの原因は、会計学の教員として書くのはつらいのだが、われわれ会計学教員が「簿記嫌い」「会計嫌い」の学生を増やしてきたことにありそうである。前章で紹介した木村剛氏の話は「放言」として聞き捨てることはできない。

6 「経営分析は使えない」と公言する会計学者

私が初めて経営分析の本を書いたのは、平成二（一九九〇）年の『経営分析の基本的技法』（中央経済社）であった。そのとき、ある会計学者から、「経営分析なんて役に立たないよ」というありがたいお言葉を頂戴した。この会計学者は、自分が教えている会計学がどういう場面で使われているのかを考えたこともないのか、使う場面を知っていながらの言葉だとすると、クーンのいう「自分の道具を信じなくなった大工」と同じで、自分が教えてきた会計学を見放したのかもしれない。

実は、その本のはしがきで、私はこんなことを書いていた。これを先に読んでから「経営分析なんて……」と言って欲しかった。

「経営分析というのは、天気予報みたいなところがあります。経営分析は、会計学や財務論、証券論、経営学など多くの現代科学の知識を総動員して行われますが、天気予報と同様、しばしば外れます。どこかの会社の株や社債を買おうとしたり、ある会社と取引関係に入ろうとするとき、あるいは自分が経営している会社の方針を決定するとき、自分の長年の経験とかカンだけを頼りにする人たちもいますが、経営分析の結果を加味して意思決定する人たちもいます。経営分析は前の人たちには不要なものです。

本書は、しばしば外れるのを承知で天気予報を利用するようなタイプの人たちのために書いた『経営分析』の入門書です。ハラ時計よりも、一日に二―三分進んだり遅れたりする時計を信頼する人、ハナから他人の言葉に耳を貸さずに独自の道を進む人よりも、『一応』、他人の意見を聞いて、取るべきは取り、捨てるべきは捨てるような人たちを対象にしています。」

さらに、上で述べたようなことも書いた。「蛇足ですが、高名な会計学者アカナット（H. Akanat）の言葉に『財務諸表作りの財務諸表知らず』というのがあります。財務諸表や会計的データの作り方（会計学）は知っていてもその利用法（経営分析）を知らない人たちが多いことを嘆いた言葉です。車の作り方を知っていても、その運転法を知らなければ車は動きません。いえ、車の作り方など知らなくても、運転法さえしっかりマスターすれば、車は非常に便利な道具となるのです。どうか賢明な読者の皆さんには、財務諸表の作り方だけでなく、その利用法をしっかりマスターして、それぞれの投資活動や事業活動に役立てて戴きたいと思います。」

賢明な読者の皆さんも、そう思うのではないだろうか。ところでさらに蛇足ながら、文中に出てくる「高名な会計学者アカナット（H. Akanat）」はダジャレで、名前を右から左に読んでいただくと誰のことか判明する。ときどき私にメールを書いて下さる方から、わたしのアドレス（akanat@mpd.biglobe.ne.jp）の由来を尋ねられることがあるので、この場をお借りして紹介しておきたい。

7　求む「会計学のユートピア」を夢見る会計学者

社会科学はいつも、実務が先行し、後追いで理論が形成されてきた。しろうとの目で見ると、自然科学も観察結果や実験結果が先行して、理論が後追いしている。要するに、「必要は発明の母」であって、理論は、先行する実務や実験結果を筋道立てて説明するものであったのである。

しかし、それではいつまで経っても、理論は「実務の理論化」、「実務の妥当性の論証」に終始してしまう。科学者たる者誰しも、「パラダイム（範型）の提出する『パズル』を漸次的（ピースミール）に解きすすめるという地道な仕事にやがては嫌気がさし、壮大な政治経済学的視野の下に社会全体を眺望することに、密やかな憧れを抱くのが自然である」（佐和隆光『経済学とは何だろうか』岩波新書、一九八二年）。

さて、日本の会計学者はいかなる憧れを抱くのであろうか。一〇年ほど前までは、佐和教授のいう「壮大な政治経済学的」提案として、日本中の会計関係者が時価会計を支持したが、今は見る影もない。時価会計を支持・主張する会計学者を探すのが難しいくらいである。そうかと言って、時価会計に真っ正直に反対する会計関係者も見当たらない。要するに、日本の会計学関係者は、時価会計に関しては「沈黙は金」を決め込んでいる。

そして今、国際会計基準の時代である。日本の会計だけではなく、世界の会計が、一〇〇年に一度あるかないかの大変革に直面しているにも関わらず、日本の会計学者は、ここでも「沈黙は金」を決め込んでいる。少数の、勇気ある学者はいるが、どなたも内向きで、会計界に向けての発信を繰り返すばかりで、産業界や政界・官界・会計士業界などにストレートな意見発信をする学者はめったにいない。

若い会計学者には、もっと「会計学のユートピア」を夢見てほしいと思う。会計学は、少数の会計学者の「おもちゃ」(失礼!)ではない。世界を舞台にして活躍するグローバル企業から、すぐ隣のパン屋さんからレストラン、いつも仕事帰りに立ち寄る「居酒屋」、どこでも使っている技術であることを考えると、まだまだ改良・改善の余地や新しい使い道はいくらでもある。ノーベル経済学賞どころかノーベル平和賞の対象ともなりうる。IFRSが本当に世界で唯一の統一会計基準を達成していたとしたら、IASBかトゥイーディー前IASB議長がノーベル賞にノミネートされてもおかしくはなかった。会計には、それくらい大きな力がある。若い会計学者の皆さんには「会計学の熱い思い」「会計学へのユートピア熱」をもっていただきたいと思うのである。

第12章　学者稼業——「サラリーマン化」と「プライド」の狭間《はざま》

1　T教授からのメール
2　サバティカル
3　「学者は不自由」なり？
4　「お飾り審議会」
5　「学商」
6　学会賞
7　自分の頭を使わない学者たち
8　「はやぶさ　遥かなる帰還」

1　T教授からのメール

第10章に、「『伝統芸能』と化した会計学」というタイトルで、またまた、多くの会計関係者から見て不届きなことを書いた。その中で、若き日の佐和隆光教授が書いた『経済学とは何だろうか』（岩波新書、一九八二年）が、同じ若き日の会計学者のタマゴであった私に教えてくれたことを紹介した。経済学者の佐和教授の本を読んだ私は、それまで受けてきた経済学の講義やテキストがいかに「形式的」「アメリカ経済学者の受け売り」であったかを思い知らされ、自分が会計学者のタマゴであることを忘れて、経済学の佐和教授に、当時私が勤務していた愛知学院大学に講演に来ていただいたこともある。

佐和教授から教えられたことの一つは、本当は経済学は「生きた学問」だということであり、もう一つは、制度化された学問（経済学も会計学も同じ）のパラダイムや通説に対して疑問を呈するということも、（学界に住む人たちには不届きながら）一つの研究スタイルとしてあり得るということであった。このことを教えられたのは、私がまだ研究者として仕事を始めたばかりの三〇代前半のころのことであった。

しかし、どこの学界もそうであろうが、若い研究者が自分の意見をストレートに開陳するのは至難である。それをするには多くの気配りをしなければならない。できるだけさりげなく自己主張と分からないような遠回しな表現をするとか、できるだけ小さな学会か仲間内の研究会で話をするとか、恩師や先輩教授と研究領域を異にするとか、不謹慎ながら恩師がリタイアするまで待つとか……いろいろな配慮が必要である。そうした気配りをしないと、会計学界のようなウェットな世界では生きていけないか、はぐれ鳥を覚悟しなければならない。

二年ほど前に、東京経済大学名誉教授の田中章義先生からメールをいただいた。メールの一部を紹介する（田中教授の了解をいただいてある）。

「図書館で、（田中の書いた）『会計学の黙示録』第一三回「日本の会計学の『夜明け』」（『税経通信』二〇一二年一月号）を拝読しました。相変わらずのご健筆が嬉しくなりました。『失語症に罹ったごとく』口を閉ざす、『（ＩＦＲＳは）企業売買の会計』、『会計の思想性や文化的側面』の忘却、等々いずれも会計学の危機を指摘する名句です。いまや論壇でも教壇でも、戦前のような危険もないのに、このように真っ当なことをいう先生がほんとうに少なくなりました。貴重な発言です。」

うれしい限りのメールである。日本中の会計学者がこぞって支持した時価会計や世界の流れに迎合する国際会計基準導入論を真っ向から批判する私の姿勢に、ことの賛否より前の、学者として意見を述べることを評価していただいたことがうれしい。田中教授は続けて言う。

「思うに日本の大学教授（とくに大都市圏の私立大学の文系専任）ほど、世界中に恵まれた教授はいないと思われます。身分の終身保障、高い給与、週二、三回の出講日、平等で潤沢な研究費、海外・国内研究制度（アメリカでもヨーロッパでも、ほぼ無条件で一年間の給料と渡航費を与える大学を見たことがない。国内研究では、某大学などは一年間の休暇が申請で二年になり、義務は論文を一本書くだけだそうです）、二ヶ月の夏休み、等々。」

週に二回か三回しか大学に行かず、それも二時間か三時間の講義をするだけで世間並み以上の給料をもらっている。学生が夏休みに入れば教員も一緒に二か月の夏休み、あまり知られていないが、春休みはもっと長い。

2 サバティカル

それだけではない。大学教員の場合は、海外の大学や国内の大学などの研究機関に「留学」する制度がある。多くの大学では、海外留学に一年間、国内留学にまた一年間の研究期間が用意されている。海外留学の場合は、メールにあるように、渡航費と一年間の給料が支給される。大学の研究費も使うこともできる。国内留学の場合は、給料、研究費の他に交通費も支給される。いたれりつくせりの支援体制が敷かれている。

さらに驚くなかれ、一般の方には知られていないが、大学教員には「サバティカル」という「休暇」がある。サバティカル（sabbatical）とは、Wikipediaによれば、「使途に制限がない職務を離れた長期休暇のことで、長期間勤続者に対して付与され、少なくとも一ヵ月以上、長い場合は一年間となることもある。六日間働いた後、七日目は安息日とする旧約聖書のラテン語"sabbaticus"（安息日）に由来する。」。手元にあるジーニアス英和辞典によれば、「研究（充電）休暇、sabbatical year（leave）、大学教授に対する、旅行・研究・休息のための七年ごとの半年または一年の有給休暇」とある。「七年ごとの休暇」とあるが、実際には勤務期間中に一度だけ、給料を貰って一年間、「充電」する期間である。この一年間に何をするかは教員の自由といってもよく、「安息」に徹しても「充電」に使ってもよい。「旅行」でもいいらしい。一年間のサバティカルの間に論文一本書かなくても、正面切っての批判は他の教員からは出ない。事務方からは、「放電」じゃないかという声が漏れるが。確かにそのとおりかもしれない。一年間の海外・国内留学・サバティカルを「享受」した教員が、学位論文を書いたとか話題になる本を書いたといった話はめったに聞かない。

田中教授は言う。「このような特権的待遇を保障している理由は、大学を社会の安全・維持をはかる一装置とみて、教授に身分や給料の心配なしに次代の指導層教育をおこない、高い見地から研究し発言する自由を保障するという、『社会の狡智』から来ているのだろうと思われるのです。ところが、大学教授が与えられた使命を果たしていないことが明らかになれば（原子力学者がそれを暴露しました）、遠からず大学も教授たちもその特権を剥奪されるでしょう。日本の将来にとって心配なことです。あぐらをかいている教授連に警鐘をならす大切な役割をはたしている先生のコラムに期待しています。」

田中教授の「あぐらをかいている教授連中に警鐘を」という励ましを真に受けて、もう少し「学者の生きざま」を紹介しよう。

3 「学者は不自由」なり？

学者は、好きなことや信じていることを書いたり発言したりすることができるのが特権である……というのは「表向き」の話で、実際はそうではないことが多い。確かに、何の領域であれ、学者（らしき人）がもったいぶって、難解な専門用語をちりばめて高説をのたまう姿はテレビでも学界でも、きっと教室でも「拝見」「拝聴」する機会は多い。しかし、そんな「自由人」の学者は、ほぼ間違いなく、その世界では「はぐれ鳥」か「売名学者」といった評価しか受けない。

大多数の学者は、やりたい研究も書きたい論文も、自由にはいかない。特に会計学のようなウェットな世界では、指導教授（親分）の研究領域を荒らさず、親分の意向に逆らわず、先輩諸氏の顔を潰さず、年功序列を厳守して、先輩が博士号を取得するのを待って、親分や先輩が本を出した後で、密やかに、あまり売れない本を出すというのが「心得」である。加えて、親分のご機嫌を損ねないように、盆暮れや折々に、それなりの配慮をしないといけない。つまり、サラリーマンの世界と一緒である。学者の世界は世に思われているほど「実力の世界」ではない。

4 「お飾り審議会」

日本の学会（学界）では、比較的意見が近いか、関係（友人関係、先輩と後輩、指導教授と弟子など）が深いメンバーを集めて研究会や委員会を作ることが多いために、異論をぶつけ合うといった「はしたない」ことは行われない。学会報告の場でも変わらない。お互いの研鑽を褒めあい、研究の意義を評価しあうのだ。

異論をぶつけあうとか議論することをしないのは、政府の委員会や審議会でも同じである。最初から意見が異なることが分かっている人物をメンバーに入れると、委員会や審議会の議論は盛んになるけれど、意見書としてまとめることが困難になる。同じ意見、同じ学閥、同じくらいの年齢なら、相手の立場を尊重して、決して相手に恥をかかせないようにするといった配慮をする。その配慮を怠れば、自分が恥をかくことになりかねない。

二〇一二年の一二月一四日、朝日新聞（東京版）の夕刊に「お飾り審議会　変えよう」という記事が載った（「ニッポン人脈記」「民主主義　ここから」一五）。記事の冒頭、こんなことが書かれていた。「新しい政策を進めるにあたり、政府や中央省庁が設ける審議会や有識者会議などは『官僚の隠れみのにすぎない』と批判されてきた。」

官僚がなぜ審議会などを「隠れみの」にしてきたのか、記事はこう続けている。「国民の知らないうちに、出席する委員を官僚が選び、非公開の会議を経て、官僚が用意した事務局案に沿った形で答申案がまとめられる――。多くの官僚はこんな手法で自らの力を強めてきたからだ。」

私の経験からも、省庁の会議は、従来はほとんどが非公開で、特に、司会進行を務める議長（会長、委員長、座長）は、事務局という名の、すべての決定権を持っている官僚が用意した原稿を読むというのが与えられた仕事である（少なくとも私が座長とか委員長を務めた会議はそうであった）。企業会計審議会だけではなく、官が事務局となっている多くの審議会や委員会は、確かに委員を選ぶ権限を持っているのは官僚であり、官の意向と異なる委員を入れることがあっても、極めて少数である。

最近は、官の審議会や委員会は、議事録という名前で速記録をＨＰに公開するようになった。そうした議事録（速記録）を読むと、これまたおかしなことに驚かされる。会議の終わりには、審議の内容とはかなり（いや、大きく）異なる結論が議長から提案されることがあるのだ（多分、多いと思う)。

記事は、こう続いている。「専門家の意見を広く聞いた上で政策をつくる。それは本来、民主主義にとって大事なプロセスだ。にもかかわらず、官僚たちはその本質をゆがめてきてしまった。」

5 「学商」

大分昔の記事であるが、二〇〇二年四月八日の日本経済新聞(関東版夕刊)に、「時流に乗った学者」の話が載っていた。小さなコラムであるが、なかなか示唆に富む。後半部分を紹介したい。筆者は、エネルギー経済研究所理事長(当時)の坂本吉弘氏である(コラム「あすへの話題」)。

「(略)最近、ある駐日外交官が流暢な日本語で、『日本にはガクショウが多すぎる』と言われた。『ガクショウって何ですか』と問う私に、彼は『ほら、「政商」という言葉があるでしょう。自らの学識や新奇な外来語を売り物にして、国家や社会に対する責任と志を感じさせない人々を「学商」といいます』と解説した」。

そういう日本語があるのかどうか、誰が学者で、誰が学商であるかはわからない。けれども、メディアなどに登場するエコノミストや評論家や大学教授という人々の中には、ただ政治家や官僚や企業人など、実態に責任を持つ人々を批判するだけの人がいる。本人は時流に乗っているつもりらしいが、メディアの向こうで、経済の先行きを真剣に心配している庶民は、誰が本物で、誰が偽物かを本能的に見抜いている。

外国の外交官に言われるまでもなく、会計学界にも「学商」もどきはたくさんいそうである。ただし、「商」と呼べるかどうか、はなはだ疑問ではある。なぜなら、このコラムによれば、「批判する……人」を「学商」と呼んでいるが、わが会計学界を見渡しても、時代の解説者か外国語文献の翻訳者は大勢見つけられるが、まともに批判らしい批判をする人は極めて少数である。また、「商」と呼ぶには、その仕事で儲け仕事をするだけの才覚と力量とアウトプット（著作物）があるはずであるが、わが会計学界にはそうした人材（?）はいるのだろうか。

6　学会賞

日本会計研究学会（主として会計関係の学者の研究集団）に、メンバーが書いた論文と著書の中から優秀なものを表彰する制度がある。学会賞という。論文には、日本会計研究学会・学会賞が、著書には太田・黒澤賞という学会賞が与えられる。今は、賞を貰おうとする者は自薦しなければならないが、少し前までは、学会賞の審査委員会が候補作を選び出し、審査していた。「勝手審査」である。その学会賞であるが、受賞作品を眺めてみると、まさに外国文献を紹介しただけの、自説を一行も書いていない著書が何冊も受賞しているのである。

ある著書は、アメリカとイギリスの文献を翻訳しただけであり、ある本は、イギリスの法律を翻訳して紹介し、その上で、こともあろうに私の論文を一〇〇頁近くも引用して賞を受けている。批判も提言も一行すらない。その本の最後に書いてある言葉が、「私は観察者」だと。要するに、自分は、翻訳・紹介者であって、自分の意見はない、批判も提言も持ち合わせていないというのである。これが、日本会計研究学会という、会計学の頂点に立つ研究者集団が最も優れていると評価する作品・作風なのである（急いで付け加えなければならないが、ここに紹介したのは少数の例であり、ほとんどの受賞作は優れた研究成果であることは言うまでもない）。

おまえは受賞できないからそんなことを言うのであろう、と言われるかも知れない。しかし、私のような者でも、学会賞は受賞している。「企業会計原則の法的認知」という学会報告をとりまとめた論文であった。当時、企業会計原則には何らの法的拘束力もなく、せいぜいのところ、「商法計算規定の解釈指針」としての役割が期待されていた程度であった。したがって、企業の会計処理がたとえ企業会計原則に違反していても、監査人はその事実や理由を開示するように企業に働きかけることはせず、監査報告書に記載することもなかった。企業会計原則が確たる法的地位（法的拘束力）を持たない限り、違反の事実さえ、株主や債権者に報告されることもないのである。かといって、企業会計原則がそのままで法的な拘束力が与えられるに足るだけの、充実した内容と整備された形式を備えているかとなると、法律家ならずとも否定的にならざるをえない。そこで、私は、法律家をして、「法源」（注）として認めさせるに足るだけの「内容の充実」と「形式の整備」が必要だと考え、そのための具体的な提言を論文としてまとめたのである。

（注）法源とは、制定法や慣習法など「裁判所が判断するときの法律上の根拠」となるものをいう（渡辺洋三『法を学ぶ』岩波書店、一九八六年、八九頁）。

論文の内容については、『會計』第一三三巻第三号（一九八八年三月号）か、小著『イギリスの会計制度』（中央経済社、一九九三年）第七章をお読みいただきたい。また、受賞にまつわる裏話は、小著『会計学の座標軸』（税務経理協会、二〇〇一年）三六〇—三六六頁に書いた。お読みいただけば、日本の会計学会（界）がいかに子供じみているか、自分だけが頭がいいと信じている者が多いか（もちろん、一面ではあるが）、ご理解いただけると思う。

7　自分の頭を使わない学者たち

同じ会計研究学会で、私が研究テーマとしているイギリス会計について報告する学者がいた。

開催校から、その会場の司会・進行を依頼されたので、同学の研究者の研究報告を聞くのを楽しみに会場に出かけた。報告者は、関西の私大の若い教員であったが、驚いたことには、何と私の論文を読み出したのである。その部分は、イギリスの制度を解説した英語の文献を翻訳したところであった。しかし、私には、自分の翻訳文か他人が訳した文章かは、すぐに分かる。彼は、いかにも自分で翻訳したかのように、堂々と、私の論文を読むのである。もちろん、自分の翻訳としてである。上に紹介した学会賞受賞者も、私が翻訳したイギリス文献を、いかにも自分で翻訳したかのように紹介していた。おそらくは、オリジナルの文献は見たこともないのではなかろうか。

別の学会での話である。名門国立大学の教授が滔々と時価会計と国際会計基準を批判する学会報告をした。会場がざわざわと、学生の「私語」と同じような雰囲気に包まれた。なぜなら、この教授は私の新著とまったく同じ内容の報告をしたのである。私の新著は、イギリスに滞在中に書いたものであったから、報告者も含めて、多くの研究者は、私がまだイギリスに滞在していると思っていたのではなかろうか。まさか会場に私がいるとは思わなかったらしい。

会計学会・界というところに限らないであろうが、日本の学者は「自分の頭で考える」ということが苦手なようで、崇拝する英米の学者が書いたものを信奉して、英語文献を翻訳することが学問だと勘違いしている人が多い。かくいう私もその世界に住んでいるのであるから、あまり偉そうなことは言えないが。

8 「はやぶさ　遥《はる》かなる帰還」

あまり夢のない話ばかりで申し訳ないが、文系の、特に社会科学系の学者がどのような研究生活を送っているかを知れば、田中章義教授が憂えるように、遠からず「大学も教授たちもその特権を剥奪される」ことが当然だと考えるであろう。そうなっては、日本の社会科学は、外国の文献を紹介するだけの「訳者稼業」に甘んじなければならなくなる。

本章は、学者とは無縁の読者の皆さんに「学者」、特に社会科学系の学者諸氏の生きざまと仕事ぶりを紹介して、「過度な期待や信頼」を抱くことのないように注意喚起するとともに、T教授のいう「あぐらをかいている教授連中」（教授たちのごく一部であることを祈りたいが、私の知る限り、学者としての仕事を放棄している教授の方が圧倒的に多い）には、是非とも、社会から負託・期待されているプロフェッションとしての仕事をしてもらいたいという強い思いを込めて書いたものである。

先日、ゼミの学生諸君と長野県野沢温泉村で三泊四日の冬合宿をした。学生諸君には、昼間はスキーやスノーボードを楽しんでもらい、夜は、各自の生い立ちや現在の関心事、就職のことなど、長野の地酒を楽しみながら、おおいに語ってもらった。ゼミは、一生続く親友を見つける場であり、生い立ちや価値観が違う者が話し合っているうちに、お互いに相手の価値観や人生観を認めあい、人間としての幅を広げる機会でもある。

本章のほとんどは、この合宿中に書いた。私もスキー狂の一人なので、昼間は野沢の山を滑りまくり、夜は、隣の部屋でゼミ生が盛り上がっている声を耳にしながら、キーを叩いた。

横浜への帰路に、私が持参したDVD『はやぶさ　遥かなる帰還』（東映）をみんなで観た。こちらは実に「夢のある話」である。一つの目標、宇宙のかなたにあるイトカワにたどり着いて、その地のサンプルを採取して地球に帰還するという「サンプル・リターン」という目標に向かって関係者が一致団結して、各自が持っている技術・能力・知識・知恵を総動員する話である。

感動すると同時に、「目標を持つ」ということが、どれだけ大きな力を生むかということも知った。翻って、わが会計学の世界である。日本の会計学も世界の会計学も、いま、「目標を失った」のではなく、「間違った目標に向かってまい進」しているような気がしてならない。

世界の、そして日本の会計学が、どこで「道を間違えたのか」については、小著『会計学はどこで道を間違えたのか』（税務経理協会）で詳しく書いた。ぜひご一読いただきたい。

第４部

「日本版ＩＦＲＳ」構想の虚実

――国際会計基準を巡る国内の「騒動」――

第４部では、国内におけるＩＦＲＳ関連の動向と議論の行方を紹介・検討する。

第13章では、「中間的論点整理」（二〇一二年七月）が公表される経緯を紹介し、第14章では、中間的論点整理に対する産業界の対応を、第15章から第18章は、「当面の方針」（二〇一三年六月）の公表とその背景を紹介する。

第19章では、これまであまり知られていなかったＩＦＲＳ財団の「台所事情」を紹介する。ＩＦＲＳ財団がいくら強気に出ても、日本の財布から資金が出なくなれば、途端に路頭に迷うのだ。

これらの諸章では、ＩＦＲＳを巡る国内の動向（と言うよりも、「ドタバタ劇」か「茶番」に近いところがある）を俯瞰《ふかん》するために、その時々の企業会計審議会や企業会計基準委員会（ＡＳＢＪ）などの議論を紹介する。

二〇一四年七月に、ＡＳＢＪが「修正国際基準（国際会計基準と企業会計基準委員会による修正会計基準によって構成される会計基準）」（ＪＭＩＳ《ジェイミス》）案を公表した。公表される前から、自民党からも金融庁からも見放されたことから、「ＪＭＩＳは、Japan's Mistake！」と評されている。第20章は、このＪＭＩＳを取り上げる。

第４部は、ＩＦＲＳを巡る日本の対応（上に述べたように、ときには「茶番」に近い「ドタバタ劇」の様相を呈している）を歴史的な流れとして紹介するものであるところから、第13章から第19章までは、その時々の動向を紹介することにして、いちいちその後の動向を紹介していない。第20章まで読んでいただければ、平成二一（二〇〇九）年（「全上場会社にＩＦＲＳを強制適用」という姿勢で日本企業をパニックに陥れた「中間報告」）から二〇一四年のＪＭＩＳ案公表に至る、何とも知恵のない日本の対応が浮き彫りになるはずである。

第13章　企業会計審議会は何を議論してきたのか

1 「中間的論点整理」までの経緯

金融庁企業会計審議会が、「全上場会社に国際会計基準（ＩＦＲＳ）を強制適用」と「連結先行」（連結財務諸表にも個別財務諸表にもＩＦＲＳを強制適用）という、先進国では稀なシナリオを描いて日本企業をパニックに陥れたのは、平成二一（二〇〇九）年六月のことであった（中間報告「我が国における国際会計基準の取扱いに関する意見書」以下、中間報告という）。

具体的な会計基準を審議する機関として設定されたはずの企業会計基準委員会（ＡＳＢＪ）は、この中間報告を受けて「上場会社の個別財務諸表の取扱い（連結先行の考え方）に関する検討会」を立ち上げたが、そこでの議論はたちまち「デッドロックに乗り上げてしまった」（企業会計審議会安藤英義会長の言葉）という。

ＩＦＲＳは投資家への投資勧誘情報である一般目的の連結財務諸表に適用することを想定して作られている。そのＩＦＲＳを議論しているときに、課税や配当といった企業財産に重要な影響を持つ個別財務諸表の問題に取り組んだというのだから、「デッドロックに乗り上げた」のは不思議でも何でもない。ＡＳＢＪがいずれ個別財務諸表の問題に取り組むことがあるにしても、それは、ＩＦＲＳを日本企業の連結財務諸表に適用するとしたらピュアなＩＦＲＳを使う（ＩＡＳ

Bが決めるルールに一〇〇%準拠する）のがよいのか、日本に適合しない、あるいは、わが国としては受け入れがたいルールを排除（カーブアウト）する必要がないかどうかなどの点を十分に検討し、その答えを得た後に、「それでは個別財務諸表にIFRSを適用する必要があるのか、適用するとすれば、何が問題になるのか、どうすればよいのか」を議題とするというのが手順というものであろう。

ASBJがやるべきことは、「個別財務諸表におけるIFRSの取扱い」ではなく、IFRSの中身を検討して、日本企業の一般目的連結財務諸表（配当や納税に結びつく株主あての決算書ではない）に適用した場合の問題点や個々のルールについての適用の可否を明らかにすることであった（はずである）。産業界や会計士業界からの強い要望に応える必要からか、ASBJはIFRSの中身の吟味ではなく、それを飛ばして、国際会計基準審議会（IASB）から求められてもいない決算用の個別財務諸表への適用を議論したのである。

IASBはIFRSを開発するにあたって、個別財務諸表への適用は想定していない。IFRSは、あくまでも「投資勧誘情報としての一般目的連結財務諸表」に適用する基準なのである。だからIFRSのおひざ元であるEUでは、会計先進国のドイツやフランスがIFRSを個別財務諸表に適用することを禁止しているくらいである（禁止している国は、他にも、スペイン、オーストリア、ベルギー、ハンガリー、スウェーデン、スロバキアがある）。そうした認識もなく、日本は、「ＩＦＲＳの中身はアンタッチャブル」「ＩＦＲＳは高品質」「個別財務諸表をＩＦＲＳで作らなければＩＦＲＳによる連結財務諸表は作れない」といった理解（誤解といったほうがよいが）の下で、個別財務諸表への適用という難題に取り組んだのである。他の国の経験を活かそうにも、会計先進国には先例がない。議論がデッドロックに乗り上げるのは当たり前である。何とも智恵のない話である。

2　奇国の人

私が、勝手に敬愛してきた司馬遼太郎氏は言う。「日本人がもつ、どうにもならぬ特性のひとつは時流に対する過敏さということであるらしい。過敏なだけではない。それが時流だと感ずるや、なにが正義か、なにが美かなどの思考はすべて停止し、ひとのゆく方角にむかってなりふりかまわずに駈けだしてしまう。この軽薄な、というより軽薄へのすさまじいエネルギーが日本の歴史をつくり、こんにちをうごかしていると考えられなくはない。……われわれは相当な奇国に住んでいることだけはたしかである。」（司馬遼太郎、二〇〇一年、二七二―二七五頁）

改めてこの一文を読んで、納得することがある。それは、われわれ日本人の「時流に対する過敏さ」と「思考を停止した軽薄さ」が、まさしくＩＦＲＳ対応に表れているということである。わが国ではいまだに、ＩＦＲＳがいかなる会計基準であるのか（いや会計基準ではないのか）、ＩＦＲＳの本質・目的は何なのかが十分に理解されているとは言い難いが、それは、日本人の「ことの本質を求めない」「舶来・白人崇拝」「何でもかんでも海外から受け入れてから日本流にアレンジしていいとこどりをする」という知恵を働かせた結果なのだ。「ことの本質」も「海外でどのように使われているか」も「問題があるかどうか」も問わないのが、日本人の生きる知恵だったのである。

時価会計も、減損会計も、退職給付の会計も、企業結合の会計も、資産除去債務のルール（こんなのは会計ではない！）も、わが国では「世界の常識」として無批判に受け入れてきた。しかし、世界の経済界が、少なくともここ八〇年間（世界大恐慌の後）以上にわたって、誰もが納得する会計観として使ってきたのは「収益費用アプローチ」「損益計算書重視の会計」「投下資本の回収計算としての会計」「回収余剰としての利益の計算」「キャッシュ・フローの裏付けのある、実現利益の計算」であった。そうした会計観や会計実務に何が問題があるというのだろうか。

3　連単分離も「連結先行」のカテゴリー内という落とし所

企業会計審議会に話を戻す。

この問題を「再検討」するために再開された審議会では、主として製造業から「連結先行」に対する反対と「連単分離」論が強く主張された。この問題を審議した三回の企業会計審議会（平成二二（二〇一〇）年六月八日、七月八日、八月三日）では、声の数としては「連単分離」論が多数を占めていた（金融庁のHPに、審議会の議事録という名前の速記録が収録されているので、各委員や参考人の発言内容を知ることができる）。

三回の審議会の議論（実態は、委員や参考人が意見を陳述するだけ）を私なりに総括すれば、大枠で（どちらかというと「雰囲気的に」と言った方が合っていると思うが）合意されたのは次の諸点である。

(1)「ＩＦＲＳが想定する投資家」が求める情報を提供するという目的から、（やむを得ず）連結財務諸表にはＩＦＲＳを適用する。

(2) 単体（個別財務諸表）は、経営、配当、課税のための基準、つまり自国基準（物づくりに適した基準、中長期の経営に適合する基準）を採用する。

(3) ただし、(2)でいう日本基準を定める中で、可能な限りＩＦＲＳとのコンバージェンス（大きなデコボコを均すこと）を進める。

審議会の議事録を読むと、大枠ではこうした意味での合意が醸成され、こうした方式を、これまでと同じ「連結先行」と呼ぶことにしようということで暗黙の了解をしたように読める。(1)では「国際社会とのお付き合いの必要上連結にはＩＦＲＳを適用する」ことにすると言い、(2)では「中長期の経営や中長期の投資、課税のための個別財務諸表には自国基準を用意する」と言う。こうした線で合意の雰囲気が醸成されたのではないか、という感じがする。実質的には「連単分離」（連結にはＩＦＲＳを適用するが、個別には日本基準を適用する）であるが、すでに公表した中間報告の面子をたてるために、(3)で、「個別財務諸表に適用する日本の会計基準もＩＦＲＳとのコンバージェンスを進める」と付け加えて、こうした対応も「連結先行」のカテゴリーに含めようというのである。

この段階では、まだ「全上場会社に強制適用」というシナリオは崩れていない。個別財務諸表にはＩＦＲＳを適用しなくても済むらしいといった話も広まらず、依然として「連結先行」という言葉が独り歩きしてしまっている。

4 審議会は「私的諮問機関」

企業会計「審議」会とはいえ、投票とか挙手による採決とか決議をすることはない。各委員は自分の意見を述べる機会を与えられるが、他の委員の意見に反論したり質問したり、つまり委員同士の「議論」「審議」を行うことはないに等しい。なぜなら、委員は自分の意見を陳述するだけで、審議会の会長に向けての発言でもなければ他の委員に向けての発言でもない。多くの場合（いやほとんどの場合）、審議会の事務方であるはずの金融庁に向かって意見や希望を述べるのである。金融庁は、審議会の場では事務方であっても会計基準を決める法的な権限を持っている。各委員や参考人として発言する人たちはそのことを承知しているからこそ、金融庁の担当官に向かって、意見、嘆願、希望、陳情……を述べるのである。

現在の金融庁企業会計審議会は、法律の規定により設置される審議会ではなく、「企業会計の基準及び監査基準の設定、原価計算の統一その他企業会計制度の整備改善について調査審議し、その結果を内閣総理大臣、金融庁長官又は関係各行政機関に対して報告し、又は建議する」（金融庁組織令）ための「私的諮問機関」である（西川明子、二〇〇七）。

余談ながら、企業会計審議会のような私的諮問機関は、閣議決定や大臣等の決裁のみで設置・開催されるもので、法令に基づかない機関でありながら、事務局運営は各省庁が行い、予算は公費から支出されることから、かねてから問題とされてきた。これに対し政府は、「私的諮問機関は出席者の意見の表明又は意見の交換の場に過ぎない」という見解を示してきた（西川明子、同上）つまり、企業会計審議会は、もともと、何かを決める場ではないのだ。

5　自見庄三郎金融大臣の政治的決断

わが国は、その後「ＩＦＲＳ強制適用」「連結先行」で猛進する。ここから先の話は、あちこちで紹介してきたので、詳細はそちらに譲る（参考文献を参照）。「ＩＦＲＳは時流らしい」という程度の知識で両眼をつむって進む「日本会計丸」に、「ちょっと冷静になって行き先を見定めよう」という声が上がったのは、三回の審議会で「ＩＦＲＳ強制適用」「連結先行」というシナリオを再確認（三回の審議会の最後は二〇一〇年八月）した一〇か月後であった。

二〇一一年六月二〇日の各紙は、金融庁が国際会計基準（ＩＦＲＳ）の強制適用を延期する方針を固めたことを報じ、さらに翌二一日には、自見庄三郎金融担当大臣（当時）が、閣議後の記者会見において「少なくとも二〇一五年三月期についての強制適用は考えておらず、仮に強制適用する場合であってもその決定から五―七年程度の十分な準備期間の設定を行うこと、二〇一六年三月期で使用終了とされている米国基準での開示は使用期限を撤廃し、引き続き使用可能とする」ことを明らかにした。その直前の二〇一一年五月二五日に経済界から出された「我が国のＩＦＲＳ対応に関する要望」と題する宛先の書いていない文書が引き金になっていることは間違いない。

6 中間的論点整理

経済界からの反旗（経済界からは穏やかに「要望」という表現が使われた）と、当時の自見金融担当大臣の「政治的決断」は、企業会計審議会の議論を劇的に変えた。金融庁に、ＩＦＲＳに批判的な人たちを「金融庁参与」として任用したり、審議会のメンバーもＩＦＲＳに批判的とされる人たちを増やしたり、産業界の声が審議会で通るようにした形跡もある。しかし、先にも紹介したように、審議会の議論では、もともとＩＦＲＳに批判的な声のほうが多かったのである。

それから一年余の議論を経て、二〇一二年七月二日に、金融庁企業会計審議会が「国際会計基準（ＩＦＲＳ）への対応のあり方についてのこれまでの議論（中間的論点整理）」を公表し、「連単分離」（連結財務諸表にＩＦＲＳを適用することがあっても単体の財務諸表には日本の会計基準を適用する）と「ＩＦＲＳについては任意適用の積上げを図る」という基本方針を確認した。二〇〇九年の「中間報告」が打ち出した「全上場企業に強制適用」と「連結先行」をともに否定して、どちらかというと「世界の流れ」に合わせたようなシナリオを描いたものである。

ここでは今後の検討課題として、「当期純利益の明確な位置づけ」「公正価値測定の適用範囲の整理」「ＩＦＲＳのどの基準・考え方がわが国にとって受け入れ可能であり、どの基準・考え方は難しいかを整理」「ＩＦＲＳを適用する市場と日本基準を適用する市場とを区分する案」「原則主義への対応のあり方」などの諸点が列挙された。中間報告は「アメリカがＩＦＲＳを採用するなら日本は他に選択肢はない」「世界から取り残される」「遅れてはならない」といった悲壮感あふれる中で書かれたところがあるが、やっと地に足が着いた議論をする土台が築かれたのである。

　この中間的論点整理が公表されてから、三か月後の一〇月二日、二回目はさらに半年後の二〇一三年三月に審議会が開催されているが、不思議なことに、この二回の会議では、中間的論点整理が今後の検討課題として列挙した上記の諸点については、ほとんどまったく議論されていない。

　一回目の審議会（二〇一二年一〇月二日）の議題は、審議会の後に公表された「議事次第」によれば、⑴ＳＥＣスタッフ報告書⑵ＩＡＳＢの最近の動向⑶デュー・プロセス・ハンドブック公開草案への対応、の三点であった。中間的論点整理は参考として配付されており、一部の委員から、他の議題に絡めての発言はあったが、審議会の議題として取り上げることはなかった。会議の終わりころに、（業《ごう》を煮やしたかのように）永井知美委員（㈱東レ経営研究所シニアアナリスト）から、「事務局（ここでの事務局は金融庁を指す）に一つお伺いです。こういう状況において、この会を今後どのように運営されるおつもりなのかと、それをお伺いしたいと思います。議論の分かれたところをもう一度議論し直すのか、それとも、アメリカの様子見を続けるのか。

そう申しますのも、大多数の企業がＩＦＲＳ対応に関して非常に困っているのではないかと思うからです。かたい信念で適用すると決められている企業、あるいは適用しないと決められている企業はいいですが、大勢に合わせて、流れに合わせて考えたいと、そういう企業が大多数ではないかと私は思いますので、今後のスケジュールを大まかにでも示していただければと思います。」

議長を務める安藤英義会長（専修大学教授）も「おそらく、今の質問が、皆さん一番知りたかった質問」だと述べたが、実は、この質問に対する金融庁の回答こそが、審議会の議論のスタート台であるはずである。金融庁は、形式的には企業会計審議会の事務局を担当しているが、日本の会計基準を決める法的な権限を持っているのは金融庁であり、企業会計審議会は金融庁が設置した、単なる「私的諮問機関」でしかない。永井委員は「事務局」と呼びつつも、金融庁が法的権限を持つことを意識して、上のような質問を発したのである。

この質問に対して、事務局として栗田企業開示課長（当時）が次のように説明している。

「今後につきましては、まず、中間的論点整理でさらに検討が必要とされている事項のご議論をお願いしたいということと、……諸外国の状況の把握ということが中心になっていくかと思います。

それから、中間的論点整理では幾つか、さらに検討が必要と明示的に書いてあるところがございまして、例えばＩＦＲＳのどの基準・考え方が我が国にとって受け入れ可能であるのか、どの基準・考え方は受け入れが難しいのかということを、実務的に整理する必要があるというようなことが述べられております。また、単体開示のあり方につきまして、会社法の開示をも活用して、企業負担の軽減に向けてどのような対応が可能であるかということについても検討が必要であるとされています。さらに……中間的論点整理で今後検討が必要とされている事項についてご議論を進めていただくということが、当面の課題になってくるかと考えております。」

この企業開示課長の説明の後、委員からは特に質問もなく、会長が「それでは、全体にわたってのご意見も出尽くしたと判断させていただきます」と述べて、予定時間を二〇分も残して閉会している。

それから半年後の、二〇一三年三月二六日に、二回目の審議会が開催された。中間的論点整理が公表されてから九か月経過していることや一回目の審議会において検討課題が未審議であることから、多くの企業や会計関係者は、二回目には論点整理で指摘された事項が議論されると期待したのではなかろうか。ところが、当日の議題は、国際会計基準に関しては、(1)カナダ・韓国の状況について、(2)IFRS財団のガバナンス改革について、(3)会計基準アドバイザリー・フォーラムについて、(4)日本経済団体連合会からの報告、の四点であった（議事次第による）。

7　宙に浮く不採用企業数千社の会計

ただし、委員の中からは、いくつかの意見や要望が出たし、日本経済団体連合会（経団連）からは「国際会計基準への当面の対応について」と題する報告書が資料として提出され、経団連における議論の状況が説明されている。

経団連の報告では、説明に立った谷口進一委員（企画調整部会委員。経団連企業会計委員会企画部会長。新日鐵住金㈱常任顧問（当時））から、時間軸（ロードマップ）を明らかにしてほしいという要望が出された。

「上場企業三千数百社があるわけでございますけれども、この審議会の議論の行方を相当注視していると思っております。そういう意味では、予見可能性を高められるような明確な時間軸をそろそろ示していく必要があるのではないかと思っております。……一昨年の当時の金融担当大臣（自見庄三郎氏）のご発言で、現状の枠組みが維持されているとは言うものの、審議会としての明確な線引きというか時間軸の提示が必要ではないかと感じております。」

ロードマップを早期に明らかにする必要性について、谷口委員は、ＩＦＲＳの任意適用を予定している企業とＩＦＲＳを採用しない企業とに分けて、次のように説明している。

「まず任意適用を予定している企業にとりましては、何か追加的な検討が始まりまして、どのような方向性か明確でないということになってしまいますと、最終判断に踏み切れないということになってしまいます。」

「最終的に任意適用を判断する企業、六〇社くらいと経団連事務局が推定しているわけでございますが、それ以外の数千社の企業に経営基盤である企業会計の行方を明確にしないまま置いておくということもできないということでありますので、我が国の企業会計制度を審議する企業会計審議会としてもそこを放置できる状況ではないと思います。」

永井知美委員からは、「(現状は)企業としては生殺しのような状況にあるのも事実」であり、「審議会として今後どのような議事運営をされるのか、最終的には強制適用するのかしないのかという話になると思いますが、その辺をお伺いしたい」という切羽詰まった声が寄せられた。

金融庁参与でもある佐藤行弘委員(企画調整部会委員。三菱電機常任顧問(当時))からも、「二〇〇九年の中間報告(強制適用と連結先行を打ち出したもの)から既に四年近くが経過しつつありますが、企業によっては依然として、いわゆる『強制適用論』へのおそれや懸念がくすぶり、中途半端な状況になっているところもございます。経営上、IFRSの適用にベネフィットを感じていない企業も多いことから、IFRSの方向づけに当たっては、企業に選択の自由を与えるということを基本に、『IFRSプラス米国基準の選択適用と日本基準の維持』という、裏返せば『ＩＦＲＳの強制適用はない』という方針をここらで明確にするタイミングが来ているのではないかと思います。」という意見が出された。

8　金融庁のスタンス

こうした産業界からの声に対して、金融庁企業開示課の栗田課長（当時）からは、「時間軸を早く示すべきであるというご意見が多々あることは承知しておりますけれども、国際情勢も変化しつつありまして、そういう時間軸を示すこと自体がなかなか容易ではないということはご理解いただきたい。」「今後は中間的論点整理において検討課題になっていることを順番にやっていくことが肝要」という回答が出された。

どっちつかずの回答をすることによって時間をかせぎ、早く後任の開示課長に責任をバトンタッチしたいということであろう。熱いタオルを投げられた次の課長も、自分がやけどをしないうちに、次の開示課長に熱いタオルを投げる……。日本の将来のことを本気で心配するのは、政治家でも官僚でもないらしい。

第14章　日本の産業界はどう反応してきたか
──「強制適用」で誰が得をするのか

1　増えない「IFRS任意適用企業」
2　導入済み・導入予定は六〇社
3　跳梁跋扈する「強制適用」という幽霊
4　「強制適用」で誰が得をするのか
5　証券会社・証券取引所が歓迎するのはなぜか
6　日本基準の合理性
7　日本基準の評価

1　増えない「ＩＦＲＳ任意適用企業」

すでに紹介したように、二〇一二年七月二日に企業会計審議会が「国際会計基準（ＩＦＲＳ）への対応のありかたについてのこれまでの議論（中間的論点整理）」を公表して、「任意適用の積み上げ」を打ち出したが、国際会計基準（ＩＦＲＳ）の採用は必ずしも進んでいるとはいえない。既にＩＦＲＳを任意適用している企業も、外国人株主が増えたわけでもなく、株価が上昇したわけでもない。むしろ、日本板硝子のように、ＩＦＲＳ適用後、外国人持株比率が一八・四％も減少しているケースもある（住友商事は三・一％減、ＳＢＩホールディングスは四・三％減。増えたのはアンリツの二・九％増が最高。データは、『会社四季報』ワイド版、二〇一三年二集）。

東洋経済新報社の『会社四季報』（同上）では、全上場企業三、五五二社に対してＩＦＲＳの適用状況に関するアンケートを実施している。回答を寄せたのは二、〇一三社、回答率五六・六％というから、同社・同誌への信頼感、各企業の真摯な対応が感じられる。

この記事のタイトルが「（ＩＦＲＳ）導入予定はわずか二二社、強制適用はうやむやに」とある。この調査によれば、「ＩＦＲＳ導入・予定状況」に関しては、有効回答一、九二五社のうち、「導入済み・導入予定」は一・四％、「導入を検討しているが時期未定」は七二・三％、「導入を検討していない」は二六・三％であった。

こうしたアンケートの場合、「導入済み」の企業からの回答は早い。「導入予定」も社内での合意が高く準備が進んでいるところはすぐに回答するであろう。「導入を検討しているが時期未定」と回答した企業は、金融庁の意向、同業他社、アメリカの動きに合わせようとしていると考えられ、様子見・模様眺めの姿勢といえよう。アンケートに回答しなかった企業（上場企業の半分近く。約一、五〇〇社）と「導入を検討していない」と回答した企業（約五〇〇社）、合わせて約二、〇〇〇社は、「ＩＦＲＳは自社にには関係がない」と考えたか、社内での合意がない（つまり積極的な準備をしていない）企業であろうと考えられる。

2　導入済み・導入予定は六〇社

二〇一三年四月段階で、既にＩＦＲＳを早期適用（任意適用）しているのは、日本電波工業、ＨＯＹＡ、住友商事、日本たばこ産業（ＪＴ）、日本板硝子、ディー・エヌ・エー（ＤｅＮＡ）、アンリツ、ＳＢＩホールディングス、トーセイの九社である（東京証券取引所のＨＰによる）。

同誌のアンケートに「ＩＦＲＳ導入を予定」と回答した企業は二二社で、(1)マネックスグループ、中外製薬、楽天、旭硝子、アステラス製薬、ソフトバンク、丸紅、(2)三井物産、三菱商事、センコー、日本オフィス・システム、エフ・シー・シー、トヨタ紡績、大日本住友製薬、ＪＸホールディングス、キトー、ピジョン、カイノス、バッファロー、武田薬品工業、第一三共である（トーセイは二〇一二年一一月期第一四半期より適用）。

なお、(1)のグループは、「ＩＦＲＳの適用を公表している企業」として、後で紹介する経団連の資料でも名前が挙がっているが、(2)のグループは東洋経済のアンケートで「ＩＦＲＳ導入予定」と回答した企業である。東証のＨＰでは、早期適用予定企業として双日の名前が挙がっており、他にも武田薬品など、一部の企業は新聞や雑誌などでも採用予定が伝えられている。ただし全部合わせても、上場企業三、五〇〇社の二％に満たない。

日本経団連の事務局が二〇一三年三月二六日開催の金融庁企業会計審議会に提出した資料では、既にＩＦＲＳを任意適用している八社、任意適用することを公表している八社（前述の(1)のグループ。その後、トーセイが任意適用を開始）、新聞報道などで採用が伝えられている企業を合わせると、「ＩＦＲＳを導入済み・導入を検討中」の企業は約六〇社に上ると言う。ただし、(1)と(2)以外の社名は明らかにされていない。

経団連では、その約六〇社の株式時価総額は約七五兆円で、時価総額のランキングで見ると、上位五〇社のうち、約四割の企業が「公表中」または公表することを「検討中」だと推計している。このデータは二〇一三年二月末の株価等を基にしているというから、その後の「アベノミクス」効果による株価の上昇を加味すれば、時価総額はもっと大きくなっているであろう。

ただし、「検討中」と回答するのと「導入予定」と回答するのでは雲泥《うんでい》の差がある。「検討中」と回答するのは簡単で、どちらかというと無難な回答であり、世間体（株主や投資家の意向、メディアの露出、世間の話題など）を気にする企業なら、そう回答するであろう。この程度の判断なら、何も経営トップの意向を確認せずとも問題は生じない。しかし、「導入予定」と回答して社名が公になれば、「ＩＦＲＳ論争」の渦中に身を投じかねず、よほど社内のコンセンサスが高くなければ、こうは回答できないであろう。

ところで、七五兆円といえば、韓国証券市場の一〇〇兆円、ロシアの七〇兆円、シンガポールの六五兆円（経団連資料による）に匹敵《ひってき》する金額であり、適用企業数は少なくても、金額的には「ＩＦＲＳ採用国」を主張するに足るものだといえるのではなかろうか。そうであるとすると、二〇一二年七月二日付の中間的論点整理で「検討を要望する声」として明記された「ＩＦＲＳを適用する市場」と「日本基準を適用する市場」を区別する案を真剣に検討する必要があるのではなかろうか。

3 跳梁跋扈《ちょうりょうばっこ》する「強制適用」という幽霊

東洋経済のアンケートに話を戻す。

強制適用に関しては、驚いたことに、有効回答企業一、九二五社の九四％の一、一二五社が「（IFRSが）強制適用になる可能性が高い」と判断している。企業会計審議会が、中間報告『我が国における国際会計基準の取扱いについて』で「全ての上場会社に強制適用」というシナリオを打ち出したのが四年前の二〇〇九年、それから二年後の二〇一一年、当時の金融担当大臣であった自見庄三郎氏が「IFRS強制適用」と「連結先行」のシナリオに待ったをかけた後、大勢として「連単分離」「任意適用」が受け入れられるようになってきたはずである。

以後IFRSを巡る議論はかなり穏やかなものになり、二〇一二年六月に同審議会が取り纏めた「中間的論点整理」では「強制適用」の話はほとんど問題にもされず、「（強制適用ではなく）任意適用の積み上げ」を図ることが謳いあげられた。

この中間的論点整理が公表された後、企業会計審議会は、わずか三回しか開かれていないし、その三回の審議会でも「強制適用」の話はまったく出てきていない。金融庁も審議会も、IFRSに関しては「任意適用の積み上げ」を推し進めるという点で合意しているはずである。だからこそ東洋経済のアンケート調査に見るように、全上場会社(約三、五〇〇社)のうち二、〇〇〇社もがIFRSの導入を「検討・予定していない」のである。

それがなぜ、依然として、非常に多くの上場企業がまったく逆ともいえる「IFRSは強制適用される可能性が高い」と考えるのであろうか。いくつか原因があるようである。

一つは、金融庁参与・企業会計審議会企画調整部会委員(当時)である佐藤行弘氏(三菱電機常任顧問)が言うように、「強制適用はありえない。回答会社は情報をきちっと把握していないのではないか」(『会社四季報』(同上)ということである。

私も同感である。上場会社の経営陣や経理部門の方々を対象にした講演会やセミナーで講師を担当してびっくりするのは、企業会計審議会が出した二〇〇九年の「中間報告」も二〇一一年の「中間的論点整理」も、ほとんどどなたも読んでいないのである。

では、経営者や経理部門の責任者は、どうして「IFRSは強制適用される」と考えるのであろうか。

4 「強制適用」で誰が得をするのか

会計制度や会計基準が大きく変わると「得をする人」たちがいる。いうまでもないが、監査法人やコンサルタント会社、情報処理会社は、会計基準が変わればありとあらゆる場面で稼ぐことができる。「ＩＦＲＳセミナー」「ＩＦＲＳ対応ソフト」「ＩＦＲＳ移行準備」「会計システム変更」「経理スタッフ教育」「マニュアル作成」「決算期統一」「連結会計講座」「導入事例研究」「公開草案・改訂基準解説」……監査法人やコンサル会社のＨＰを開けば、上場企業や取引会社の不安を煽るかのようなキャッチ・コピーとともに、上のようなセミナーへの勧誘が目白押しに並んでいる。つまりＩＦＲＳは金になるのである。

ＪＦＥホールディングス株式会社の常勤監査役（当時）である山崎敏邦氏は、超多忙の中を拙著『国際会計基準の着地点—田中　弘が語るＩＦＲＳの真相』（税務経理協会、二〇一二年）の書評を『産業経理』誌（産業経理協会、第七三巻第一号、二〇一三年四月）に寄せて下さったが、その中で次のようにＩＦＲＳに対する強い危惧と不快感を表明している。「世界の流れとまったく違う、『個別財務諸表』への『強制適用』までを謀《はか》った人々、つまり（ＩＦＲＳ適用の）対象が広いほど収益獲得のチャンスが大きくなると考えている人達は健在であり、（ＩＦＲＳの任意適用から強制適用へ）巻き返すチャンスを狙っているのは確かである」と。

同感である。日本の国益や産業の振興を犠牲にしてでも、わが身の保身と儲けを追求する、それが日本の富をアメリカをはじめとする国々や海外の投資家の懐《ふところ》に入ることになったとしても意に介さない人たちがいるのである。

5　証券会社・証券取引所が歓迎するのはなぜか

監査法人やコンサル会社だけではない。証券会社も証券取引所も、伝統的な財務報告のように営業利益や当期純利益を報告する決算では株価に大きな影響を与えることはなく、つまり、株価変動が小さいために株式売買を通して稼《かせ》ぐ機会が少ない。しかし、ＩＦＲＳが報告する「包括利益」なら評価損益が含まれるだけに、それに応じて株価も変動し、株価が変動すれば株の売買も活発になり、その結果、証券会社も証券取引所も稼ぐことができるのである。証券会社も証券取引所も手数料ビジネスなので、株価が上がっても下がっても稼げるのだ。

実は、『会社四季報』が今回のアンケート調査をするときに、ＩＦＲＳを導入した企業や導入を検討している企業がどの監査法人の法定監査を受けているかを調べてもらった。わたしとしては、どの監査法人が熱心にＩＦＲＳ導入を売りこんでいるかを知りたかったのだが、調査の結果は四大監査法人のいずれも「熱心」だったということであった。

私が、ある情報処理会社が開催したセミナーの講師を担当したときに、参加した企業約四〇〇社の経営者や経理部門責任者に聞いて回ったところ、「ＩＦＲＳへの対応は監査法人の言いなり」「監査法人から『強制適用になる』という話を聞いている」と回答した企業が多かった。もちろん、海外からの資金調達とか、国際的な経理処理の統一とか、自発的にＩＦＲＳを採用しようとしている企業もあったが、非常に心配なのは、ほとんどどこの会社も「ＩＦＲＳの中身をよく知らない」上に、ＩＦＲＳの問題を検討している企業会計審議会の動向を「知らされていない」ことである。

6　日本基準の合理性

少し前に、大日方《おびなた》隆教授（東京大学）から、『利益率の持続性と平均回帰』と題する著書（中央経済社刊、二〇一三年）を送っていただいた。本文三三二頁という大部なものである上に、「本書は、個別企業の利益率と所属産業の平均利益率との相対的な関係を観察し、合わせて時系列動向を観察することにより、企業の利益率が産業の平均水準に向けて回帰するか否かを検証するものである。」（本書カバー）という紹介文や「はしがき」の「利益率の平均回帰傾向を把握するには、クロス・セクションの関係と時系列の関係とを同時に視野に入れた、パネル・データのミクロ計量経済学的分析が必要である」といった文言に圧倒されて、せっかく頂戴した本でありながら読み始める勇気も礼状を書く元気もなかった。

大日方教授には申し訳ないが、私のような数学音痴には「猫に小判」である。実証研究は、研究者に持続的な努力と忍耐を要求するが、その研究成果を読む者にも、同じような持続的な努力と忍耐が必要である。残念ながら、仮に努力と忍耐を重ねても、私には本書の内容を理解することができないのではないかという、「読まずにすませる口実」が頭の中をちらついたものである。

ところがである。ぐずぐずしているうちに、幸運が巡ってきた。実は、大日方教授は、企業会計審議会の委員（専門委員）であり、その後に開催された審議会の席で、安藤英義会長に促されて、この研究から得られた知見を、実にわかりやすく、極めて要領よく紹介してくれたのである。以下、審議会の議事録（速記録）から、大日方教授の発言を紹介する。結論的な部分には、私が勝手にサイドラインを引いた。

「もう既にアメリカとヨーロッパについては、企業の利益率が平均に回帰すること、つまり、のれんの価値は持続するものではなくて、ごく短期間のうちに消滅すると報告されています。わかりやすく言えば、のれんは規則的に償却したほうがいいという結果がアメリカでもヨーロッパでも出ていたわけです。

今回私が分析しましたのは日本企業について（非上場も含みますけれども）、約二〇万社を対象に二三年間について研究したところ、それと同じ結果が得られ、やっぱり、のれんを規則的に償却するのが合理的であるという結果が出ました。」

「主要な分析結果が、あと二つあります。一番目は、売上総利益、営業利益、経常利益、税引前利益、当期純利益の五つについて、利益の持続性が違っていることです。持続的であるというのは、今期得られた利益が翌年も同じように得られることをいいます。持続的でないというのは、今期黒字でも来年はよくわからないというあやふやなものだということを意味します。経常利益というのは非常に持続性は高い一方、税引前利益及び当期純利益の持続性は非常に低いことがわかりました。つまり、日本の区分計算において、異常臨時なものを経常的なものから分けている方式はきわめて重要で、これは投資家にとって非常に役立つはずだといえます。持続的であれば将来を予測しやすいからです。どうなるかわからないものは予測しにくいので、両者を分ける区分計算は非常に重要だということが二点目です。」

「三点目は、海外では時系列で会計の利益の安定性が低下しているのではないかといわれています。その原因としては、会計基準が陳腐化したのではないかと、推測されています。つまり、ハードな物をつくる側からソフトなサービス提供へと経済が移ったために、今の会計モデルは陳腐化し、利益の持続性は時系列で低下しているのではないかという話があります。当然それに対して反論もかなり多くて、決着がついていなかったわけです。今回の私の研究では、利益率が産業平均に収束していくという部分を除いて考えて、きちんと検証すると、必ずしも利益の持続性は低下しているとは言えないことがわかりました。現在の会計モデルは日本のようなものづくり型会計モデルと言われることもありますが、現行の会計基準が時系列で役に立たなくなってきているとか陳腐化しているという証拠は得られなかったということが三点目です。」

大日方教授は、このようにご自身の研究から得られた知見を紹介し、最後に、次のような、日本の産業界と会計界を大いに勇気づける話をしてくれている。この一言を読んで、私は、本文三二二頁の労作にチャレンジしてみようという元気を貰った。大日方教授は言う。

「つまり、われわれは日本の会計制度にたいして、そんなに自信を失う必要はなくて、日本の会計制度の合理性を信じていていいというのが私のメッセージです。」

実証研究には、その結果を証拠立てるための仮説・モデルの設定や分析手法の紹介から始まって、分析のための膨大なデータや何やら、正直にいって私が理解できないことを重ねる必要がある（らしい）。審議会での大日方教授の発言は、そうした方面の知識のない者にも、実によくわかる言葉で知見を紹介してくれている。大変ありがたいことであった。

7　日本基準の評価

日本の会計基準が国際的にみても遜色のないものであることは、多くの識者や経営者が主張してきたことである。たとえば、既に紹介した佐藤行弘氏は、企業会計審議会（二〇一二年一〇月二日）の席上、次のように述べている。ここでのサイドラインは、佐藤氏が日本基準を高く評価している個所であり、上の大日方教授が実証研究で得た結論と同じことを主張しており、経営者の実感と長い経理畑の経験からの、非常に重みのある発言である（日本基準を評価した部分には、私が勝手にサイドラインを引いた）。

「この審議会で日本基準の問題の議論がこれまでほとんどなされていませんが、日本としては、IFRSの任意適用会社を増やす努力をする一方で、圧倒的多数の上場企業は、日本基準のニーズが依然として高いという背景があります。当然、今日まで長年、コンバージェンス作業を継続してきたわけですから、日本基準の高品質並びにその会計思想は、私自身は他国に誇れる立派なものだと思っています。日本基準を採用する企業が多いという背景を踏まえて、世界的な認知度を一段と高める活動にも注力すべきではないかと考えています。このような視点がすっかり忘れられているのではないかと懸念しております。」

「インドや中国等の新興国の会計基準と比較しても、日本基準は何ら遜色はありませんし、保守主義、実現主義、発生主義、営業利益や当期純利益概念等の重要性については、何ら恥ずべきところはないと思っています。できれば、アジェンダ・コンサルテーションの議論の場等を通じて強く意見発信し、日本基準の認知度を高める努力も一方でやるべきではないかなと考えております。」

一部の論者が主張するところによれば、日本の会計基準は国際的にみて「二周遅れ」だとか

「未だにちょんまげを結っている」らしい。そうだとすると、日本と同様にＩＦＲＳ採用に抵抗しているアメリカなんかはきっと「腰に二丁拳銃」か「インディアン狩り」の野蛮な国なはずだが、不思議なことに誰もそうは言わない。

アメリカがＩＦＲＳに嫌気をさすのは当たり前かもしれない。ＩＡＳＢは国連に似ているところがあり、世界の一〇〇か国以上が意思決定に参加し、重要なことも重要でないことも多数決（声の数）で決められる。そのために、意思決定に時間がかかりすぎるし、主要国（経済的、軍事的、政治的などの面で）の意向が通りにくい。一度決めたことが再々修正されるのも、一〇年以上議論しながら決められないことが数多くあるのも、ＩＦＲＳが会計基準としての合意が乏しいことを意味している。経済・政治・軍事の面で力のある国々がサミット（Ｇ７やＧ20など）を開いて世界をリードしようとしているのは、国連がかなり無力化してきたからに違いない。今のＩＡＳＢは国連に近いとすれば、アメリカがＩＡＳＢと違った国際組織を立ち上げるとしても不思議はない。

第15章 「IFRSは高品質」か
――子供じみた自画自賛――

1 大日方教授への礼状
2 IFRSの翻訳
3 「フェア・バリュー」は「公認価値」
4 「高品質」とは何か
5 怪しい「IFRSは高品質」
6 会計基準は「合意の高さ」が生命

1　大日方教授への礼状

前章の最後に、大日方隆教授（東京大学）からご献本いただいた『利益率の持続性と平均回帰』（中央経済社）に関する大日方教授自身による紹介と、わたしの優柔不断さと不勉強ぶりを書いた。

大日方教授に献本のお礼代わりにもならないけれど拙稿（『税経通信』二〇一三年七月号）のコピーをお送りした。コピーだけでは失礼なような気がしたのと、わたしの自己宣伝も含めて拙著『会計学はどこで道を間違えたのか』（税務経理協会、二〇一三年三月刊）もお送りした。そのときに添え書きとして、以下のようなことを書いた（私信ではあるが、私が書いたものでもあるし、特別に個人情報が含まれている訳ではないので、掲載しても許されると思う）。一部にサイドラインを引いてあるのは、私が強い共感を覚えた個所である。

「先日は、ご高著『利益率の持続性と平均回帰』をご恵送くださりありがとうございました。拝読してから礼状を書くべきと思い、「はしがき」を開きましたら、「クロス・セクションの関係と時系列の関係とを同時に視野に入れた、パネル・データのミクロ計量経済学的分析が必要」と書いてあり、数学音痴のわたしには「猫に小判」と思いました。かといって読まずに礼状を書く勇気もありません。

しかし、そこであきらめずに勇気を出してもう一枚めくりましたら、「持続性の高低に従って、利益を区分計算し、開示する日本の会計制度には一定の合理性がある」「それに対して、国際財務報告基準（ＩＦＲＳ）では、……その合理性は、学問的には不明である。」と書いてあり、思わず膝を叩き、「実証研究というのは説得力がある」ということを教えてもらいました。

「学問的に不明」という表現にも、ＩＦＲＳ陣に対する先生の配慮を感じました。

わたしなんかが書くことは、感想の域を出ず、いつも「証拠を見せろ！」と言われています。ＩＦＲＳを批判した私の「感想文」は、確かに根拠らしい根拠は示していません。しかし、先生がご高著でお書きになった「ＩＦＲＳを日本の会計制度に導入せよと主張するのは、会計学に対する挑戦であり、見逃すことのできない問題である」という一文は、実証研究を踏まえたうえでのご主張であり、大変な重みがあります。

これからは「証拠を見せろ」と言われたら、「大日方先生の本を読め！」と言い返せそうです。

2　ＩＦＲＳの翻訳

本章のテーマは、「ＩＦＲＳの品質」問題である。その問題を取り上げる前に、翻訳の問題を取り上げたい。オリジナルな英語版が（仮に）いかに高品質でも、翻訳次第で高品質が保てないこともあるからである。小説やエッセイの場合にはしばしばみられる現象である。

国際会計基準（IFRSｓ）の趣意書（Preface to IFRSs）には、国際会計基準審議会（IASB）の目的として、次のように書かれている（六(a)）。訳文は、企業会計基準委員会（ASBJ）等の監訳による公式訳である。

「(a)公益に資するよう、高品質で、理解可能、かつ強制力のある国際的な会計基準の単一のセットを開発すること。その基準は、財務諸表及びその他の財務報告において、高品質で透明性があり、かつ比較可能な情報を要求し、世界中のさまざまな資本市場の参加者及びその他の情報利用者が経済的意思決定に役立つものであること

(b)―(c)略」

「高品質で、理解可能、かつ強制力のある国際的な会計基準の単一のセット」という箇所は、原文では、「a single set of high quality, understandable and enforceable global accounting standards」となっている。公式訳がある以上、それを尊重することに異存はない。しかし、細かいことを言えば、「understandable」を「理解可能」と訳してしまえば、「理解可能な基準」ということになり、あまりにも当たり前のことで書く意味がない。第7章でも書いたが、ここは「分かりやすい」「誰でも理解できる」とでも訳すべきであろう。もう一つ細かいことを言えば、

「その基準は……資本市場の参加者及びその他の情報利用者が経済的意思決定に役立つ」では、言葉足らずであろう。「情報利用者が経済的意思決定をするのに役立つ」あたりであろうか。

ＩＦＲＳは、一定の手続きを踏めば、原文の英語バージョンではなく、各国語に翻訳されたものでも正規のＩＦＲＳであることを認められている。日本企業の多くは、ＩＦＲＳを原文の英語版ではなく、公式の日本語訳を参照して理解しているはずであるから、あえてここで英語版を紹介するまでもないかもしれない。

しかし、各国の翻訳に、万が一、不適切な翻訳が混じったり、誤解した翻訳が入り込んだとしたら、各国はどういう対応・対処をするのであろうか。英語版（オリジナル）でのＩＦＲＳを適用するのと、それを日本語（ドイツ語でもフランス語でも）に翻訳したＩＦＲＳを適用するのと、（どちらが理解しやすいかは別にして）実務上、つまり会計処理や報告においてまったく違いはない。いやＩＦＲＳの理念からして違いがあってはならない。

各国語に翻訳して適用するかオリジナルの英語版を使うかは、「ＩＦＲＳの適用」という点ではまったく関係がない話である。それはあたかも買い物の代金をドルで払うか日本円で払うかを選択するようなものであって、換算（翻訳）に誤りがなければ、支払額はまったく同額になるのと同じである。

そう考えると、単なる「換算」の話にＡＳＢＪ等が「公式の日本語訳」（公式の換算比率）を公表するというのもおかしな話である。法務省のＨＰには「Japanese Low Translation」というサイトがあり日本の法令の英訳が検索できるようになっているが、そこでは「ご利用上の注意」として「(ここに）掲載している全ての翻訳は、公定訳ではありません。法的効力を有するのは日本語の法令自体であり、翻訳はあくまでもその理解を助けるための参考資料です。このページの利用に伴って発生した問題について、一切の責任を負いかねますので、法律上の問題に関しては、官報に掲載された日本語の法令を参照して下さい。」と書いてある。

昔から「布団と翻訳は叩けばホコリが出る」と言われてきた。どれだけ優秀な人たちが翻訳を担当しても、外国語を日本語に翻訳するのは至難である。ＩＦＲＳの翻訳には、会計の知識と英語力に加えて、極めて高度な日本語能力を必要とする。会計と英語ができればＩＦＲＳの翻訳もできるというわけにはいかない。いかなる料簡かは知らないが、ＡＳＢＪ等はＩＦＲＳの「公式訳」を出すことの意味も責任も十分に認識していないのではなかろうか。

３　「フェア・バリュー」は「公認価値」

ＩＦＲＳを「正直に」自国語に訳した結果、その国の会計実務に思いもよらぬ混乱を招くこともある。小著『会計学はどこで道を間違えたのか』（税務経理協会、二〇一三年）でも紹介したが、中国でＩＦＲＳを「企業会計準則」に盛り込むにあたって「フェア・バリュー」を「公正価値」と訳したところ、公正価値測定の自由度の高さを悪用した会計不正が頻発したという。そこで中国では「公正価値」に代えて「公允《こういん》価値」という訳語を充てるようになった。中国語で言う「公正」は日本と同様に「フェア」を意味するが、「公允」は「公認」の意味であり、「フェア・バリュー」の中身を中国財政部のような公的機関が認めるものに限定しようとしているようである。

ＩＦＲＳはオリジナルな英語版でも、それを各国語に翻訳したものでも、同等なものとするのであれば、英語版から日本語に訳したものを、逆に日本語版から英語に訳しても、同じ意味の英語にならないといけないであろう。英語版で「cat」と書いてあるものを日本語版で「犬」とすれば、逆に、日本語版の「犬」を英語に戻したら「dog」になったというのでは、英語版と各国語訳版が同等というわけにはいかない。「公允価値」を英語に戻したら「フェア・バリュー」にはならないであろう。

この事例が物語るように、ＩＦＲＳの翻訳に手を加えることによって、ＩＦＲＳが自国に与える影響を緩和することだって可能なのである。中国の例は、この国の政府機関が決めたことであるが、こうしたことを、民間団体であるＡＳＢＪがするわけにはいかないであろう。

政府の機関などのような公的な機関が翻訳を担当する場合には、万が一の誤訳や「意訳」等の問題が表面化すれば政府が対応するであろう。わが国のように民間団体がＩＦＲＳの公的な翻訳を担当している場合には、誤訳等の責任はどうなるのであろうか。

今はＩＦＲＳの採否に議論が集中しているが、翻訳は解釈を伴うものであるから、「法律を制定するのと同じ」という認識を持たなければならない。ＩＦＲＳを採用する多くの国では、そうした認識の下で、「法律制定と同様の手続き」を踏んでいる。日本では、ＩＦＲＳの導入にあたって、そうした法的な手続き（デュー・プロセス）は採られていない。というよりは、「ＩＦＲＳの翻訳は法律を作るのと同じ作業」という認識がないようである。

4　「高品質」とは何か

上に紹介したＩＦＲＳの趣意書に話を戻す。趣意書（六ⓐ）後段では改めて、その基準が、「高品質であること」と、「透明性があり、かつ比較可能な情報（をもたらすものであること）」を要件とし、それが「世界中のさまざまな資本市場の参加者及びその他の情報利用者が経済的意思決定（を行うにあたって）役立つ」ことを目的としていることを宣言している。

ＩＦＲＳを支持する人たち（自社がＩＦＲＳを採用するという人たちではなくて、他の企業にＩＦＲＳを押し付けようとしている人たち）は、しばしばＩＦＲＳが日本基準よりも「高品質

(high quality)」だという。いかなる判断基準で品質を区別しているのであろうか。少し前には、「営業利益」や「当期純利益」を報告するような会計基準は品質が悪いというようなことが言われた。営業利益も当期純利益も、「採用する会計ルールによっては金額が変わる」、したがって「経営者の恣意性が介入する」というのが理由であった。では、営業利益も当期純利益も廃止して、ＩＡＳＢが志向する「包括利益だけを報告する会計」は、なぜ、ヨリ高品質と言えるのであろうか。

企業会計審議会でも、このことは「話題」になったことがある。以下に紹介するように、「話題」にはなったが、このことをＩＡＳＢが議論したことがあるのかどうかも判然としない中でのことであり、一方的な話で終わっている。

二〇一二年一〇月二日の企業会計審議会の席上、五十嵐則夫委員（横浜国立大学教授）がこんな発言をした。金融庁のＨＰで公開されている議事録（速記録）のまま紹介する。

「国際会計基準はグローバルで一組の高品質な会計基準（Single Set of High Quality Accounting Standard）の開発を目指していると理解しておりますけれども、その場合のＩＡＳＢの考えている高品質（ハイ・クオリティー）または品質（クオリティー）の内容についてのベンチマークとかまたはその考え方について、現在どのような基盤に基づいて会計基準の設定が行われているかについて、ご教示いただければありがたい。」

これがどなたに対しての質問であるかははっきりしないが、これは国際会計基準のクオリティーをないがしろにしてＩＦＲＳを採用するとか強制適用するとかの議論を進めてきた世界の会計界に投げかけた大きな疑問であり、この問いにちゃんとした回答があって、その回答が世界の会計界からの高い合意（コンセンサス）が得られない限り、ＩＦＲＳを採用・適用する必要があるかどうかを判断できないのではなかろうか。

審議会の席上、企業会計基準委員会（ＡＳＢＪ）の西川郁生委員長（当時）から「（ＩＦＲＳのクオリティーに関する指標として）明示的なものがもしあれば、必要に応じて次の機会とかに（説明）させていただけますか。」という回答があった。つまり、日本の会計基準を決める機関として設置されたＡＳＢＪでも、ＩＦＲＳの「品質」に関する話は「聞いていない」「確認していない」のである。公的に発表された文書もない（に違いない。あれば大きな議論を呼んだはずである）。そうだとすると、日本でのＩＦＲＳ導入論もＡＳＢＪでの検討も、ＩＦＲＳが高品質かどうかを問わずに、少なくとも日本基準よりもヨリ高品質かどうかを確かめもせずに進められてきたことになる。

5　怪しい「ＩＦＲＳは高品質」

あえて「高品質」であることを謳《うた》わなくても、どこの国も高品質の会計基準を探求してきたはずである。日本が「低品質の会計基準」を探求してきたわけではない。ＩＡＳＢが、「われこそは高品質」と言っているのは、根拠がないばかりか、「傲慢」「世間知らず」としか言いようがない。

ＡＳＢＪからの回答の後、辻山栄子委員（早稲田大学教授）から、以下のような話が飛び出した。

「もともとＩＡＳＢの作るＩＦＲＳというものが国際基準になっていくというときの大前提として、ＩＦＲＳはハイ・クオリティーなものであるから、各国がそれを導入するなりコンバージしていこうという合意があったわけですね。ところが、そのハイ・クオリティーとは何ぞやという点について、当初から大きなボタンのかけ違いがあり、これに対するコンセンサスがなかった。コンセンサスがないまま個別基準の設定に取り組んでいるので、非常に長い時間がかかっている。」

辻山委員は、コンセンサスがないままに基準の開発を進めた結果、座礁に乗り上げた例として、二つ挙げている。一つは、保険契約の会計である。辻山委員は言う。「二〇〇一年の段階で……公開草案に近いもの（DSOP）が公表されました。それから一二年の時を経て、まだ、先が見えていない。それはそもそもが二〇〇一年に公表されたDSOPの会計モデルというものに対するコンセンサスがなかったことが原因です。その結果、それに対する世界の反発というものがものすごくあって、一二年もかかっているわけです。これからさらにどのぐらいかかるかわかりません。」

もう一つの例として挙げたのは、収益認識である。収益認識に関しても、プロジェクトが始まって一〇年ほど経過しているが、紆余曲折の挙句、当初模索されたモデルから伝統的な実現モデルに戻ってきている。辻山委員は言う。

「当初、FASBとIASBが提示しようとしていた公正価値モデルによる収益認識モデルというものが、だんだん姿を変えてきて、現在言われているものは旧来の実現モデルに帰りつつある。そのことで世の中が納得しつつある。」

「もともと国際的な会計に関してグローバルに『高品質な』と言うときに、高品質なとは何ぞやということについて、ほとんどコンセンサスがないまま個別基準のところで延々議論が進んでいる。……もともとコンバージェンスでなぜ十数年かかるのか、これから先も、完全なコンバージはできないかもしれない、そういう感想を持っております。」

ＩＡＳＢやＩＦＲＳを支持する人たちは、盛んにＩＦＲＳが高品質であることを喧伝してきたが、彼らが言うほど高品質なら、どこの国もさっさとＩＦＲＳに移行しているはずである。お読みいただいたように、「ＩＦＲＳは高品質」という話は、根拠が怪しいのだ。

二〇一二年一〇月二日の企業会計審議会にて五十嵐則夫委員が問題にしてから、審議会はたびたび開催されているが、この件に関するＡＳＢＪからの説明や資料の提供はない。ないものは見せられないということであろう。そうしたことを見通してか、二〇一三年四月二三日の審議会では辻山栄子委員が次のように発言している。

「これまでのこの場の議論の中で、高品質で単一な基準というものは何ですかというのはわからないんだということになっているんですね。ですから、それ（高品質で単一の基準）があたかもあるかのような議論はおかしい。今日の議論をよく思い返していただきますと、それ（高品質で単一の基準）をめぐって世界がここまで一三年きているということを認識しておく必要がある。ですから、高品質な単一の基準があって、それを日本に入れるべきだ、あるいは、そうすることによって比較可能性が高まるという、そういう議論は危険だと思います。もうちょっと慎重にきちんと議論すべきだと思います。」

先にも書いたが、どこの国も、求めて「低品質の会計基準」を設定してきたわけではない。どこの国も、日本もアメリカも、ドイツもフランスも、カナダもオーストラリアも、インドも韓国も、それぞれに「高品質」と考える会計基準を設定してきたはずである。それを頭ごなしに、しかも根拠や判断基準も示さずに、「IFRSのほうが高品質だ」「だから、貴国の低品質の基準を捨てて、IFRSに移行せよ」と言うのである。軍事力と経済力で世界を支配するアメリカが言うなら、多少は理解できる。軍事力でも経済力でも、数十か国が団結しなければアメリカにも、中国にも、日本にも対抗できないヨーロッパが言う話ではないであろう。ナショナリストでなくとも、分かってもらえる話であろうと思う。

6 会計基準は「合意の高さ」が生命

「正しい会計基準」が最初からあるわけではない。それは、身近な例で言うと、「正しいゴミの出し方」が最初からあるわけではないのと同じである。関係者の合意(コンセンサス)が高いルールが「正しい」とされるだけで、その「正しい」とされたルールも、環境や技術、住民意識などが変われば、「正しくない」とされて、次の「正しい」ルールが合意されるのである。

IFRSは、上に紹介したように、十分なコンセンサス(合意)が得られないままにルール作りを進めてきたことは否定できない。一応の合意があったといわれる「概念フレームワーク」であるが、そこで合意したのは、会計情報の利用者を「現在および将来の投資家と債権者」と措定して、財務報告の目的を「投資家や債権者が企業に投資または与信するにあたっての意思決定に必要な財務情報を提供すること」とした点である。

「投資意思決定に必要な情報」の提供を目的として措定すれば、どんな情報でも、目的に適合した情報だと主張できる。公正価値（時価）が重視されるのも、原価が軽視されるのも、資産除去債務が計上されるのも、退職給付債務が時価で計上されるのも、負債を時価評価するのも、営業利益や当期純利益の表示が禁止されるのも、低価法が強制され後入先出法が禁止されるのも、すべて「投資家」の情報ニーズから決められると言うのだ。

つまり、いまの概念フレームワークを前提とすれば、どんな内容の会計基準でも合理的な説明が付けられる。ＩＡＳＢは、どんな会計基準でも設定することができる非常に便利な「魔法の杖」を手にしているのである。そのうちに、「経営者は会社を売る気があるか、いくらなら売ろうと考えているか」「海外の工場などを売る気があるのか、いくらなら売るか」「所有している土地・建物は、いくらで売れそうか」「所有している不動産を売却処分するときの障害はなにか」といった「Ｍ＆Ａ情報」から、「経営者の趣味は何か」「月に何回ゴルフにいくか」「たばこを吸うか、日に何本吸うか、社内に喫煙室があるか」「社長の英会話・海外経験はどの程度か」「政治家や官僚とはどのようなつきあいをしているか、いくらお金をかけているか」といった非財務情報までも「投資家が必要としている」という理屈だけで、企業に開示を要求できるのである。

第16章　ＩＦＲＳ財団プレスリリースの波紋

1　ＩＦＲＳ財団のプレスリリース
2　ＩＦＲＳ任意適用要件の緩和
3　「当面の方針」が示唆する「エンドースメント」
4　四つの会計基準
5　モニタリング・ボードの構成
6　モニタリング・ボードのメンバー要件

1　IFRS財団のプレスリリース

最初に、この二年間ほどの間に起こったことを概観しておく。まずは、「中間的論点整理」とその後である。

・**二〇〇九年七月、企業会計審議会「中間的論点整理」を公表。**「連単分離（連結財務諸表にIFRSを適用することがあっても単体の財務諸表（単体）には日本の会計基準を適用する）」と「IFRSについては任意適用の積み上げを図る」という基本方針を確認した。

・**二〇一一年一〇月二日、金融庁企業会計審議会総会・企画調整部会合同会議（以下、企業会計審議会と略す）開催。**議題は、(1)SECスタッフ報告書、(2)IASBの最近の動向、(3)デュー・プロセス・ハンドブック公開草案への対応の三点で、「中間的論点整理」が「今後の検討課題」として列挙した諸点は議題として取り上げられていない。

以下は、すべて二〇一三年になってからのことである。

・**三月一日、IFRS財団「国際会計基準（IFRS）財団モニタリング・ボード　プレスリリース『モニタリング・ボード、メンバー要件の評価アプローチを最終化し、議長選出を公表』」を公表。**「任意適用国」を認め、かつ条件付きで一部のカーブアウトを許容するという内容。詳細は後で紹介する。

・三月二六日、企業会計審議会開催。 ＩＦＲＳに関する議題は、⑴カナダ・韓国の状況について、⑵ＩＦＲＳ財団のガバナンス改革について、⑶会計基準アドバイザリー・フォーラムについて、⑷日本経済団体連合会からの報告、の四点で、ここでも「中間的論点整理」が「今後の検討課題」として列挙した諸点は議題とされていない。この日の審議会において、金融庁から、上記のＩＦＲＳ財団のプレスリリースについて説明があった。これに関しては、佐藤行弘委員（三菱電機（株）常任顧問（当時））から意見が出ただけで、他には質問も意見もなかった。

この日の企業会計審議会の後、以下に紹介するように、わが国の会計界・産業界が「水鳥の羽音に驚いて軍勢を乱した平家」のごとく右往左往するのであるが、この日はまだ、このプレスリリースが出て日が浅く、その「意図」「狙い」が十分に伝わっていなかったのかもしれない。それだからと思われるが、この日の会議の終わりころに、安藤英義会長から「まだ時間ございますので、これまでの議論について全体的なご発言でも結構でございます。戻っても結構でございますから、ご発言がおありでしたらお願いしたいと存じます」と、質問・意見を促すメッセージが送られたが、誰からの発言もなく、この日の審議会は終了している。

2　ＩＦＲＳ任意適用要件の緩和

・三月二六日、日本経済団体連合会「国際会計基準（IFRS）への当面の対応について」公表

　同日開催の企業会計審議会において資料が配布された。経団連事務局としては、任意適用企業は約六〇社ほどになること、その六〇社の時価総額は約七五兆円で、韓国、ロシア、シンガポールなどの資本市場に匹敵すると推計。金融庁に、企業の予見可能性（ＩＦＲＳを採用するかどうかの判断ができるような条件を明示すること）を高められるよう、「今後の審議会の時間軸（ロードマップ）」を示すように要望。

・四月二三日、企業会計審議会を開催

　議題に上ったのは、(1)ＩＡＳＢと各国基準設定主体との意見交換を行う場として設立された「会計基準アドバイザリー・フォーラム（ＡＳＡＦ）」の紹介、(2)ＡＳＡＦで問題となった「概念フレームワーク」「リサイクリング」など。事務局を務める金融庁からは、モニタリング・ボードのメンバー要件（ＩＦＲＳの顕著な使用）の話や「日本がエンドースメントしたＩＦＲＳ」、つまり、わが国の企業にとって四つ目の会計基準（日本基準、アメリカのＳＥＣ基準、純枠ＩＦＲＳに加えて、日本版ＩＦＲＳ：Ｊ―ＩＦＲＳ）が示唆された。この段階でも、ＩＦＲＳ財団のプレスリリースが日本へ与える衝撃の大きさは、あまり理解されていなかったのではないだろうか。少なくとも審議会の議事録（速記録）を読む限り、この日の審議会で、プレスリリースが「モニタリング・ボード・メンバーの要件」としたことを真剣に議論した形跡はない。

・五月二八日、企業会計審議会を開催

この日は、(1)ＩＦＲＳの任意適用要件の緩和について、(2)ＩＦＲＳの適用の方法について、(3)単体開示の簡素化について、の三点が議題とされた。特に注目すべきは、日本企業のうちＩＦＲＳの任意適用が認められているのは、(1)上場要件を満たし、(2)

図表１　任意適用企業数等

単位：社

<table>
<tr><td rowspan="3">有価証券報告書提出企業数（注 1）
4,061</td><td rowspan="2">上場企業数（注 2）
3,550</td><td>外国に資本金 20 億円以上の連結子会社を有する企業数
621</td><td>IFRS 適用企業数（注 3）
20</td></tr>
<tr><td>外国に資本金 20 億円以上の連結子会社を有しない企業数
2,929</td><td></td></tr>
<tr><td>非上場企業数
511</td><td></td><td></td></tr>
</table>

（注 1）関東財務局 HP 有価証券報告書受理件数（平成 25 年 3 月 11 日現在）より
（注 2）平成 25 年 3 月 31 日現在
（注 3）IFRS 任意適用済企業 12 社と適用予定公表企業 8 社（平成 25 年 5 月 22 日現在）

（出典：企業会計審議会配付資料，2013年５月28日）

かつ外国に資本金二〇億円以上の連結子会社を有している会社（現在六二一社）であるが、この⑴と⑵の要件を緩和することの提案である。⑵の要件を外せば、ＩＦＲＳを任意適用できる会社は全上場会社の三、五五〇社になり、さらに⑴の上場要件も外すと、有価証券報告書を提出している会社四、〇六一社がすべて任意適用できることになる（企業会計審議会における金融庁の説明。会社数は二〇一三年三月三一日現在。図表1参照）。「ＩＦＲＳの適用の方法」については、現行の「指定国際会計基準」がピュアなＩＦＲＳの適用を前提としているのに対して、個々のＩＦＲＳをエンドース（ＩＦＲＳを個々に検討して自国基準に取り込む）する方式を取り入れ、「一部の基準をカーブアウトしたＩＦＲＳ（Ｊ－ＩＦＲＳ）」を認容する制度が審議された。

・六月一〇日、日本経済団体連合会「今後のわが国の企業会計制度に関する基本的な考え方―国際会計基準の現状とわが国の対応―」と題する提言を公表

「今後の会計制度を考える上での基本的視点」として、⑴国際的な同等性に影響を及ぼさない範囲で高品質な会計基準の併存を容認し、⑵大多数の日本企業が使用する基準として高品質な日本基準を維持すること等が重要であることを指摘し、「現行の枠組みを維持しながら、任意適用を円滑に拡大していく施策を講じる」ことを提言している。

・六月一二日、企業会計審議会を開催

事務局（金融庁）が「これまでの議論の整理」と題する文書を作成し、審議会としての当面の

対応として、(1)「任意適用要件の緩和」、(2)「IFRSの適用の方法」、(3)「単体開示の簡素化」の三点について整理することを提案。エンドースメントに関しては、「IFRS任意適用企業の増加を図る中で、エンドースメントプロセスを取り入れることは、非常時の対応など我が国の国益を確保する観点から有用」「一部の基準を修正することができるという意味でのエンドースメントの仕組みが必要」「エンドースメントされたIFRSは、ピュアなIFRSと現行日本基準との中間に位置するもの」と整理している。

・六月一三日、自由民主党金融調査会・企業会計に関する小委員会「国際会計基準への対応についての提言」

具体的な対応として、「二〇一六年末までに、国際的に事業展開をする企業など、三〇〇社程度の企業がIFRSを適用する状態になるよう明確な中期目標を立て、その実現に向けてあらゆる対策の検討とともに、積極的に環境を整備」することを主張している。なぜ二〇一六年なのか、なぜ三〇〇社程度なのかに関しては、後述する「IFRS財団モニタリング・ボード」と深い関係があるので、そこで取り上げる。

・六月一九日、企業会計審議会を開催

金融庁が「国際会計基準（IFRS）への対応のあり方に関する当面の方針（案）」を提示し、さらに審議会の安藤英義会長が「文案の作成に当会長も十分関与している」と発言して、方針

（案）の承認を求めた。この方針（案）は、若干の字句修正を経て、同日付で、正式な文書として公表されている（以下では「当面の方針」と呼ぶ）。

3 「当面の方針」が示唆する「エンドースメント」

詳しい内容については次章において紹介・検討するが、エンドースメントに関してはつぎのように述べ、「日本版ＩＦＲＳ（Ｊ―ＩＦＲＳ）」の設定を謳いあげている。

「ピュアなＩＦＲＳのほかに、我が国においても、『あるべきＩＦＲＳ』あるいは『我が国に適したＩＦＲＳ』といった観点から、個別基準を一つ一つ検討し、必要があれば一部基準を削除又は修正して採択するエンドースメントの仕組みを設けることについては、ＩＦＲＳ任意適用企業数の増加を図る中、先般の世界金融危機のような非常時に我が国の事情に即した対応を採る道を残しておくことになるなど、我が国における柔軟な対応を確保する観点から有用であると考えられる。」

これが実行されるならば、日本基準、米国（ＳＥＣ）基準、ピュアなＩＦＲＳ、エンドースされたＪ―ＩＦＲＳという四つの会計基準群が併存することになり、制度として分かりにくいとか利用者の利便に反するといった懸念もあるが、「当面の方針」では、「ＩＡＳＢに対する意見発信やコンバージェンスに向けた取組み等、単一で高品質な国際的な会計基準がグローバルに適用される状況に向けての努力は継続されるべきであり、四基準の併存状態は大きな収斂の流れの中での一つのステップとして位置付けることが適切である」として、四つの基準群の併存は過渡期的な状況であり、いずれ次第に（二つなり三つに）収斂《しゅうれん》されるという理解を示している。

4　四つの会計基準

本当に、四つの基準群がさらに少数に収斂されるのかどうかは、将来のことであり、予断できないが、日本基準がなくなることは想定し難いし、ピュアなＩＦＲＳを消すことを想定するのは現実的ではない。かといってアメリカの基準（ＳＥＣ基準）を使ってきたのは日本の代表的な企業群であることを考えれば、アメリカ基準を選択肢から外すのは経済界の抵抗が大きい。となると、四つの基準群から最初に消える（消される）可能性が最も高いのは、日本版ＩＦＲＳであろう。

そうなると、任意適用の条件が緩和されても、何か特別な「仕掛け」でも企まない限り、Ｊ－ＩＦＲＳを任意適用する企業が増えるかどうか不明である。考えられる「仕掛け」「企み」の一つが「Ｊ－ＩＦＲＳを採用することにした企業への強制適用」ということにでもなれば、「だまし討ち」である（審議会では、そうした当事者の誠意を問うような発言も出ている）。

5　モニタリング・ボードの構成

日本版IFRS構想が急速に表面化したのはなぜか。この話の発端は、上に紹介した三月一日の、IFRS財団モニタリング・ボードが発表した「プレスリリース」である。図表2を参照しながら読んでいただきたい（この図表は、企業会計審議会の配付資料「IFRS財団のガバナンス改革について」に収録されたものである）。

IFRSはIASB（国際会計基準審議会）が開発してきたが、このIASBの活動を監視監督しているのが評議員会（Trustees）で、IASBメンバー等の指名や財団の資金調達を担当している。こうしたIFRS財団の運営に関しては、多くの関係国・者からガバナンスの面で構造的な問題があると指摘されてきた。そうした批判を受けて、IFRS財団の外に「モニタリング・ボード」を新設して、評議員の選任の承認などを通した監視を行うことになった。

このモニタリング・ボードのメンバーは、スタート当時五席で、日本の金融庁、アメリカの証券取引委員会（SEC）、EUの欧州委員会がそれぞれ一席（以上の三者は、アジア、北米、欧州という法域を代表していると考えられる）、証券監督者国際機構（IOSCO）が二席を与えられている。IOSCOの二席は、代表理事会の代表としてオーストラリアの証券投資委員会（ASIC）と新興市場委員会の代表としてトルコの資本市場委員会が占めていた。

上記のプレスリリースは、ブリュッセルで開かれた会合において合意されたことを記載したものであるが、そこに、わが国にとって非常に重要なことがいくつか書かれている。最も影響が大きいと見られているのは、モニタリング・ボードのメンバー要件である。以下、企業会計審議会の席で金融庁が配布した仮訳によって、この要件を紹介する。

IFRS財団は民間の組織として編成されているが、モニタリング・ボードのメンバーは、「各法域（jurisdiction）において用いられる財務報告の形態と内容を決定する資本市場規制当局（capital markets authority）でなければならない」とされているのである。要するに「虎の威」を借りなければ、IFRS財団は「業界の自主規制」の域を出られないのである。

6　モニタリング・ボードのメンバー要件

メンバーの要件としては、「該当する市場においてIFRSが顕著に使用される」ことが挙げられ、その「IFRSの使用」については、以下のように、総則、定量的要素、定性的要素の三点が示されている。著者が重要と考える個所にサイドラインを付けた。

総則は二つある。

「(a)当該国（既存のメンバー国と新規にメンバーとなる候補の国を指すものと思われる）は、ＩＦＲＳの適用に向けて進むこと、及び、最終的な目標として単一で高品質の国際的な会計基準が国際的に受け入れられることを推進すること、について明確にコミットしている。このコミットは、当該市場で資金調達する企業の連結財務諸表についてＩＦＲＳの適用を強制又は許容し、実際にＩＦＲＳが顕著に適用されている状態となっている、もしくは、妥当な期間でそのような状況へ移行することを既に決定していることにより裏付けられる。」

「(b)適用されるＩＦＲＳはＩＡＳＢが開発したＩＦＲＳと本質的に同列のもの

図表２　国際会計基準(IFRS)財団の組織について

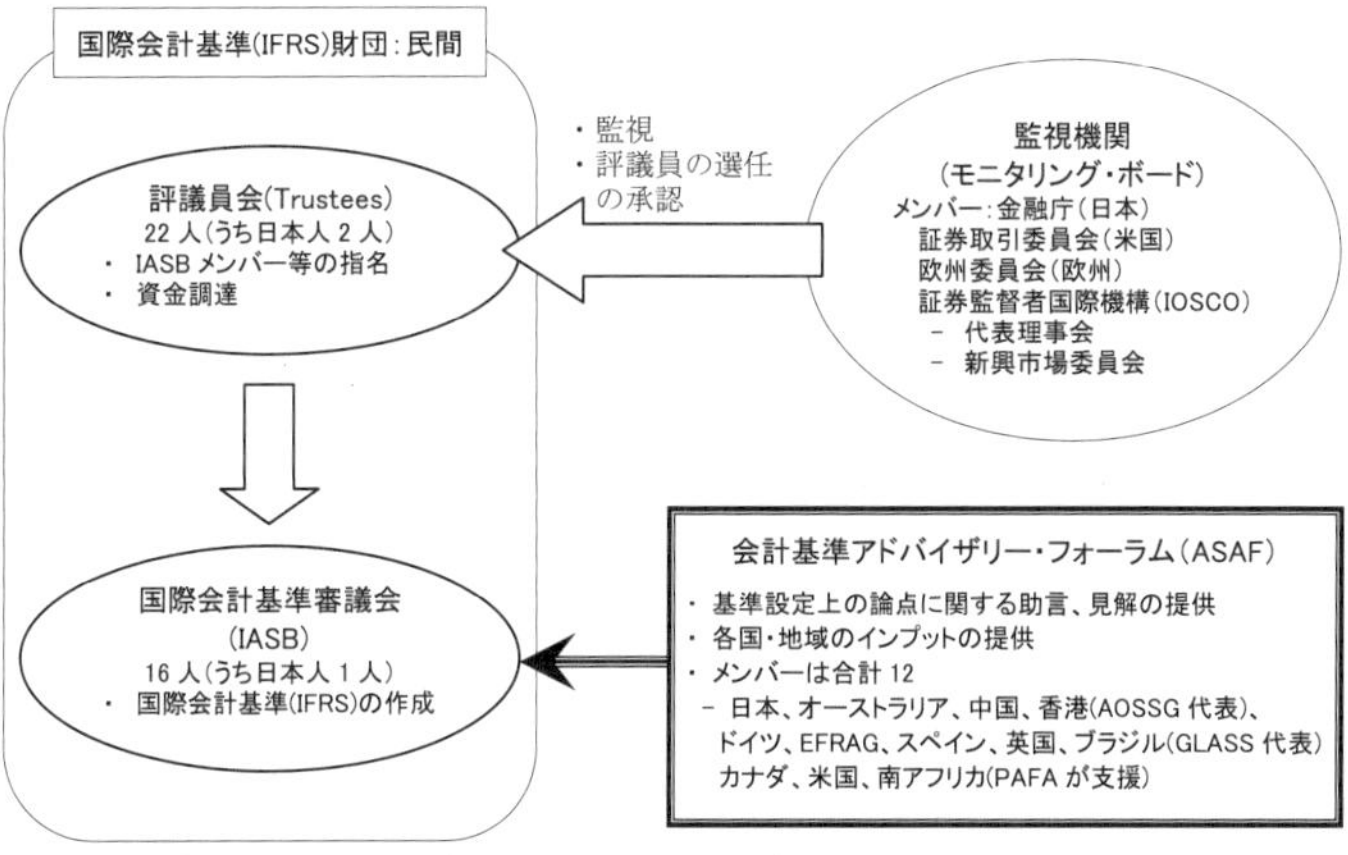

（出典：企業会計審議会配付資料，2013年４月23日）

(align) で、起こり得る例外は、一定の基準もしくはそこから生じる一部が経済もしくはその他の状況に関係していない、もしくは当該国の国益に反する可能性がある、という場合に限定される。一定の基準もしくはそこから生じる一部を開発する際のデュープロセス履行上何らかの欠陥があった場合には、例外や一時的な使用中止も許容しうる。」

(a)は「財団のモニタリング・ボードのメンバーを出せる国」の要件として、「IFRSが国内で顕著に使用されている状態であること」を掲げ、(b)では、ピュアなIFRSと違う「例外」「除外」(exceptions)」が認められるのは、「当該国の国益に反する可能性がある」場合などに限られ、IFRSに何らかの欠陥があった場合には「例外処理」や「一時的使用中止」も認められることを明記している。

(b)のような内容のことを決めるのは、本来、IASBであるはずであり、モニタリング・ボードがこうしたことを決めるというのはやや越権行為ではないかと考えられなくもない。ただし、モニタリング・ボードのメンバーが「各法域における資本市場規制当局」つまり、「官」であることからすると、「IFRSの例外処理」や「一時的使用中止」について法的な承認を与えたといってよい。リーマン・ショックの「学習効果」であろう。

「定量的要素」と「定性的要素」はつぎのように述べられている。

「定量的要素

(c)当該国は、時価総額の規模、上場企業数、クロス・ボーダーの資本活動に照らした上で、国際的な文脈における資金調達のための主要な市場であると考えられる。

定性的要素

(d)当該国は、ＩＦＲＳの策定に対し、継続的に資金拠出を行っている。

(e)当該国は、関連する会計基準の適切な実施を確保するための強固な執行の仕組みを整備し、実施している。

(f)国・地域の関連する基準設定主体が存在する場合、ＩＦＲＳの開発に積極的に貢献することにコミットしている。」

わが国の場合、定量的な要素も定性的な要素も十分に満たしているといってよいであろう。(d)はメンバーを維持したいかメンバーになりたい国は「資金を提供するように」という話であるが、各国・地域がどれくらいの資金を拠出してきたかは第19章で紹介する。

モニタリング・ボードは、ＩＦＲＳ財団の評議員選任の承認等を通じてＩＦＲＳ財団（評議員会とＩＡＳＢ）を監視する組織であるが、規制当局の集まり（現在は、アメリカのＳＥＣ、日本の金融庁、ＥＵの欧州委員会、ＩＯＳＣＯなど）であることから、ＩＡＳＢ・ＩＦＲＳに対しては「無言の圧力」をかけられる立場にある。

それだけ大きな権限を持った組織であればどこの国・地域も委員席を確保したいと考えるであ

ろう。ＩＦＲＳ財団への資金提供額の多さもあるであろうが、いまだ「ＩＦＲＳ連盟」に加盟していない経済大国（アメリカと日本）が委員席のうち二つも確保しているというのは、「ＩＡＳＢ・ＩＦＲＳ連盟」という組織としては異常である。

ＩＦＲＳの採用（アドプション）に極めて消極的なアメリカ（ＳＥＣ）や、どっちつかずの姿勢を示してきた日本（金融庁）にまで「寛大・寛容に」譲るなどというのは、「一〇〇か国以上のＩＦＲＳ世界」からすると「許しがたい」話である（はずである）。

世界の大規模資本市場であるアメリカと日本を外した国際基準となれば、「弱者連合の会計基準」になり下がる。ＩＡＳＢとしては、ここは、何としてでもアメリカと日本を取り込まなければならない。日本とアメリカは、ＩＦＲＳへの影響力を保持するために、メンバー席を確保し続けたいであろう。そこらあたりを見越してか、プレスリリースでは、「既存メンバーの定期的な見直し」を三年ごとに行うこと、次回の見直しは二〇一六年に行うこと、見直しにあたっては国内の財務報告制度にＩＦＲＳを組み込んでいるかどうかを評価することなどが示唆されている。

上で紹介した自民党企業会計に関する小委員会の提言が「二〇一六年末までに三〇〇社」という中期目標を掲げるのは、メンバーの見直しに間に合わせようという話である。このあたりの話から、いったん消えたはずの「強制適用」という幽霊がまたぞろちらつき始めるのであろうか。

第17章　「だまし討ち」を警戒する産業界

1 「当面の方針」は総意に非ず

二〇一三年六月一九日、企業会計審議会が開催された。その席で、金融庁が「国際会計基準（IFRS）への対応のあり方に関する当面の方針（案）」を提示し、若干の字句修正を経て、同日付で、正式な文書として公表されている（以下では「当面の方針」と呼ぶ）。ただし、審議会での議論は、議事録を読む限り、かなり白熱化しており、会議が紛糾している。

一番議論が紛糾したのは、「日本版IFRSの任意適用条件の緩和」と「(任意適用した企業に対する) 強制適用の可能性」であった。日本版IFRSを受け入れやすいものにして採用企業を増やした後で、突然、「任意適用している企業に強制適用」とするようなことにでもなれば、「だまし討ち」（同年五月二八日の審議会における斎藤静樹委員の発言。その後の審議会で、多くの委員が口にしている）に近い。「当面の方針」は、読みようによっては、そのための布石かと勘繰りたくなるような内容になっている部分もある。「当面の方針」は必ずしも審議会の総意ではないのである。

2　何が変わったのか

企業会計審議会が「中間的論点整理」を取り纏めて、「連単分離」と「任意適用の拡大」を打ち出したのがその一年前の二〇一二年七月であった。この一年間のおおざっぱな動きはすでに紹介したとおりで、二〇一三年の三月までは、「中間的論点整理」が示したシナリオに変更はないと見られていた。ところが三月末あたりからたびたび審議会が開催され、大慌てで「当面の方針」を取り纏めたのである。そこでは、一年前にはすでに話題にもならなくなっていた「強制適用」の話が、幽霊のごとく浮かび上がってきており、産業界などからは「オブラートに包んだ良薬（任意適用）を飲んだら、劇薬（強制適用）に変わった」といった「だまし討ち」を警戒する声が聞こえてきている。

直接の原因は、前章に紹介したように、ＩＦＲＳ財団モニタリング・ボードの「プレス・リリース」（三月一日）であった。プレス・リリースが発表された後、たびたび審議会は（三月二六日、四月二三日、五月二八日、六月一二日、六月一九日）開催されているが、プレス・リリースが示した「モニタリング・ボード・メンバーの要件」を日本が満たすためには何をするべきかをまともに議論したのは、五月二八日になってからである。それからわずか二週間後の六月一二日には、金融庁から「当面の方針」として、(1)「任意適用要件の緩和」、(2)「ＩＦＲＳの適用方法」、(3)「単体開示の簡素化」について整理することが提案され、これを基に、その一週間後の一九日に「当面の方針」を公表するのである。

「当面の」という限定が付いているにしても（いや、そうした限定が付いているからこそ）、現に純粋ＩＦＲＳを任意で適用している会社、ＩＦＲＳの適用を検討している会社、監査法人などから強くＩＦＲＳ採用を迫られている会社、ＩＦＲＳは自社には向かないと考えている会社、自分たちには適用されないと説明されてきた中小の会社にとっては、半年ほどの間にこれだけ変われば、落ち着いて対応を考えることさえできないであろう。「当面の方針」というからには、「応急処置」か「止血」くらいの意味合いだとすれば、長期的な対応を見据えてのことではないという話かもしれない。「当面の」というときの「当面」は一年かもしれないし半年かもしれないのである。そしてまた、一年か二年後には、違うベクトルを持った「当面の方針」が採られるとすれば、各企業は振り回されるだけ振り回され、コンサル会社や監査法人、情報処理会社だけが潤うことになりかねない。

3 「任意適用の緩和」は誰のためか

(1)の「任意適用要件の緩和」は、ＩＦＲＳ採用企業を増やして収益を拡大したいという監査法人、証券取引所、証券会社、コンサル会社、情報処理会社などの強い後押しもあったであろう。聞くところによれば、審議会が二〇〇九年に「我が国における国際会計基準の取扱いに関する意見書（中間報告）」を公表した後、「ＩＦＲＳは全上場企業に強制適用」というシナリオがまことしやかに喧伝され、上記の監査法人やコンサル会社などがＩＦＲＳ対応を売りこむために巨額の投資をしたという。監査法人も、内部統制騒動で荒稼ぎしたあと、金になる仕事がない。ＩＦＲＳは、次の荒稼ぎの格好の材料とばかり、同様に巨額の投資をしている。

しかしながら、現実にＩＦＲＳを任意適用することにしたのは、現時点で、わずか二〇社程度である。これでは、巨額の投資を回収することはできない。不思議なことに、ＩＦＲＳを猛烈に売り込んできたコンサル会社も情報処理会社も、どこもＩＦＲＳを採用していないのである。もっと疑問なのは、英米の会計事務所と提携関係にある日本の監査法人はともかく、日本のコンサル会社や情報処理会社に、果たしてＩＦＲＳの専門家がどれだけいるのであろうか。不思議でもあり、不安でもある。

もう一つ、聞いた話を紹介する。あるコンサル会社は、あまりの巨額投資を回収できなくて、親会社の存続に危険信号が点ったという。あるコンピューター系の会社では、ＩＦＲＳ関係の部署が会社の業績の足を引っ張ることから、ＩＦＲＳを担当するグループは「早く投資を回収」するように吊るしあげをくらっていると言う。

4　受け入れ態勢は万全？

審議会の席では、会計士業界の委員から「会計士業界ではＩＦＲＳ対応は完璧です」とか「監査業界の準備は整っています」といった発言があるが、私の知る限りでは、ＩＦＲＳについて「いつでもＯＫ」「どんなことでもＯＫ」という会計士は、皆無と言えば失礼であるが、「ほぼ皆無」である。

私がしばしば取り上げてきた「実質優先主義」と「離脱規定」の役割と関係、会計基準の品質問題、「概念フレームワーク」に潜む問題点、「原則主義」における会計実務のありよう、「発生主義」の非現実性、「包括利益」の説明可能性、……などなどの基本的問題にしても、負債の時価評価、金融商品の評価に使う公正価値の根拠、伝統的な資産概念からは説明できない「資産除去債務」の資産計上、のれん非償却問題、タネを蒔いただけで収益を計上する農業会計、いつまでたっても定まらない収益計上基準、といった実務的な諸問題を、ＩＦＲＳの立場から、私が理解・納得できるような解説・説明をしてくださった会計士は、非常に残念ながら、私がお会いした限りでは、「皆無」と言わざるを得ない。

ＩＦＲＳへの対応ができる人材は、それほど多くはない。英米諸国の会計哲学・会計実務に精通していて、しかも英語が堪能な人材は日本国内には極めて少数しかいない。ＩＦＲＳを採用している企業が少数であることから、日本では実務を経験する機会も少ない。

海外生活の長い会計士はたくさんいるが、日本の会計士が海外で担当する仕事は、ほとんどが海外進出する日本企業の「税務顧問」であって、現地基準による財務諸表の作成（決算）ではない。仮にそうした仕事があっても、現地の会計士が担当する。だから英米で一〇年仕事をしようと二〇年仕事をしようと、英米の税には精通するようになっても財務報告（決算）には疎い方が多いのである。それはやむを得ないことである。

日本の監査法人が当てにしているはずのアメリカの会計事務所では、一時の「ＩＦＲＳ熱」はどこへやら、今ではほとんど話題にならないという声も聞く。そうであろうと思う。肝心のアメリカ証券取引委員会（ＳＥＣ）がＩＦＲＳに対する関心を失いかけているのである。アメリカの会計事務所にしてみれば、アメリカの企業が採用を認められていないＩＦＲＳに、貴重な人的・財務的資源を投入する意味がない。アメリカの会計事務所が書いてきた「ＩＦＲＳ解説書」を翻訳して日本企業に売り込んできた日本の監査法人やコンサル会社は、ＩＦＲＳやその修正案などを「自己解釈」して日本企業に紹介しなければならなくなった。解釈に誤解があっても、これまではアメリカの提携事務所のせいにできたが、いまはそうはできない。

こんなことを書かれると、会計士業界で活躍されている方々には、ご批判やご不満があると思う。何も敵対的である必要はないので、私は、フレンドリーな雰囲気でＩＦＲＳの諸問題について意見交換する場ならいつでも持ちたいと思っているし、そうした提案をしてきた。ただ残念ながら、お会いする会計士の皆さんと意見交換したいと考えても、皆さんがしばしば口にされるのは、「事務所（監査法人）を通さないと意見は言えない」「事務所の広報を通してください」である。所属する事務所（各監査法人が陰で会計士協会の「指導」を受けていることをほのめかす会計士もいる）の方針とはいえ、個人的に意見交換することも許されない現状は異常というしかない。中には正直に「箝口令《かんこう》が布《し》かれています」と打ち明ける会計士もいる。

5 産業界は情報不足か、勉強不足か

すでに紹介したことであるが、東洋経済新報社の『会社四季報』（ワイド版、二〇一三年二集）では、全上場企業三、五五二社に対してＩＦＲＳの適用状況に関するアンケートを実施して

いる。回答を寄せたのは二、〇一三社、回答率五六・六％であった。

強制適用に関しては、有効回答企業一、九二五社の九四％の一、二二五社が「強制適用になる可能性が高い」と判断しているというのだ。前年六月に審議会から「中間的論点整理」が公表されたが、そこでは「強制適用」の話はほとんど問題にもされず、「（強制適用ではなく）任意適用の積み上げ」を図ることが謳いあげられている。それにもかかわらず、依然として、非常に多くの上場企業がまったく逆ともいえる「ＩＦＲＳは強制適用される可能性が高い」と考えるのはなぜであろうか。失礼ながら、各社の経理担当スタッフは、「中間的論点整理」をほとんど読んでいないのである。きっと今回の「当面の方針」も読まれることはないのではなかろうか。

経営者や経理部門の責任者が「ＩＦＲＳは強制適用される」と考えるのは、多くの経営者や経理担当者が言うように、監査法人やコンサル会社からそう教え込まれているからである。ＪＦＥホールディングス株式会社の常勤監査役であった山崎敏邦氏は、「（ＩＦＲＳ適用の）対象が広いほど収益獲得のチャンスが大きくなると考えている人達は健在であり、（ＩＦＲＳの任意適用から強制適用へ）巻き返すチャンスを狙っているのは確かである」と、強い危惧と不快感を表明している（『産業経理』二〇一三年四月号）。今回の「当面の対応」は、意図してか結果としてかはともかくも、そうした人たちにとって巻き返しになっていることは確かである。

二〇一三年五月二八日の審議会では、加護野忠男委員（甲南大学特別客員教授）から、監査法人の対応次第では任意適用が強制されるとして、「実質的には、任意ということであっても、ある種の強制が働いてしまうという場合がある……国際的な監査法人が、監査法人の中の品質基準に合わせようと思うとIFRSを採用してもらわないと困るという条件を設定した場合、企業としては従わざるを得ない。それは任意ではなくて、強制適用の一種になってしまう」と警告が発せられている。

6 「オブラートに包んだIFRS」

(2)の「IFRSの適用方法」は、適用企業を増やすために、現在の任意適用が条件としている「純粋IFRS」よりも呑みこみやすい「日本版IFRS」を用意する必要があるとして提案されている。

少し詳しく述べると、わが国の企業が任意適用するIFRSは、金融庁長官が「指定国際会計基準」として定めることになっている（連結財務諸表規則第九三条）。「指定国際会計基準」を定めるにあたっては、一部のIFRSを指定しないことも可能であるが、一部の基準を修正（カーブアウトやカーブイン）する手続は規定されていない。そのために、現在では、IASBが設定したすべてのIFRSが、そのまま「指定国際会計基準」とされている。純粋IFRSの内容については、「基本的考え方として受け入れ難い項目や、日本の経営、事業活動の実態にそぐわず、また、導入コストが過大であると考えられる項目が存在し、また、（ＩＡＳＢが）開発中の項目も存在する」（二〇一三年六月一二日の審議会で配布された「これまでの議論の整理」。ほぼ同文が「当面の方針」に盛り込まれている）ことから、純粋ＩＦＲＳを指定国際会計基準とする方式ではＩＦＲＳを採用する企業が急増することは期待できない。そこで考えられたのが、「オブラートに包んだＩＦＲＳ」つまり「日本版ＩＦＲＳ（Ｊ―ＩＦＲＳ）」であろう。

7 「単体の簡素化」は産業界への飴玉か

「当面の方針」においては、(3)「単体開示の簡素化」をメインテーマの一つにしているが、読んでいてどうもしっくりこない。(3)の「単体開示の簡素化」は、(1)「任意適用要件の緩和」と(2)「ＩＦＲＳの適用方法」を引き出すための産業界に対する飴玉かも知れない。その話を書きたい。

平成二一（二〇〇九）年に審議会が取り纏めた「中間報告」では、ＩＦＲＳの受け入れについては「連結先行」で対応する考えが打ち出された。「連結先行」とは、連結財務諸表の会計基準と個別財務諸表（単体）の会計基準の間で整合性が失われない範囲で前者（連結）の会計基準を後者（単体）の会計基準に先行して改訂していくという考えを言うとされた。このような対応を取る場合には、「いずれ単体にもＩＦＲＳが適用される」のであるから、ＩＦＲＳへの対応を審議する審議会としても単体の問題をメインテーマとするのが当然であった。

しかし、二〇一二年七月の「中間的論点整理」では、「中間報告」が打ち出した「連結先行」論を否定して、明確に「連単分離を前提に」「(連結財務諸表に対する)任意適用の積み上げ」を図ることが謳《うた》いあげられているのである。連単分離となれば、ＩＦＲＳに関連する議論は連結だけの問題であり、単体の問題は議論から外れるはずである。

審議会が急いでいるのは、「モニタリング・ボード」が出したプレスリリースへの対応策であり、単体の問題はいま急いで決めなくてもよいはずである。国際的な問題への対応を議論しているときに、国内だけで解決できる問題を俎上《そじょう》に載せるのは産業界との駆け引きの材料とされた観をぬぐえない。

開示情報の内容を問題とするのであれば、まずは企業会計基準委員会（ＡＳＢＪ）に諮《はか》るのが、審議会とＡＳＢＪの役割分担に合う話であろう。これまでもＡＳＢＪでは「上場会社の個別財務諸表の取扱いに関する検討会」(二〇一〇年)を開催してきたのである。今回、大慌てで、このテーマを「当面の方針」に盛り込んだのは、「ＩＦＲＳ強制適用」を警戒して(1)と(2)の話に乗ろうとしない産業界への懐柔策とも取れる。

8 「土俵」が違う単体簡素化論

実は、この単体の簡素化については、審議会では、懐疑的・否定的な意見や「議論をする場が違う」といった発言が相次いでいる。審議会の席で、万代勝信委員が、こんな質問をした。

「この簡素化というのをどういうレベルで考えていけばいいのかという質問です。……IFRSの導入に絡《から》んで、大変だから少し単体を簡素化しましょうというレベルで考えるのか、それとも……会社法と金商法の財務諸表の体系までどうあるべきかという、そのあたりまで考えて、この簡素化ということを考えていくのか。」

この質問に対して金融庁栗田企業開示課長（当時）は、「今おっしゃっている、多分真ん中ぐらいかなと思いまして、金商法と会社法の体系そのものまで根本的に変えるというところまでは考えておりません。」と回答している。

開示課長の説明を受けて、辻山栄子委員（早稲田大学教授）は、「この問題はIFRSとの絡みで出る問題ではなくて、（連結財務諸表と個別財務諸表の）主従（関係）が入れかわった（二〇〇〇年の）時点で単体をどう見直すかという議論があってしかるべきで、これをIFRSと絡めますと、いかにも露骨だというのが、私の感想でございます。」と発言し、「議論する場」

が違うと警告した上に「撒《ま》き餌《え》じゃないのか」と言わんばかりの不快感を表明している。

この後、産業界に身を置く八木和則委員（横河電機（株）顧問）が発言を求め、辻山委員の意見に賛同する。「私も今の辻山委員に賛成です。単体開示の在り方については、別にＩＦＲＳを導入するから、どうかするという問題ではなくて、金商法における情報の開示をどうするかという問題だと思います。ＩＦＲＳを任意適用するか、しないかということは、本質的な問題ではないだろうと、思っています。」

「この問題を、ＩＦＲＳにするからここで考えなければいけないということではなくて、あくまで金商法における開示はどうあるべきかという議論をしないと、混乱がまた混乱を生むのではないかと思います。」

辻山委員と八木委員の発言は、審議会として「単体開示の簡素化」を取り扱うのは（今では）「土俵が違う」ことを指摘したのであるが、その後に開催された二回の審議会（六月一二日、六月一九日）ではまったく問題にされず、「単体の簡素化」が「ＩＦＲＳ採用企業の増加策」とセットで提案されるのである。いずれ、八木委員の言うように「混乱がまた混乱を生む」ことになりかねない。

9　紛糾した審議会

「当面の方針」を取り纏めた六月一九日の審議会（企業会計審議会総会と企画調整部会の合同会議）は、かなり異例である。従来、審議会の会長は議事進行に徹し、事務局が準備した原稿を読み上げることが多かったが、今回は、会議の冒頭に、安藤英義会長が「この取りまとめの文案（「当面の方針」の原案）の作成に当たりましては、当会長も十分関与していることを申し添えます。」と述べ、単なる事務局案ではないことを明らかにしている。

委員の中から文案に対する修正の提案が出されると、安藤会長は、「これはこっちへ振れると反対側から食らいますし、わかると思うんですね。これ、（賛否両論がある中で）ぎりぎりの調整でできあがっていますので、それぞれわかるんですが、下手にいじくると蜂の巣をつついたみたいになってしまう可能性があります。ということで、ご意見はよくわかるんですけれども、苦労の策だということで。」として修正案を退けている。最後には「時間がないんですよ、もう。」「多数意見ということでそうさせていただきます。」と締めくくっている。

本章の最初に述べたように、「当面の方針」は審議会の総意とは言いにくい内容になっている。この文書をもって強制適用の布石としたいと考える人たちと、「だまし討ち」を警戒する人たちの間で闘わされるせめぎ合いは、今後ますます激しくなるであろう。「当面の方針」は、わが国におけるＩＦＲＳ対応の「新しい火種」になることは間違いない。

読者諸賢には、ぜひとも「国際会計基準（ＩＦＲＳ）への対応のあり方に関する当面の方針（当面の方針）」と、これを取り纏めた六月一九日の議事録を読んでいただきたい。「当面の方針」だけ読んでも、七色に輝いている部分があって、真の意味が取りにくいところがある上に、読みようによって解釈が変わる可能性もある。審議会の議事録を読むと、この文書がいかなる経緯、バランス、妥協から作文されたものであるかがよく分かる。

(http://www.fsa.go.jp/singi/singi_kigyou/gijiroku/soukai/20130619.html)

第18章　モニタリング・ボードの謎

1　「民」の皮を被ったIASB
2　なぜ「民」が会計基準を作るのか
3　IASBの構造的欠陥―法的権限の欠如
4　自縄自縛のプレスリリース？
5　アメリカは「改心」するか
6　IASB・IFRSは「国連」
7　なぜアメリカの動向を注視する必要があるのか

1 「民」の皮を被ったIASB

前章では、IFRS（国際会計基準）財団の組織と、その活動等を監視する機関として設置された「モニタリング・ボード」の話を書いた。この機関について少し詳しいことを書く。そうは言っても謎だらけの機関でもある。

もともと、IFRS（国際会計基準）を決めるIASB（国際会計基準審議会）は、国際会計基準財団（IFRS財団）と呼ばれる民間機関の一組織である。IASBはIFRSを開発するという最重要な職務を担っているが、組織としては、IFRS財団の中に下部組織として設けられている。その活動に関しては、IFRS財団の中の上部組織である評議員会（Trustees）が監視監督してきた（IFRS財団の構造については、二七一頁に図を示してある）。

しかし、このIFRS財団の運営やガバナンスに関しては、多くの関係国・関係者から構造的な問題を抱えているとの批判があった。そうした批判を受けて、IFRS財団の外に「モニタリング・ボード」という官の組織（各国・各地の証券監督当局）を置かざるを得なくなったのである。本来なら、IFRS財団はプライベート・セクターであることを「売り」にしてきた（つまり官にコントロールされていないことを謳ってきた）のであるから、官の組織（パブリック・セクター）ともいうべきモニタリング・ボードが置かれた途端に、ＩＦＲＳ財団は「民の皮を被ったパブリック・セクター」に変質してしまったのである。

2　なぜ「民」が会計基準を作るのか

多くの先進国では、会計基準を設定する法的権限は「官（パブリック・セクター）」（日本なら金融庁、アメリカならＳＥＣ）にあるが、実際に会計基準を開発するのは「民（プライベート・セクター）」（日本なら企業会計基準委員会、アメリカならＦＡＳＢ）に任せてきた。もちろん「任せる」といっても全面的なフリーハンドを与えるのではなく、開発される基準に問題があると考えればその基準を承認（法的拘束力の付与）しない。特に、監督官庁の立場からは、会計基準を産業界、資本市場、金融商品などのモニタリングとコントロールの手段として使うことが多い。そうした目的に合わない場合には、会計基準の修正が求められるか、アメリカの場合はＳＥＣが独自のルールを設定することもある。要するに、民間団体がいかに立派な会計基準を開発しようとも、企業に順守を求めることはできないのであるから、官の力を借りるしかない。

それなら最初から「官（パブリック・セクター）」（監督官庁）が会計基準を設定すればよいのであるが、日本もアメリカも、そうしたことはしない。なぜであろうか。理由はいくつか考えられる。

一つは、パブリック・セクターによる規制や基準設定よりもプライベート・セクターの方が柔軟な対応が可能だと考えられていることである。プライベート・セクターの方が利害関係者の反発が少ないとも言われ、またプライベート・セクターは、自分たちのプライドや威信を守るために、設定した基準を順守するように努力するとも言われる。

見逃してならないのは、政府にとってコストとリスクを回避できることであろう。民間に基準作りを任せれば、官としては費用も時間も人材もセーブできる。基準に不備があって社会問題（たとえば粉飾や不正経理など）が発生しても、基準を設定したプライベート・セクターに責任を負わせることができる。

アメリカで、エンロンやワールド・コムの大型粉飾事件が発覚したときは、監督官庁であるSECの責任が問われた。アメリカの基準が「甘い」からこうした事件が起きたというのであった。批判の的にされたSECが、その後、IFRSの採用に傾いた背景がここにある。SECにしてみれば、自国の基準を捨ててIFRSに移行すれば、基準の内容に関する避難や批判は、SECにではなく、IASBに向けられると考えたのである（その後の動きは、小著『会計学はどこで道を間違えたのか』税務経理協会、二〇一三年で詳しく紹介）。

3　ＩＡＳＢの構造的欠陥―法的権限の欠如

前章で紹介した「プレスリリース」によれば、モニタリング・ボードのメンバーは、「各法域（jurisdiction）において用いられる財務報告の形態と内容を決定する資本市場規制当局（capital markets authorities）でなければならない」とされている。つまり、モニタリング・ボードのメンバーとなれるのは、各国・各地域の証券市場を規制する当局（官の組織）でなければならない。モニタリング・ボードは、自ら公表したプレスリリースによって自分たちのメンバー要件を明示した形になっている。しかし、それにしてはおかしな内容の文書である。

モニタリング・ボードの設置は、二〇〇七年秋に、日本、アメリカ、欧州などの証券規制当局が共同で提案したことになっている（二〇一〇年一一月一五日の企業会計審議会総会の配布資料による）。二〇〇七年と言えば、ＥＵがＩＡＳ・ＩＦＲＳを域内の（規制市場）上場会社に強制適用した直後である。官（監督官庁）の目からして、民間のＩＦＲＳ財団・ＩＡＳＢが設定する会計基準そのものに問題があったのか、「会計基準の設定に関する法的権限を持つ官」が、自分たちの掌《たなごころ》の外で（民が勝手に）会計基準を設定するのを嫌ったか（官の権益や政治家の利権が減る）、それとも、ＩＦＲＳ財団・ＩＡＳＢが、日本やアメリカなどの資本市場大国がＩＦＲＳの採用に二の足を踏んでいる状況を打開しようとして官を動かしたのか、どれが本当のことかは部外者には分からない。もしかしたら、日本的な発想かもしれないが、「官僚の天下り」先を確保しようという話かもしれない。これまでも金融庁の幹部が、外資の監査法人や資本市場関係のところに高給で就職したという話は絶えないことを考えると、まんざら根拠のないことでもなさそうである。

4　自縄自縛のプレスリリース？

ＩＦＲＳ財団は定款を変更して、二〇〇九年一月に、モニタリング・ボードを正式に設置した。設置当時のメンバーを見ると、金融庁三國谷長官（日本）、ＳＥＣシャピロ委員長（アメリカ）、欧州委員会（ＥＣ）バニエル委員（フランス）、証券監督者国際機構（ＩＯＳＣＯ）専門委員会河野正道副議長（金融庁総括審議官）、ＩＯＳＣＯ新興市場委員会アンワー副議長（マレーシア）の五名である。

このメンバー表を見る限り、モニタリング・ボードの主導権は、間違いなく、アメリカと日本にある。五人委員会が多数決で物事を決めるとなれば、日本（金融庁三國谷長官と河野総括審議官）とアメリカ（ＳＥＣシャピロ委員長）で過半数を取れる。新興市場委員会のマレーシアが日米の意向に反する行動をとることも考えにくい。ＥＣのバニエル委員にしても、同等性評価による会計基準の調和を推進してきたヨーロッパの立場に立てば、今回のプレスリリースを立案・推進するとは考えられない。

そうしたことを考えると、今回のモニタリング・ボードのプレスリリースは何を狙ったものかが分かりにくい。あらためてプレスリリースの内容を確認したい。前章で紹介したように、モニタリング・ボードという各国・各地域の監督官庁が出したプレスリリースは、モニタリング・ボード（官の監視組織）メンバーの要件としては、「該当する市場においてＩＦＲＳが顕著に使用される」ことが挙げられ、その「ＩＦＲＳの使用」については、以下のように、総則が示されている。著者が重要と考える個所にサイドラインを付けた。

総則は二つある。

「(a)当該国（既存のメンバー国と新規にメンバーとなる候補の国を指すものと思われる）は、ＩＦＲＳの適用に向けて進むこと、及び、最終的な目標として単一で高品質の国際的な会計基準が国際的に受け入れられることを推進すること、について明確にコミットしている。このコミットは、当該市場で資金調達する企業の連結財務諸表についてＩＦＲＳの適用を強制又は許容し、実際にＩＦＲＳが顕著に適用されている状態となっている、もしくは、妥当な期間でそのような状況へ移行することを既に決定していることにより裏付けられる。」

「(b)適用されるIFRSはIASBが開発したIFRSと本質的に同列のもの（align）で、起こり得る例外は、一定の基準もしくはそこから生じる一部が経済もしくはその他の状況に関係していない、もしくは当該国の国益に反する可能性がある、という場合に限定される。一定の基準もしくはそこから生じる一部を開発する際のデュープロセス履行上何らかの欠陥があった場合には、例外や一時的な使用中止も許容しうる。」

(a)は「財団のモニタリング・ボードのメンバーを出せる国」の要件として、「IFRSが国内で顕著に使用されている状態であること」あるいは「一定の期間内にそうした状態を作ることを決めていること」を掲げ、(b)では、ピュアなIFRSと違う「例外」「除外」（exceptions）」が認められるのは、「当該国の国益に反する可能性がある」場合などに限られ、IFRSに何らかの欠陥があった場合には「例外処理」や「一時的使用中止」も認められることを明記している。

前章でも指摘したが、(b)のような内容のことを決めるのは、本来、IFRS財団であるはずであり、モニタリング・ボードがこうしたことを決めるというのはやや越権行為ではないかと考えられなくもない。ただし、モニタリング・ボードのメンバーが「各法域における資本市場規制当局」であることから、リーマン・ショックのような「想定外の異常事態」に対して「IFRSの例外処理」や「一時的使用中止」で対応することについて法的な承認を与えたといってよい。

IFRSの中にある「離脱規定」と、この国益に反する場合の「例外」規定、さらにIFRS

に欠陥があった場合の「例外処理」「一時的使用中止」によって、各国・各企業が実際に適用する基準はかなりのばらつきを見せる可能性がある。逆に言うと、各国・各企業は、それぞれの独自性を残すことができるようになる。モニタリング・ボードが狙いとしているのは、①ある程度のばらつきが生じるのを承知の上で、IFRS採用国を増やそうということなのか、あるいは、②IFRSを適用していると公言しながらも実態が怪しい国々に対して「逸脱の許容範囲」を示そうということなのか、それとも、③モニタリング・ボードを構成するアメリカ（と日本）の現行会計実務を「IFRS圏内の実務」として認知させることにあるのか、いずれかであろう。

5　アメリカは「改心」するか

日米の監督官庁が委員となっていて、どうして自分の首を絞めるようなプレスリリースが出るのか、不思議でならない。プレスリリースが出た後、IFRS採用国から「このままでは（IFRS不採用の）アメリカはモニタリング・ボードに委員を送り込めなくなるから、大いに改心して、IFRSの採用に動かざるを得ない」という声も挙がった。

しかしである。あのしたたかなアメリカが、モニタリング・ボードのメンバーというポストが欲しくて、これまでの方針を転換するなどということがあり得るであろうか。確かに、ボードのメンバーになれる条件として「ＩＦＲＳの適用を強制又は許容し、実際にＩＦＲＳが顕著に適用されている状態となっている」か「妥当な期間でそのような状況へ移行することを既に決定していること」が書かれている。常識的に読めば、アメリカはこの条件を満たしていない。

こうした条件を決めたのは、ほかならぬ日本とアメリカがメンバーを送り込んでいるボードである。

果たしてアメリカは、自分が排除されることを想定してこのプレスリリースを承認したのであろうか。色々な疑問がわく。日本は、プレスリリースを根拠にアメリカの退場を主張できるであろうか。ではアメリカは、日本の採用状況が中途半端だとして委員席から追い出せるであろうか。「ＩＦＲＳが国内で顕著に使用されている状態であること」を条件とするのであれば、日本より先にアメリカが対象外になるはずである。アメリカは、外国企業がＩＦＲＳで作成した連結財務諸表は認めているが、国内企業がＩＦＲＳを使うことは認めていない。その点、日本は海外企業がＩＦＲＳを使うことも、日本企業が任意にＩＦＲＳを使うことも認めている。

ではＥＵは、日本とアメリカからボード・メンバーの席を取り上げようとするであろうか。ＥＵはどちらも主張しないはずである。資金のことを考えてみよう。ＩＦＲＳ財団への基金拠出は、おひざ元のＥＵが一番多いが、二番目に多いのは日本で、三番目はアメリカである。ＩＡＳＢもＩＦＲＳ財団も十分に承知しているはずであるが、アメリカと日本がへそを曲げてＩＡＳＢへの拠出をやめたら、たちまちにＩＡＳＢは立ち行かなくなる（日本は二〇一一年、一八〇万ポンド、全体の八％を負担している。経団連報告書による。ＩＦＲＳ財団の資金事情については次章で詳しく紹介する。）。

ＩＦＲＳ財団がアメリカからモニタリング・ボードの席を取り上げるとは考えられない。アメリカから席を取り上げないとすると、日本の席を取り上げる理由を失うであろう。そう考えると、ＩＦＲＳ財団の決定は、現実的な話ではないかもしれない。金融庁やＩＦＲＳ推進派は、この点をどう考えたのであろうか。むしろ、ＩＦＲＳ財団の「脅し」を「好都合」「好機」ととらえて、「ＩＦＲＳ任意適用企業の増加」と「任意適用企業への強制適用」を画策していると見るべきであろうか。

6　ＩＡＳＢ・ＩＦＲＳは「国連」

このプレスリリースがアメリカを追いつめる策だとしたら、とんでもない誤解である。第14章で書いたことを、もう一度紹介したい。

「一部の論者が主張するところによれば、日本の会計基準は国際的にみて『二周遅れ』だとか『未だにちょんまげを結っている』らしい。そうだとすると、日本と同様にＩＦＲＳ採用に抵抗しているアメリカなんかはきっと『腰に二丁拳銃』か『インディアン狩り』の野蛮な国なはずだが、不思議なことに誰もそうは言わない。

アメリカがIFRSに嫌気をさすのは当たり前かもしれない。IASBは国連に似ているところがあり、世界の一〇〇か国以上が意思決定に参加し、重要なことも重要でないことも多数決（声の数）で決められる。そのために、意思決定に時間がかかりすぎるし、主要国（経済的、軍事的、政治的などの面で）の意向が通りにくい。経済・政治・軍事の面で力のある国々がサミット（G7やG20など）を開いて世界をリードしようとしているのは、国連がかなり無力化してきたからに違いない。今のIASBは国連に近いとすれば、アメリカがIASBと違った国際組織を立ち上げるとしても不思議はない。」

IASB・IFRSの世界で、アメリカが自分の主張を通そうとすれば、一一〇の国を相手にしなければならない。イギリスはコモン・ウエルスの五五か国（イスラム圏を除く。宗主国はイギリス、人口は一七億人、世界の人口の二五％）を味方につけている。EUは、会計哲学が違うとまで言われるドイツ、フランスが主要国である。何を議論してもアメリカの主張が通る可能性は小さい。世界に冠たる富と資源と軍事力を誇るアメリカが、人口で五万人（セントクリファー・ネーヴィス）とか三〇万人（バルバトス、ベリーズ）、主たる産業も、茶、たばこ、バナナ、サトウキビといった小国と一対一の関係になるのである。

それが民主主義だと言えば、そうかもしれない。読者の中に大学の教員がいたら「教授会」のことを思い出していただきたい。国立・私立を問わず、どこの大学でも教授会は、意見表明の会か出席を表明する会であり、珍しく投票による決定が必要な場合（学部長の選挙や昇任人事など）でも、教授も准教授（少し前までの助教授）も助教（少し前までの専任講師）も「一人一票」であり、教授が二票などということはない。もちろん、それは表向きのことであり、昇任・昇格をにおわせて教授が集票することは極めて日常的なことである。これが民主主義の欠陥かもしれないが、専制政治よりは害が少ないということであろうか。

アメリカは今、アジアの経済力（人口の多さや人件費の低さ）に注目していると言われる。アメリカが、オバマ大統領の掲げる「製造業の復活」と「輸出立国」を推進するためには、アジアという巨大なマーケットが必要なのである。そうした動きの一つがＴＰＰであろう。アメリカが、ＴＰＰによってアジアの経済圏を手中にすることに成功すれば、アメリカが次に考えるのは、アジアの資本市場を手中にすることではなかろうか。

環太平洋の資本市場を一つにするとなれば、そこでの上場要件や上場会社の決算・開示のルールを統一するということになろう。環太平洋の地域で大きな資本市場を持ち、ＩＦＲＳに対抗できるだけの会計基準を整備しているのは、言うまでもなく、アメリカと日本である。となると、環太平洋をエリアとする資本市場や会計基準は、まちがいなくアメリカと日本がリードすることができる。そこを考えると、アメリカは（日本も）ＩＦＲＳにそれほどの魅力を感じないのではなかろうか。

アメリカがＩＦＲＳの採用に踏み切れない理由は、他にもいくつもある。会計の実務という点で大きな問題は、ＩＦＲＳの原則主義とアメリカ会計実務の細則主義である。ＩＦＲＳは、多くの国が受け入れられるように、細かなルールを定めない方式を採用している。しかし、書かれているルールは原則であっても、会計の実務は細則がないとできない。

仮にアメリカがＩＦＲＳを自国企業に強制適用するとすると、アメリカの企業はどうするであろうか。ＩＦＲＳは、英語の原文も日本語訳も、せいぜい三千頁である。アメリカの会計基準（ＵＳ－ＧＡＡＰと呼ばれる）は、二万五千頁といわれる。

アメリカの企業がＩＦＲＳによって連結財務諸表を作成しようとすれば、これまでは二万五千頁の詳細なルール・ブックがあったが、これからは三千頁ほどの「心細いルール・ブック」しかない。では、アメリカの経営者・経理担当者や監査人はどうするであろうか。

アメリカ企業の経営者・経理担当者なら、ＩＦＲＳに書いていないか解釈の余地があるときは、倉庫にしまったはずの、昔の二万五千頁のルール・ブック（ＵＳ－ＧＡＡＰ）を引っ張り出して、「昔はこうしていたんだから、これからもこうしよう」ということにするのではなかろうか。そうした処理をすれば、きっと株主も監査人（会計士）も異議を唱えないであろう。アメリカは、仮に多大な努力とお金を払ってＩＦＲＳに移行したとしても、結局は元のＵＳ－ＧＡＡＰに戻るのである。それがいかにバカげたことかに投資家も経営者も気がついたのである。

7　なぜアメリカの動向を注視する必要があるのか

これまでのわが国におけるＩＦＲＳ議論では、常に、アメリカがどうするかを見極めることが重要視されてきた。確かに何事も周りを見ながら判断する国のことであるから、アメリカがどう行動するかは重要なことであろう。しかし、ＩＦＲＳに関して日本として決めておくべきことは、「アメリカがＩＦＲＳを採用しないと決めたときに、日本はどうするか」、これだけである。アメリカが自国の企業に強制適用することを決めたとしたら、日本にはそれに追随するしかない。選択肢などないのである。会計基準の国際政治的決着である。

「アメリカがＩＦＲＳを採用すれば日本はそれ以外の選択肢はない」というのはこれまでも多くの方がしばしば指摘してきたことである。では、アメリカがＩＦＲＳを採用しないとなったら、日本にはいかなる選択肢が残されているであろうか。

アメリカがＩＦＲＳを採用しないといっても色々な意味合いがある。現在のように、自国の企業にＩＦＲＳの使用を認めないというのも一つの「不採用のあり方」かも知れない。アメリカが自国企業に関しては不採用（適用禁止）とすることを継続するならば、わが国にはいかなる選択肢が残されているであろうか。

一つの選択肢は、「アメリカが不採用であっても日本はＩＦＲＳを採用する」という選択である。これも色々な意味合いがある。現状でも日本は任意適用という形でＩＦＲＳを採用している。しかしＩＦＲＳに関する最近の議論は、「任意適用ではＩＦＲＳを採用しているとは言えない」とばかり、一部の企業に強制適用することを画策しているように見える。以下、「採用」イコール「強制適用」という意味で話をする。

「アメリカが不採用でも日本は採用する」という選択にはあまり理屈らしいものは要らない。何せ、世界中で一一〇か国も採用していると喧伝されているのである。ただし、この選択が正しいのであれば、もう何年も前に日本がＩＦＲＳを採用していてもおかしくはない。アメリカの動向に関係なく日本はＩＦＲＳを採用するというのであれば、審議会は今まで何を議論してきたのか、という話になろう。

もう一つの選択肢は、「アメリカが採用しないなら日本も採用しない」という道であろう。この選択肢が残されているからこそ、日本では延々と議論が繰り返されてきたのではなかろうか。しかし「アメリカがＩＦＲＳを採用しないなら日本も採用しない」というのはどういう道筋から出てくる話なのであろうか。このシナリオを審議会で議論した形跡はない。

詰めておくべきことは、アメリカが採用しないと決めたときに「日本も採用しないとする理由」であろう。ただアメリカに追随するというだけでは、それこそ国際社会の納得は得られまい。もう一度言いたい。今日本が議論するべきことは、アメリカがいかなる決定をしようとも、日本はいかなる選択をするべきか、これである。要は、日本の主体的な姿勢を明らかにすることである。アメリカもEUも、アジア諸国も、実は、日本の出方に注目しているのである。

第19章　ＩＦＲＳ財団の台所事情

1　資金を引き揚げるアメリカ
2　日本の資金拠出状況
3　変質する資金拠出
4　ＩＦＲＳ財団のサポーター
5　アメリカの後退？

1　資金を引き揚げるアメリカ

国際会計基準審議会（ＩＡＳＢ）の活動資金を調達してきたのはＩＦＲＳ財団である。国際会計基準（ＩＦＲＳ）の設定には巨額の資金が必要である。財団の施設や運営費、理事や評議員・スタッフの報酬・旅費交通費などさまざまな費用がかかる。とりわけＩＡＳＢの理事に対する報酬は巨額だと聞く。理事に巨額の報酬を払うのはそれなりの理由がある。何のためかは、少し推理すればわかることであるが。

そのＩＦＲＳ・ＩＡＳＢの活動資金であるが、国としては、これまでアメリカが最高額の拠出をし、わが国は二番目の巨額の資金を拠出してきた。ところが、アメリカがその拠出額を大幅に（三〇％も）減額したのである（ＩＦＲＳ財団の二〇一二年版Annual Reportによる）。二〇一二年度は日本がトップの資金提供国になった。詳しいことは後述する。

すでに紹介したように、モニタリング・ボードのメンバーとなるための「定性的要素」の一つは「当該国は、ＩＦＲＳの策定に対し、継続的に資金拠出を行っている」ことであった。この条件を付けることによって、現在まで資金を拠出していない国々に対して「モニタリング・ボードのメンバーに選ばれたかったらＩＦＲＳ財団に資金を拠出しなさい」と言っているようなものであろう。

一一〇か国もの国々がIFRSを使っているといわれるが、IFRS財団に資金を提供しているのはせいぜい三〇か国どまりなのである。あとの八〇か国はフリー・ライダーである。これも詳しいことは後で紹介する。本章では、IFRS財団の「台所事情」と各国の資金拠出状況を紹介したい。

2　日本の資金拠出状況

IFRS財団が作成・公表している年次報告書（Annual Report）によれば、同財団に対する日本からの資金拠出は図表1のとおりである。参考のためにアメリカの拠出額も示しておく。なお、同財団のホームページには、これ以前のAnnual Reportは収容されていない。

二〇〇七年と二〇〇八年は、「特定公益増進法人　企

図表1　日本とアメリカの資金拠出

	日本	アメリカ
2007年	102万ポンド	206万ポンド
2008年	159万ポンド	189万ポンド
2009年	173万ポンド	184万ポンド
2010年	185万ポンド	189万ポンド
2011年	171万ポンド	173万ポンド
2012年	235万ポンド	122万ポンド

業市民協議会」（Council for Better Corporate Citizenship：CBCC）を通じて、各企業が資金を拠出していた。資金を提供した企業は各年一八〇社（日本銀行を含む）ほどで、表のとおり、二〇〇七年は一〇二万ポンド（現在の為替レートで換算すると一億六、三二〇万円）、二〇〇八年は一五九万ポンド（同二億五、四四〇万円）を拠出している。なお企業市民協議会は、経団連のイニシアチブにより一九八九年に投資摩擦を回避する目的で設立されたものであるが、政府による公益認定を受けて二〇一〇年に公益社団法人に移行している。

二〇〇九年からは、「公益財団法人　財務会計基準機構」（企業会計基準委員会の運営を担当する民間団体）が、企業から集めた会費（二〇一二年は三、六七五法人と四九九個人から約一四億円を集めている）をもとに資金を拠出している。ＩＦＲＳ財団に対する拠出額は、財務会計基準機構の事業報告書（正味財産増減計算書）によれば二〇一〇年度は一億二、四四一万円、二〇一一年度は二億一、九九七万円、二〇一二年度は三億三、八八四万円である。

二〇一二年度に大幅に増額されたのは、通常の拠出額一七四万ポンドに加えて、ＩＦＲＳ財団アジア・オセアニア・オフィスの開設準備金と運営費として六一万ポンド（一億六〇〇万円）を拠出したからである。アジア・オセアニア・オフィスの費用は全額日本が負担しているのである。

3　変質する資金拠出

二〇〇七年と二〇〇八年は、各企業の任意による資金拠出であった。大手の企業、監査法人、日銀などである（気になったのは二〇〇七年は富士通、ＮＥＣ、野村證券といったＩＦＲＳ導入に熱心と思われる企業からの拠出はないことである。二〇〇八年は富士通もＮＥＣも資金を出しているが、野村證券の名前は見つからない）。

ところが二〇〇九年からは、窓口を変えて、財務会計基準機構（ＦＡＳＦ）が会員企業から集めた年会費の中からＩＦＲＳ財団に拠出している。ＦＡＳＦは、二〇〇一年に、わが国の会計基準設定主体を政府の審議会から民間に移行させるにあたって設立された財団法人（現在は公益財団法人）で、この機構の中に独立の組織として企業会計基準委員会（ＡＳＢＪ）がある。機構はＡＳＢＪの活動を資金面を中心に支援する役割を担い、その収入のほとんどは会員の会費である。

機構のホームページによれば、二〇一三年一〇月二三日現在、法人会員は三、六三三、個人会員は四六三名で、昨年度の会費収入は約一四億円である（機構の「第一三期事業報告書」による）。このうち上場会社については、図表2と3のような加入状況とその推移である。

図表2 上場会社の加入状況

上場区分	平成24年3月31日			平成25年3月31日		
	上場会社数	会員数	加入率	上場会社数	会員数	加入率
一部	1,709	1,700	99.5%	1,751	1,741	99.4%
二部・地取等	1,856	1,563	84.2%	1,800	1,516	84.2%
合　計	3,565	3,263	91.5%	3,551	3,257	91.7%

図表3　上場会社会員数と加入率推移

年度	上場会社数	上場会社会員数	加入率
16/3	3,649	1,350	37%
17/3	3,733	2,053	55%
18/3	3,810	2,515	66%
19/3	3,999	2,759	69%
20/3	3,926	2,805	71%
21/3	3,820	2,780	73%
22/3	3,707	2,878	78%
23/3	3,628	3,277	90%
24/3	3,565	3,263	92%
25/3	3,551	3,257	92%

（図表2・3ともに財務会計基準機構　第13期事業報告書による）

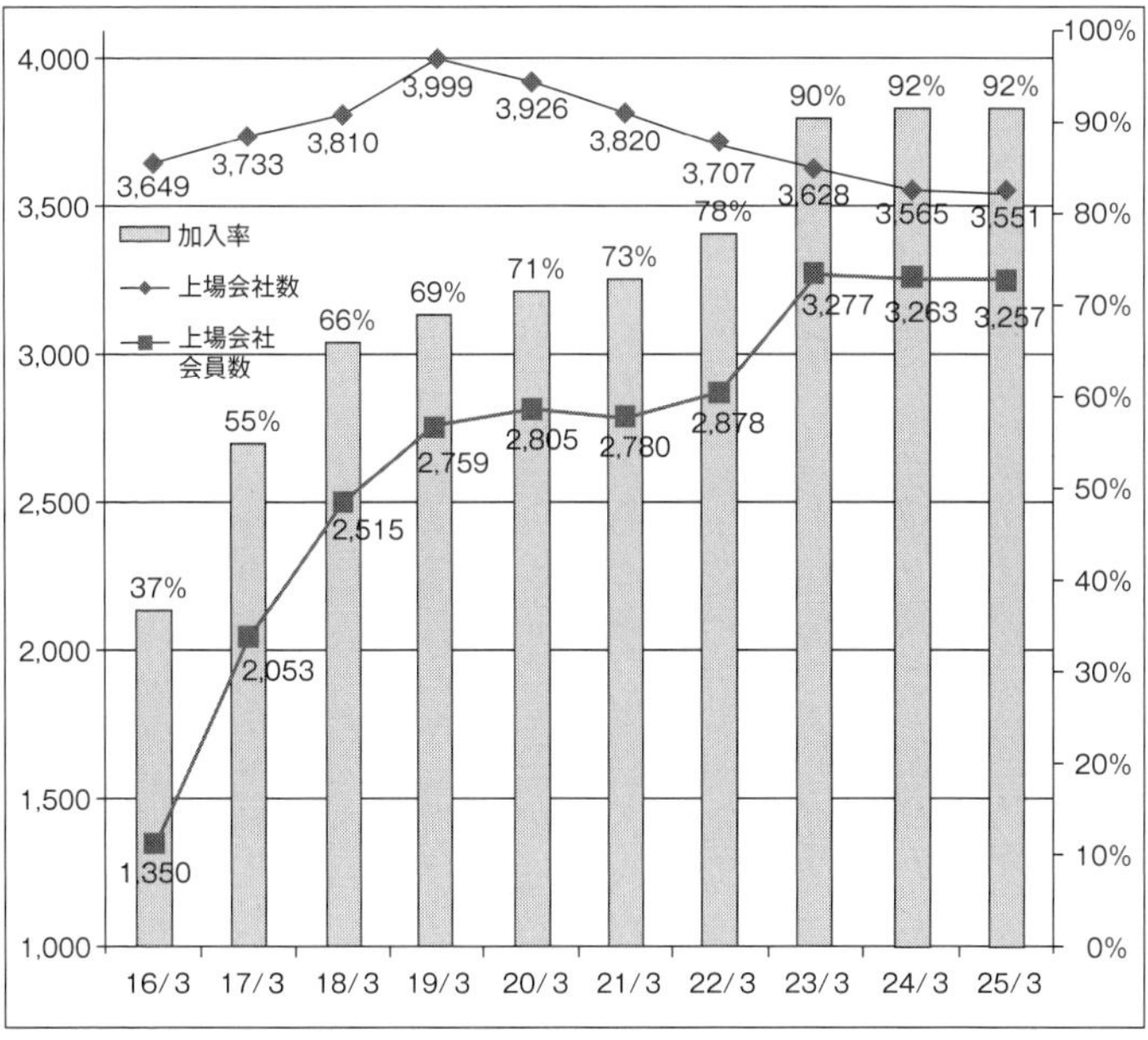

図表2に見られるように、上場会社の加入率は九一・七％（一部上場の場合は九九・四％）となっている。年会費は法人の場合三〇万円、個人の場合は五万円である。このうち概算で二〇％ほどがＩＦＲＳ財団への拠出に充てられている計算になる。二〇〇七―八年のように個々の企業が任意で拠出していたときは、約一八〇法人であったから、一社平均で約九〇―一四〇万円であった（こちらは全額ＩＦＲＳ財団に回っている）。

上場会社の加入率が高いのは、機構への加入を証券取引所や監査法人という、上場会社にとって無視できないところから加入を迫られたからである。実態としては任意の加入というよりは半ば強制加入に近い。ＩＦＲＳを使う企業も使う意思がない企業も、ＩＦＲＳ財団の活動資金を出していることになる。

企業市民協議会を窓口とした資金拠出と財務会計基準機構への会費を資金源として資金拠出するのとでは、資金の性格がかなり違うのではなかろうか。いまのような形の資金拠出では、日本の一部上場会社の九九・四％がＩＦＲＳのサポーターとされてしまう。

4　ＩＦＲＳ財団のサポーター

財団への資金拠出のうち最大のサポーターは、国際監査事務所である。四大国際監査事務所であるDeloitte & Touche、KPMG、Ernst & Young、PricewaterhouseCoopersは毎年それぞれ二二五万ドル、合計一、〇〇〇万ドル、その他の事務所を合わせて、五九七万ポンド（九億五、五二〇万円。二〇一二年）を拠出している。

ＩＦＲＳ財団が受け取っている資金拠出額は、年間二、〇〇〇万ポンド程度（三二億円。二〇一二年）であるから、三分の一近くを四大監査事務所等が負担していることになる。資金の出所が偏っているということは、その力の影響を受けて、設定されるＩＦＲＳの内容に偏りが生じることがあってもおかしくはない。

財団への資金は、この国際監査事務所がトップであるが、次に大きいのはＥＵ（欧州連合）（三三三万ポンド。五億三、二八〇万円）である。ヨーロッパの場合、ＥＵとして拠出するだけではなく、イギリス、ドイツ、フランスなどの主要国も別に拠出している。ただし、ＥＵとしての拠出プログラムは二〇一四年一月に失効する。その後の六年間の資金拠出のプログラムについては予算当局と交渉中だという。ＥＵの財政も厳しい状況にあり、これまでと同程度の資金拠出を継続できるかどうか難しい状況にあるという（二〇一三年九月二六日開催の経済産業省企業財務委員会（佐藤行弘委員長）配布資料五、五頁参照）。

二〇一二年の場合、資金を拠出している国は、図表4のとおりである。一一〇か国以上がＩＦＲＳを採用していると喧伝されてきたが、その実、サポーターは二八か国にとどまる。残りの八〇か国はフリー・ライダーということになるのか、あるいはIFRSを採用しているというのは表向きのことなのか。IFRS採用国が一気に増えたのは、IASB（というよりは当時のトゥイーディーIASB議長）がイギリス連邦にIFRSの採用を働きかけた結果である。イギリス連邦（現在、イギリスを含めて五二か国）の多く（イスラム圏のパキスタン、バングラディッシュを除く）がIFRS採用国になったと伝えられている。

しかし図表4にイギリス連邦の国の名前が挙がっているのは、イギリス、オーストラリア、カナダ、インド、南アフリカ、ニュー・ジーランド、ナイジェリア、シンガポール、マレーシアの九か国で、

図表4　IFRS財団への拠出国（2012年）

1　日本	15　ブラジル
2　アメリカ	16　香港
3　イギリス	17　スイス
4　ドイツ	18　南アフリカ
5　フランス	19　ニュー・ジーランド
6　中国	20　ノルウェー
7　オーストラリア	21　ナイジェリア
8　イタリア	22　シンガポール
9　カナダ	23　マレーシア
10　韓国	24　ポルトガル
11　オランダ	25　カブフスタン
12　スペイン	26　アイルランド
13　ロシア	27　ブルガリア
14　インド	28　キプロス

アフリカとオセアニアの諸国はほとんど資金を出していない。

図表5は、IFRS財団への拠出額を構成図で表したものである（出所は上記の経済産業省企業財務委員会配布資料五。IFRS財団のAnnual Reportを基にしている）。二〇一一年の場合、わが国は全体の一一%を負担している（アメリカは六%）。国別にみると日本はIFRS財団の最大のサポーターでありスポンサーなのである。

図表5　IFRS財団への拠出額構成

IFRS財団への拠出額構成（2012年）

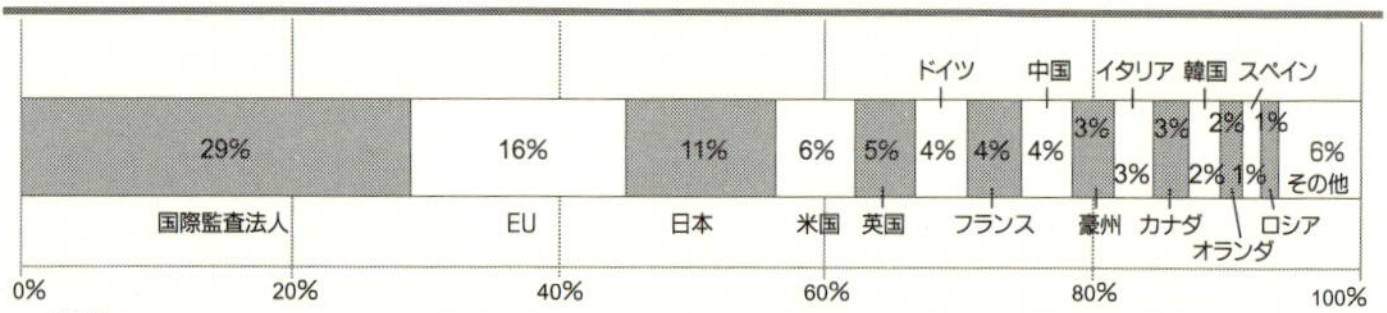

▩その他（拠出の大きい順に、ロシア、インド、ブラジル、香港、スイス、南アフリカ、NZ、ノルウェー、ナイジェリア、シンガポール、マレーシア、ポルトガル、カザフスタン、アイルランド、ブルガリア、キプロス）

合計**20,747,165**£（うち、日本からの拠出は**2,352,439**£）（2012年）

※アジア・オセアニアオフィスへの拠出金**613,162**ポンドを含む

出典:IFRS　Anuual Report 2012

各国における主な内訳

国際監査法人
デロイト・トウシュ,KPMG,
アーンストアンドヤング,
プライスウォーターハウスクーパース,
BDO,グラント・ソントン,マザー

ドイツ
独会計基準設定委員会を通じた自発的納税
（アディダス、BMW、ドイツ銀行、フォルクスワーゲン等）

米国
財務会計団体,アメリカ銀行,シティグループ,
ゴールドマン・サックス,JPモルガン,
モルガン・スタンレー等

中国
財務省創設の機関を通じて拠出
（中国公認会計士協会,中国財務省,
上海証券取引所,深圳証券取引所等）

韓国
KASBを通じた提出（韓国金融監督院、サムスン関連企業等）

カナダ
加公認会計士協会,金融機関監督庁

EU:EC

日本:FASF

英国:財務報告評議会による課税制度

フランス:仏財務省

イタリア:OIC（伊設定主体）

豪州:財務報告評議会、豪州中央銀行

オランダ:財務省、オランダ銀行

スペイン:スペイン証券取引所

ロシア:露財務省

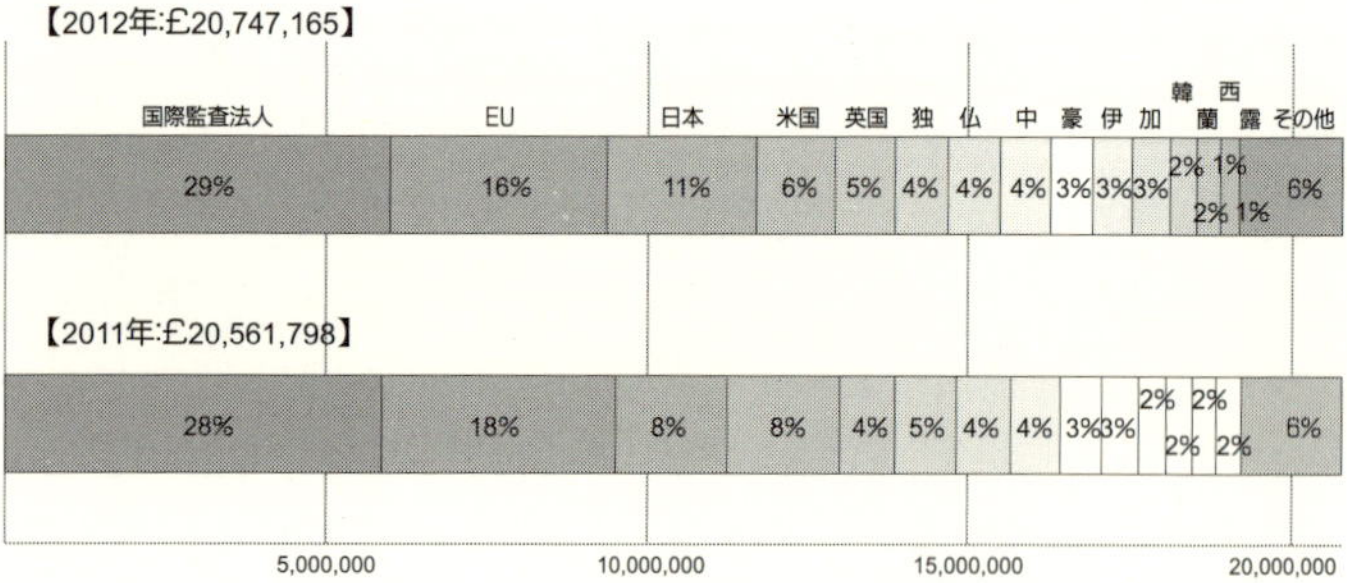

（第25回経済産業省企業財務委員会　配付資料5）

5　アメリカの後退？

二〇一二年、アメリカは一二三万ポンド（一億九、五〇〇万円）を拠出している。内訳をみると、Bank of America、Goldman Sachs Group、Citigroup、JP Morgan Chaseといった金融機関・投資銀行（商業銀行の場合は証券子会社を持っている）がそれぞれ一〇万ポンド以上を、格付け会社のMoodysや、Cisco、Morgan Stanley、ExxonMobil、Pfizer Inc、IBM、TIAA-CREF、Microsoft Corpなどがそれぞれ五万ポンド以上を拠出している。

アメリカの拠出額は、前年の二〇一一年は一七三万ポンド（二億七、六〇〇万円）であった。それが五一万ポンドも減少している。もっとも大きな原因は、二〇一一年に財務会計財団（FAF・FASBの上位機構）が三〇万ポンドを拠出していたのを二〇一二年はやめていることにある。

なぜアメリカはIASBの資金拠出を減額したのか。官であるIFRS財団モニタリング・ボードがこのタイミングでプレスリリースを出したのは、アメリカの民にもっと多くの資金を拠出するように促したものともいえる。拠出する資金の多さは、IFRS財団・IASBに対する発言力に結びつくからである。そうした点では、ますますもって日本の資金拠出が意味を持ってくる。

ＩＦＲＳ財団には資金の余裕（Reserves）が現金資金で一、一〇〇万ポンドしかないという（他に五万ポンドほどを債券に投資している）。年間の運営費用が二、〇〇〇万ポンドであるから、企業の話であれば、ちょっとしたことで資金がショートする。余裕資金が運営費の半年分しかないのである。

ＩＦＲＳ財団は、資金事情を改善するために、ＩＦＲＳを採用する企業に課金することも検討しているようである。しかしそれは両刃の剣であろう。日本企業の場合には、すでに財務会計基準機構をとおしてＩＦＲＳ財団に資金を出しているから二重の負担になるし、日本（二三五万ポンド）とアメリカ（一二二万ポンド）がＩＡＳＢと袂を分けて別の会計基準設定団体を作ることもあり得ない話ではない。ＴＰＰの進行ぶりを見れば、前章で紹介したような、環太平洋の資本市場を一つにしたときの上場基準や開示ルールを作ることも十分に考えられる。わが国も国益や自国の産業振興を考えるならば、ＩＡＳＢ・ＩＦＲＳから少し距離を置いて、これからの国際的な会計基準のあり方をアメリカと協議することが必要ではなかろうか。

第20章　金融庁の大誤算
——ＪＭＩＳは、Japan's Mistake！

1　日本版ＩＦＲＳ案は政治的産物か
2　プレスリリースの波紋
3　周到な準備
4　ＪＭＩＳ（案）はJapan's Mistake！
5　金融庁の大誤算
6　「不幸の会計基準」
7　「会社を売る」会計と「会社を続ける」会計
8　賢者の選択

1　日本版ＩＦＲＳ案は政治的産物か

二〇一四年七月三一日に、企業会計基準委員会（ＡＳＢＪ）から、日本版国際会計基準（Ｊ－ＩＦＲＳ）案が公表された。その名称が「修正国際基準（国際会計基準と企業会計基準委員会による修正会計基準によって構成される会計基準）」、英文名称が、Japan's Modified International Standards（ＪＭＩＳ《ジェイミス》）：Accounting Standards Comprising IFRSs and the ASBJ Modifications. とされている。

この文書の日本名称にも英文名称にも、日本版の「国際会計基準」であるとも「Ｊ－ＩＦＲＳ」であるとも書いていない。副題には「ＩＦＲＳ」という表現が使われているが、日本版ＩＦＲＳ（Ｊ－ＩＦＲＳ）だとは書いていない。なぜ、こんなに長い名称をつけたのであろうか。なぜ、ストレートに「国際会計基準」と言わずに、「国際基準」としたのであろうか、なぜ、「Ｊ－ＩＦＲＳ」と言わずに「ＪＭＩＳ」などという略称をつけたのであろうか。この不思議については、後で取り上げる。

実は、このＪＭＩＳ案は、公表前から「流産」することが分かっていたにもかかわらず、金の亡者みたいな「ＩＦＲＳ推進連合体」の政治力・野望によって、無理やり「作らされた」一面がある。さらには、政権が民主党から自民党に変わったことから、前政権が決めたことを全否定するような「政策」も加担していると思われる。

2 プレスリリースの波紋

ＪＭＩＳ案を公表するに至る道筋を簡単に紹介しておく。自民党政権時の二〇〇九年に、金融庁企業会計審議会が「中間報告」（「我が国における国際会計基準の取扱いについて」）を出し、すべての上場会社にＩＦＲＳを強制適用することを示唆したが、その後、民主党政権に変わって、二〇一二年に金融庁担当の自見庄三郎大臣（国民新党）がＩＦＲＳの強制適用にストップをかけ、「中間的論点整理」（「国際会計基準（ＩＦＲＳ）への対応のあり方についてのこれまでの議論」）を公表した。その後は、ＩＦＲＳの強制適用という話は、ほとんど話題にも上っていない。

ところが、二〇一三年三月に、ＩＦＲＳ財団のモニタリング・ボードがプレスリリース「モニタリング・ボード、メンバー要件の評価アプローチを最終化し、議長選出を公表」を出した。この文書は、プレスリリースといいながら、「官」の組織が発表したものであることから、大きな波紋を呼んだ。

モニタリング・ボードは、ＩＦＲＳ財団・ＩＡＳＢに対する監視機関として設置された。メンバーは、米国のSEC、日本の金融庁、証券監督者国際機構（IOSCO）などの「官」である。つまり、民の組織であるIFRS財団・IASBにとっては「御上《おかみ》」の存在であり、その意向を無視したり拒否したりすれば、わが身の存続が危うくなる。

モニタリング・ボードは、表向きはIFRS財団の監視と評議員の選任の承認を任務とすることになっているが、今回のプレスリリースは、そうした枠から大きく飛び出した、越権行為とも言えることを盛り込んでいる。それは、「モニタリング・ボードのメンバーを出せる国」の要件として、「IFRSが国内で顕著に使用されている状態であること」あるいは「一定の期間内にそうした状態を作ることを決めていること」を掲げるのである。

日本もアメリカも、そうした要件を満たしていない。日本は任意適用を認めてきたが、適用企業は、当時で二〇社（二〇一四年一二月現在で三八社）しかなく、「国内で顕著に使用されている状態」からほど遠い。アメリカは、外国企業がIFRSで連結財務諸表を作成することは認めるが、自国の会社にはIFRS適用を認めていない。両国とも、「一定の期間内にそうした状態を作る」ことは決めていない。日本とアメリカは、モニタリング・ボードのメンバー要件をまるで満たしていないのだ。メンバーの見直しは、三年ごとに行うとしている。次回の見直しは二〇一六年である。このままでは、日本もアメリカもボード・メンバーから外されそうである。

かくして日本は、ボード・メンバーにとどまるためには「IFRSが顕著に使用されている状態」を作らなければならなくなった。

日本版ＩＦＲＳの設定を後押ししてきたのは自民党と金融庁である（裏で強力に働きかけたのは、監査法人、会計士協会、証券会社、証券取引所、コンサル会社、情報処理会社、Ｍ＆Ａビジネスに生き残りを賭ける商事会社などに違いない）。金融庁は、わが国の会計基準を設定する法的権限を持つ。金融庁企業会計審議会は二〇一三年六月に「国際会計基準（ＩＦＲＳ）への対応のあり方に関する当面の方針」を公表し、「我が国がＩＡＳＢに対し意見発信を行っていく上で、日本が考える『あるべきＩＦＲＳ』を国際的に示すことは有用」と記し、その作業をＡＳＢＪに負託していたのであった。

3　周到な準備

このプレスリリースが出た後、自由民主党金融調査会・企業会計に関する小委員会が二〇一三年六月一三日に「国際会計基準への対応についての提言」をまとめ、その中で、「二〇一六年末までに、国際的に事業展開をする企業など、三〇〇社程度の企業がＩＦＲＳを適用する状態になるよう明確な中期目標を立て、その実現に向けてあらゆる対策の検討とともに、積極的に環境を整備」することを提案している（新指数・グローバル三〇〇社）。企業会計審議会が「当面の方針」（「国際会計基準（ＩＦＲＳ）への対応のあり方に関する当面の方針」）を公表したのは、その六日後であった。両者の間で「談合」があったと勘繰られても仕方がないタイミングであった。

東証と日本経済新聞社は、「投資者にとって投資魅力の高い会社」を選別し、「ＪＰＸ日経インデックス四〇〇」という新指標を作ることを決め、選別の評価項目の中に「ＩＦＲＳ採用（ピュアＩＦＲＳを想定）または採用を決定」という一項を盛り込んだ。この四〇〇の中に入らなければ「投資魅力の乏しい会社」にランク付けされかねない。四〇〇位以内にランキングされたければＩＦＲＳを採用しなさいということらしい。同年一〇月には内閣府令を改正して、任意適用要件を緩和し、有価証券報告書提出会社のすべて（二〇一三年三月現在で四〇六一社）が採用できるようにした。

このように、ＩＦＲＳを推進しようとする関係者は一致団結して日本を「ＩＦＲＳが顕著に使用されている国」になるように周到な準備を進めてきたのである。後は、ＡＳＢＪが日本版ＩＦＲＳを取りまとめるのを待つのみであった。

4　ＪＭＩＳ（案）は Japan's Mistake!

ＪＭＩＳ（案）は、公表前から不評であった。自由民主党金融調査会会長の塩崎恭久氏からは、

「そんなものを作ったら世界からばかにされる。公開草案をだすべきではない」として牽制された（DIAMOND online、二〇一四年七月一四日）。ＩＦＲＳ財団も日本の対応に冷淡で、日本から出ている鶯地《おうち》隆継理事は「ＩＦＲＳ財団は、日本版ＩＦＲＳをＩＦＲＳとして認識していない。日本がまた新しい日本基準を作っているとみている」ことを明らかにしている（同）。

ＩＦＲＳの本部が「にせもの」と見ているものを「本物」というわけにはいかないからであろうか、案を公表する段階で「ＩＦＲＳ」の名称も「国際会計基準」の名称も使えなくなり、結局、ＩＦＲＳに代えて「ＪＭＩＳ」、国際会計基準に代えて「国際基準」とせざるを得なかった。

わが国の会計基準を設定する権限と責任を有しているはずの金融庁からは、「ＪＭＩＳを作成しても利用する企業は少ないと思っている」（同）とか「（ＪＭＩＳの）利用を促すつもりはまったくない」（日本経済新聞、二〇一四年一一月一七日、風速計）という、実に無責任な声が聞こえている。ＪＭＩＳは、実は、Japan's Mistake！であったのである。使うことも予定せず、利用を促す気もない基準案をなぜ公表した（させた）のであろうか。

5 金融庁の大誤算

仮にＪＭＩＳを採用する企業が増えたとすると、どうなるのか。もしかしたら、現在ＩＦＲＳ

を任意適用している企業の一部がＪＭＩＳへ乗り換えることも予想される。何せ、ＪＭＩＳは、「企業の総合的な業績指標としての当期純利益の有用性を保つ」（「修正国際基準の公開草案の公表にあたって」）ことを基本的な考えとして考案されたものであるから、多くの日本企業にとっては（純粋ＩＦＲＳよりも）適合性が高いはずである。

現在、わが国が任意適用を認めている「指定国際会計基準」は、その一部を修正する手続きを想定した規定とはなっていない。現時点では、ＩＡＳＢが公表した会計基準等のすべてが指定されており、事実上、指定国際会計基準は純粋ＩＦＲＳと同一である。その純粋ＩＦＲＳに大きな魅力を感じている企業（のれんの非償却や開発費の資産計上による利益のかさ上げなど）もあれば、それに魅力を感じない企業とか不安や疑念、不信を抱いている企業もある（こちらの方が圧倒的に多い）。

ＪＭＩＳは後者の企業でも受け入れやすいようにＩＦＲＳを修正して作られているというのであるから、多数の企業がＪＭＩＳを採用することになったとしよう。そうなったら、わが国は「ＩＦＲＳを顕著に使用している国」になるのであろうか。実は、そうした企業がＪＭＩＳを採用するようになったとしても、ＩＦＲＳを任意適用したことにはならない。なぜなら、現在わが国が任意適用を認めているのは純粋ＩＦＲＳであり、純粋ＩＦＲＳを修正したＪＭＩＳを採用しても「ＩＦＲＳ採用企業」にはカウントされないからだ。

現在ＩＦＲＳを任意適用している企業がＪＭＩＳに移行すると、わが国における「ＩＦＲＳ採用企業数」が減るのである。ＪＭＩＳが日本版ＩＦＲＳとして認知されない以上、ＪＭＩＳに移行する企業が増える（それだけ、ＩＦＲＳの任意適用企業が減る）と、さらに日本は「ＩＦＲＳ任意適用国」からも「ＩＦＲＳを顕著に使用している国」からも遠くなる。

今回のＪＭＩＳ案の公表にあたって金融庁が「（ＪＭＩＳの）利用を促すつもりはない」と言っているのは、実は、ＪＭＩＳを採用されては困ることになるからだ。金融庁は、ＩＦＲＳ財団が日本版ＩＦＲＳ構想に否定的な考えだということを知った途端、ＪＭＩＳがわが首を絞めることになることに気が付いた・・・これが真相でなかろうか。金融庁は、ＩＦＲＳ財団から外堀を埋められ、ＪＭＩＳ案の公表によって自ら内堀を埋めてしまったようなものである。金融庁にとって大誤算としか言いようがない。

6　「不幸の会計基準」

二〇一四年一二月現在、わが国ではＩＦＲＳ（指定国際会計基準）を任意適用している上場企業が三八社あるが、これらの会社の経営者は、ＩＦＲＳによって「わが社の身売り価格」を計算・表示しているということを認識しているのであろうか。そもそも、これらの会社の経営者は、

「わが社を売る」気があるのであろうか。「高く買ってくれるところがあれば、わが社を売りたい」という経営者もいるかもしれない。それが個別の会社（例えば、経営は順調とはいえないが所有する不動産は一等地にあり含みが大きい会社とか、資本市場での評価は低く株価は低迷しているが所有する不動産は売却処分に大きな支障はない会社など）にとって経済的に合理的な判断であるかもしれないが、ＩＦＲＳが想定しているＭ＆Ａは、企業を買い取った後、資産も負債もバラバラに切り売りするのであるから、従業員はすべて解雇、事業は閉鎖（一部の事業は切り離して買い手を見つけるにしても従業員の雇用は保証されない）するであろう。

解雇された従業員とその家族、バラバラにされた企業の取引先とその従業員・家族、・・・。ＩＦＲＳでは、国家の利益とか産業の振興、個別企業の存続・・・こうした考えは入り込まない。言い過ぎだと言われるのを承知の上で言うが、ＩＦＲＳは九九・九％の人にとって「不幸の会計基準」なのだ。

翻って、日本の会計観と会計基準である。わが国の伝統的な会計観・会計基準は、ゴーイング・コンサーン（企業の継続）を前提とした、投下資本の回収計算と回収余剰としての利益を期間的に区切って計算・表示する会計である。これは中・長期の企業経営（経営者）と事業投資（投資家）の双方にとってベストな会計である。こうした会計観の下に経営している会社であれば、従業員も安心して働けるのではなかろうか。ＩＦＲＳを使う会社で働く方々には、いつ会社が売られて解雇されてもいいように、転職の準備をしておくことをお勧めする。

7 「会社を売る」会計と「会社を続ける」会計

わが国においてＩＦＲＳの任意適用が開始されてからほぼ五年が経過したが、「これまでＩＦＲＳの個々の基準を市場関係者により公式かつ包括的に検討することは、行われてきていない」（小賀坂敦企業会計基準委員会副委員長『企業会計』二〇一四年一一月号）。今回、ＡＳＢＪが一年ほどを費やしてＩＦＲＳの「棚卸《たなおろ》し」をして、約三〇個の論点を抽出したのは大きな前進と言える（多くの関係者にとって残念なことは、この三〇個の論点は「公表にあたって」）では明示されていない。わが国における会計基準の議論を活発に行うためには、こうした論点があることを広く公開する必要があると思えるのだが）。

とはいえ、こうした棚卸しは、強制適用を議論する段階で行うべきであったし、それが間に合わなかったなら、せめて、任意適用の開始前に行うべきであった。要するに、わが国ではＩＦＲＳの中身をよく検討せずに強制適用だ任意適用だと大騒ぎしてきたのである。「姿」「形」にこだわって、「中身」を気にもしない国民性が丸出しである。

すでに何年も前から任意適用している会社の経営者・経理責任者の方にお聞きしたい。ＩＦＲ

Sと日本の会計基準には基本的な考え方が違う項目や実務上の困難がある項目だけに絞ってもこれだけたくさんの論点（違い）があることを、監査法人やコンサル会社から聞かされていたのであろうか。ＩＦＲＳは日本の会計基準とは会計観がまったく違うということや、ＩＦＲＳとの間には埋めることが困難な相違が多数存在するということを聞かされても、それでもＩＦＲＳを（任意）適用するという決断をしたであろうか。おそらくは監査法人もコンサル会社も、そうした論点が存在することを十分に（本音を言うと、まるで）認識していなかったのではなかろうか。

世界には今、「企業をバラバラに切り売りするための会計」と「企業の存続を前提とした、中長期の経営に資する会計」という二つの会計観に立った会計基準群が併存している。会計情報を利用する人たちに、瞬間的な投資観に基づいて会計を利用したいと考えるグループと、中長期の投資・経営に資する会計を利用したいと考えるグループがあるということである。

今の時代には、２つの会計観が併存できる道を探るしかないのではなかろうか。何も国別に選択することもない。ゴーイング・コンサーンの経営と会計を希望しているという会社は、中長期の経営と投資に資する会計を選択すればよいし、高く身売りしたいと考える会社はＩＦＲＳを使えばよいのではなかろうか。

8　賢者の選択

ＩＦＲＳをまだ使っていない会社にとってのベストの選択は、今は何もしないことである。万が一強制適用となっても五年やそこらの猶予期間では、まともな準備ができない。ＩＦＲＳ会計の教育を受けた大学生も専門学校生もまだいない。それ以前に、ＩＦＲＳの教育用テキストはまだない。会計学の教員でＩＦＲＳの全体を講義ができる人はほとんどいない。正直に言って私にはできない。ＩＦＲＳは公認会計士試験に出題されたこともない。現役の公認会計士でもオフィス内の研修を受けたことがある程度であろうし、現場の経営者とまともに話し合ったこともないのではなかろうか。各社の経理担当者は、日本語に訳されたＩＦＲＳに首を傾《かし》げ、監査法人が出している分厚い解説書でさらに迷路に迷い込んでいるに違いない。

猶予期間が一〇年となれば世界の情勢も変わっている可能性があるし、政権が変わっているかもしれない。ＩＦＲＳの強制適用を示唆した中間報告（二〇〇九年）を出したのは自民党政権時代であったが、そこで示唆された強制適用にストップをかけたのは民主党政権のときである。そしていままた、自民党政権に変わって、民主党時代のＩＦＲＳ対応を自民党色に染めようと躍起になっているのだ。それも、ＩＦＲＳの中身の議論を抜きにしてのことである。

今は何もしない。監査法人や情報処理会社などから「今やらないと対応が間に合わない」とか「後で始めようとしても監査のスタッフが揃わない」「隣の会社もやることを決めた」とか、脅迫まがいのアタックがあると聞くが、今は何もしないのがベストである。万が一、一〇年後かそこらに強制適用となっても、それまでに監査法人の経験も厚くなっているしIFRS導入のソフトも開発済みであるから、監査法人や情報処理会社の間で値引き合戦が行われるであろう。いいことだらけである。IFRSを導入した会社だけ株価が上がったという話は聞かないし、導入していない会社から株主が去ったという話も聞かない。そうであれば、今は何もしないというのが「賢者の選択」というものである。

第5部

「完全な財務諸表」願望

第21章 「接着剤」なき財務諸表

1　会計学の寿命

『税経通信』誌に「学者の寿命――六〇歳限界説――」という、還暦を迎えた方々には実に不届きな原稿を載せた（二〇一三年一月号）。還暦を過ぎた日本の会計学者が本も論文も書かなくなった（バリバリお書きになっている方もいることは承知している）理由の一つは、戦後の日本が必死になって輸入した「近代（英米）会計のスピリッツ」「近代会計の構造」が次第に明らかになり、それを基にした「企業会計原則」の解釈がほぼ固まったからであった。もう書くことがないのだ。会計学者の寿命の前に、「会計学の寿命」が尽きたのかも知れない。

その後の日本の会計学は、アメリカの会計学と同様に、古典に学ぶスタイルからテキストに学ぶスタイルに変わったのである。よく言えば「会計学は科学となった」。それは戦後日本に入ってきた社会科学（近代経済学、経営学、金融論、財務論、財政学、マーケティング、流通論……）はどれも同じであった。

社会科学という衣装（外観）を身にまとった会計学は、学者に「考える」とか「批判する」ということを忘れさせ、テキストに書かれていることだけが正しく、それを口述することが学者の仕事であると勘違いさせた。勘違いした会計学者（言わずもがなのことであるが、経済学者も経営学者も……）は、自分の研究対象が科学としての外観を身に着けたことから、教室でも学会の会場でも、薄っぺらい会計学のテキストに書いてある通りに話せばよく、薄っぺらいテキストの範囲のことを話せればいちおう学者の顔をしていられた。私もその恩恵にあずかった一人である。

会計学の講義も学会の報告も、まるで「伝統芸能」と変わらなかった。

2 『会計学はどこで道を間違えたのか』

そんな会計の世界に批判の小石をいくつか投げ込んできたが、二年ほど前に、日本の、いや、世界の会計が進むべき道を誤ったのではないかという思いから、『会計学はどこで道を間違えたのか』という一書を税務経理協会から出版した。

本の内容を簡単に紹介する。会計の目的を「投資意思決定に必要な財務情報の提供」と措定してしまうと、どんな情報でも「提供すべき財務情報」であることを証明するのは簡単で、その反証はほとんど不可能である。国際会計基準審議会（ＩＡＳＢ）やアメリカの財務会計基準審議会（ＦＡＳＢ）が、これまで、概念フレームワークを先に措定しておいて、それを「準拠枠」にして会計基準を設定してきたかのように言われているが、その「準拠枠」は、実は、どんな内容の基準を設定しても理屈がつけられる「魔法の杖」だったのである。いかなる会計情報も投資意思決定に役に立つということを証明するのは実に簡単なのだ。企業に開示させたい情報を先に決めて、後で適当な理由づけをすれば済むのだから、基準設定主体の思う通りの基準を設定できる。ただ難しいのは、設定した基準について関係者（投資家、株主、経営者、監査人、監督官庁、課税当局……）の合意を取り付けることである。いまのIFRSが企業売買のために必要な財務情報（情報を出す側からすれば「わが社の身売り価格」）を出させようとしていることは明白である。それが次第に分かってくるにつれて、現在の株主や経営者からは、「会社を売るつもりはない」「経営者の努力をまったく無視した基準だ」として強い反発を招いている。

現代会計（学）は、その目的の設定を誤ったのである。私がしばしば「企業会計原則のスピリッツに戻る」ことを主張するのは、会計の原点である「投下資本の回収計算」、「回収余剰としての期間利益の計算」に立ち返ろうということである。その話は四〇〇頁も費やしたのでこれ以上は書かない。

3 「評価」は財務諸表を破壊する

第5部は、会計観・会計思考というよりは、会計の技術的な側面を取り上げる。そうはいっても、会計の技術は、結局は作成される財務諸表（会計データ）を決める要素であるから、会計観・会計思考の入れ物（あるいは思考を運ぶ荷車《にぐるま》）の話でもある。

実は、これから書くことは、だいぶ昔になるが、日本に時価会計の嵐が吹き荒れた一九九〇年代の終わりころに書いた『時価主義を考える』（中央経済社刊、初版一九九八年、第二版一九九九年、第三版二〇〇二年）で取り上げたテーマである。時価会計が浮き彫りにしたのは、会計に評価を取り込むと財務諸表が破壊されるということであった。いずれ詳しいことを書くが、この問題が解決していない証拠が「純資産の部」であり、負債の時価評価益、資産除去債務の資産計上などである。同書はすでに絶版となって手に入らないこともあるので、同書で書いた内容と重複していることをお許しいただけると思う。

初級の簿記を学んだ方なら、損益計算書と貸借対照表がどのようにして作られるかはよくご存知のことであろう。以下の話は、簿記検定の三級程度の知識があれば分かることである。会社法とか金融商品取引法、企業会計原則などの知識は、とりあえず必要ない。そうは言っても、簿記検定の講座や講義では、以下の話は出てこない。話のレベルは検定の三級クラスであるが、議論の内容は簿記検定を超えているのである。だからといって難しい話ではないので、最初は、後掲の図表1を見ながら説明を読んでいただきたい。

会計は複式簿記のシステムを前提にしている。大工から「かんな」やノコギリを取り上げたら大工でなくなるのと同じように、会計から複式簿記を取り上げたら会計としての仕事はできなくなる。複式簿記のシステムを使わなければ、会計のデータは相互に脈絡のない数字の羅列になってしまうからだ（おいおい述べるが、会計が簿記を使うことが「邪魔」「不都合」だと考える人たちがいる。彼らは、財務諸表を作成するのに複式簿記を「排除」することを企んでいる。何のためなのか、なぜ、五〇〇年もの歴史を誇る複式簿記を、それに代わる技術もなく捨てようとしているのか、いずれ明らかにしたい）。

複式簿記は、会計の前提をなす重要な技法であるが、しかし、これが一五世紀に誕生して以来、さしたる構造変化もないまま、その時々の必要によって改良を加えられて今日の姿になっている。五〇〇年もの長い間、ほとんど変わらずに使われてきた技術は他にはない。現代の社会で使われている技術のほとんどは、せいぜい一〇〇年かそこらの歴史しか持っていない。

飛行機にしろ、ライト兄弟が五九秒、二六〇メートルを飛んでから一一〇年の間に大進歩したが、滑走路を使って発着する飛行機はそろそろ博物館ものになろう。携帯電話やパソコンなどは、ここ二〇年程前に彗星のように登場したが、技術革新のスピードから見て、現在のモデルが使われるのは、せいぜい後一〇年かそこらであろう。

こうしたもっとも近代的な技術の短命さに比べると、複式簿記という技術は長命である。長命ということは社会のニーズに適合しているということでもある。他に代替するものが出現していないということでもある。

4　フローとストックを分ける

いま、簿記のシステムをブラック・ボックスとしよう。ブラック・ボックスというのは、中の構造やシステムがどうなっているかは分からないが、どういう仕事をするかは分かっている装置のことをいう。身の回りには、電話とかファックスとかテレビとか、どういう仕組みになっているのかは分からないが、どういう仕事をするかは分かっているものはたくさんある。複式簿記も、とりあえずそうしたブラック・ボックスの一つとしよう。

このブラック・ボックスに、企業活動を金額的にとらえたデータをインプットすると、アウトプットとしていろいろな加工データが取り出せる。たとえば、毎日の仕入れと売上げのデータをインプットすれば、月次や年次の総仕入高と総売上高がアウトプットとして取り出せるし、さらに期首と期末の商品有り高をインプットすれば、売上原価と売上総利益（粗利《あらり》）を計算してくれる。

この加工データの中から、ある目的に合うデータだけを集めてみる。たとえば、利益計算に必要なデータを集めるとしよう。利益を計算するのに必要なデータとは、より具体的にはフローに関するデータといってもよい。フローに関するデータといっても、必ずしもキャッシュ・フローという意味ではない。収益の多くはキャッシュ・インフローであろうが、費用のほうは、キャッシュ・アウトフローを伴わないコストのフロー（たとえば減価償却費）も含まれ、キャッシュ・アウトフローを伴うがコストのフロー（費用）にならないもの（たとえば土地の購入）もある。ここでいうフローのデータとは、「収益と費用の流れ」という意味である。

ブラック・ボックスから取り出せるデータのうちから、この意味でのフロー情報だけを選別するフィルターを用意し、このフィルターを通る情報だけを集め、これを組み合わせたのが損益計算書である。

複式簿記のシステムから出てきた加工データのうち、こうしてある目的（利益の計算）に合うものを取り出したあと、残りのデータ（フィルターを通らないデータ）を観察すると、財産に関するデータが多いことに気がつく。ストックに関するデータと

図表1

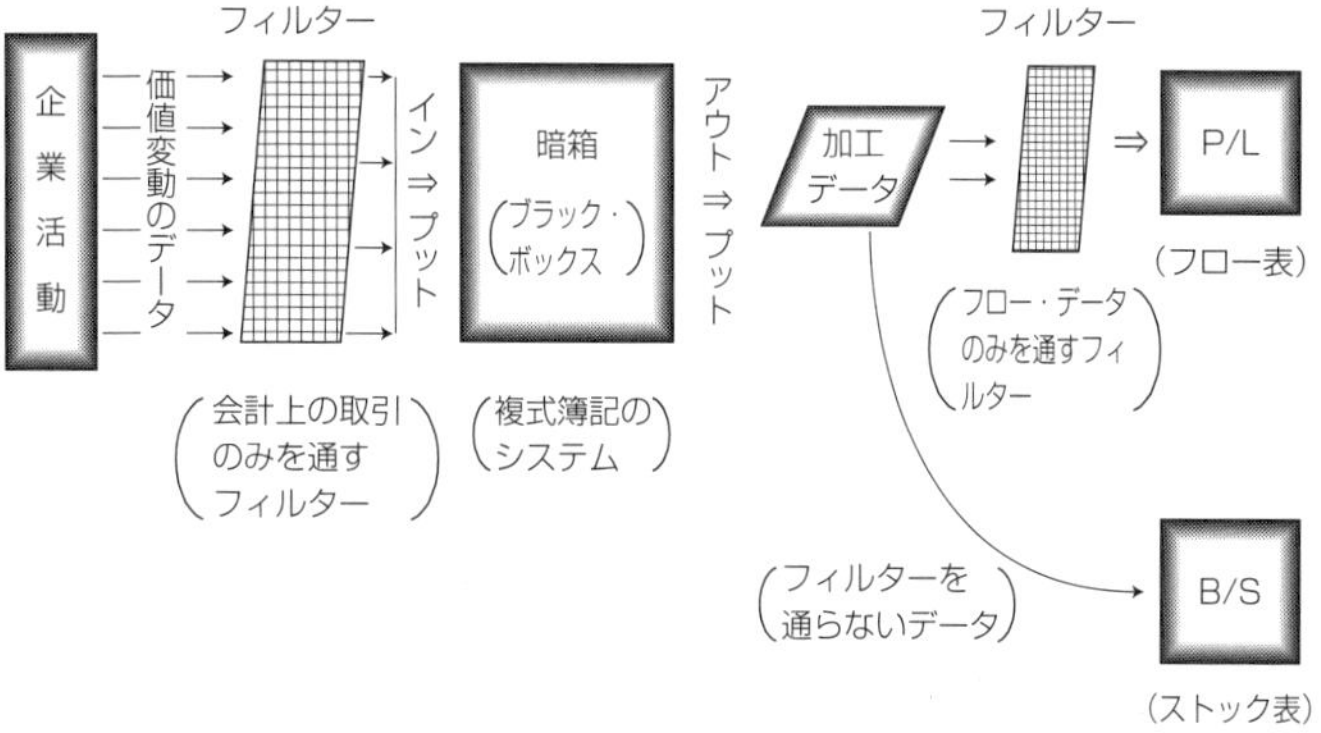

いってもよい。この、残りのデータを寄せ木細工のように組み合わせると、貸借対照表ができる。以上の関係を図で示したのが図表1である。

フローに関するデータだけを通すフィルターを一枚用意することによって、ブラック・ボックスから取り出されたときは雑然としていた加工データが、整然とフロー表（損益計算書）とストック表（貸借対照表）に収まるのである。五〇〇年も昔に作られたシステムと思えないほど見事というほかはない。

5　繰延資産はストックかフローか

ところで、今の説明では、最初にフロー・データだけを通すフィルターを用意した。そして、残りのデータを集めてストック表とした。この場合、ストック表（貸借対照表）は、フロー表（損益計算書）と違って、最初に目的を与えてデータを集めたわけではない。あくまでも、フロー表（損益計算書）を作成するのに必要なデータを取り出した後に残ったものを組み合わせて作った表にすぎない。詳しくストック表（貸借対照表）を眺めてみると財産とかストックとは呼べそうもないものや財産やストックの金額として適切ではないようなものも混じっていることに気がつく。たとえば、現代風にいうと、繰延資産項目や引当金項目、のれん、償却資産の残存価額などである。
　最初の目的を変えると別の姿をした表ができる。フィルターを代えてもよい。たとえば、複式簿記のアウトプットから財産の有り高を計算するのに必要なデータあるいはストックのデータを集めるとしよう。財産計算という目的に合うように、フィルターをストック・データだけを通すものに代える。フィルターを通るデータはすべてストック（財産）に関するデータである。それらを組み合わせてストック表（貸借対照表）を作ると、そこには財産らしくはないようなデータは紛れ込まない。フィルターを通らなかったデータを観察すると、フローのデータ、あるいは収益や費用に関するデータが多いことに気がつくであろう。しかし、残されたデータの中には損益またはフローの計算に関係がないようなものも含まれていそうである（図表2を参照）。

図表2

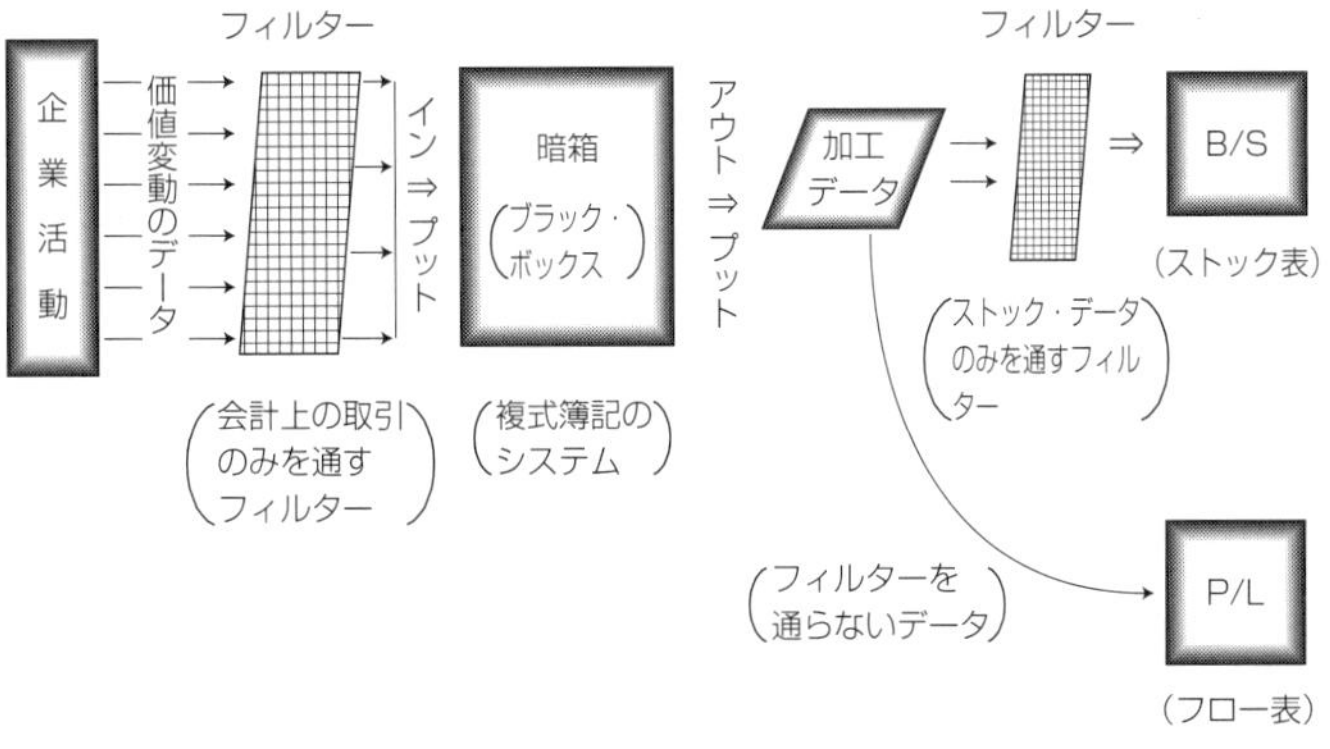

最初にフローに関係するデータだけを取り出して損益計算書を作成すれば、残りのデータで作成した貸借対照表には不純物が紛れ込む。逆に、最初にストックに関係するデータだけを取り出して貸借対照表を作成すれば、残りのデータを集めて作った損益計算書に不純物が紛れ込む。なぜか。要するに、複式簿記から取り出されるアウトプットのデータを、ストック・データとフロー・データにきれいに二分割できないからである。表現を変えると、複式簿記のアウトプットは純粋なストック・データと純粋なフロー・データだけではないのである。ストックでもフローでもない、あるいは、ストックとフローの両方の性格を備えたデータというものもありうる。

きれいに二分割できないデータ群を二つのグループに分けるには、(1)ストックのデータ、(2)その他のデータ、に分けるか、(1)フローのデータ、(2)その他のデータ、に分けるしかない。いずれの場合も、その他のデータをすべて使ってフロー表（損益計算書）またはストック表（貸借対照表）を作ればそこに不純物が紛れ込むのは避けられない。

今日の会計では、フロー・データで損益計算書を先に作って、残りのデータで貸借対照表を作成している。フローとして確実なデータだけを損益計算書に載せるということは、フローに近いけれども不確実なデータは貸借対照表に回されるであろう。損益計算書は完全なフロー表として作成されても、そこで作成される貸借対照表を、ストック表として観察すれば、そこにはいろいろな不満が残る。例えば、資産とはいいがたい項目が繰延資産やのれんとして計上されるとか、土地や有価証券の金額が現在の価値を示していないとかというのは典型であろう。

かといって、ではストック表（貸借対照表）を先に作って、残りのデータでフロー表（損益計算書）を作成したらどうであろうか。繰延資産のような擬《ぎ》制《せい》資産は、「その支出の効果が次期以降に及ぶ」と認められても、「期間損益計算の適正化」に役立つにしても、ストックでない以上、ストック表には掲げられない。

6 「接着剤」なき財務「諸」表

現在の財務諸表（損益計算書と貸借対照表）は、複式簿記のシステムから、同時に、相互依存的に、アウトプットされる。一つのシステムから、二つのアウトプットが生まれることが、会計学の幾多の論争の原因となってきた。会計学ではこれまで、損益計算書は企業の経営成績（収益性）を示し、貸借対照表は企業の財政状態（財務状態と呼ぶほうが適切である）を示すと説いてきた。ところでわたしたちは、同じシステムから同時に、相互依存的に生み出される損益計算書と貸借対照表に、統一的・一元的な目的（観）を与えてきたであろうか。

収益性は高いが財政状態はよくないとか、財政状態はよいが収益性が低いということもある。収益性と財政状態はどういう関係にあるのか。財政状態をよくすれば収益性が低下するおそれがある。例えば流動比率（短期的な債務の弁済能力を測る指標の一つ）を高めて財務の安定性を向上させるには、中長期の観点からの投資（工場の建設や新規の出店）は資金の固定化を招くために、回避すべき投資行動とされる。そうなると、流動性の高い資産（現預金など）で営業資金を超える部分は短期の投資先（株などの金融商品など）に回される。いわゆる「ハイリスク・ハイリターン」の投資に向けられるのである。流動比率の計算上は、分子の流動資産（支払財源）に計上され、数値の上での財務の安定性・支払能力は高くなっても、実質は、リスク資産を抱えている分、財務は不安定になる恐れが高い。

逆に、収益性を高めようとすれば財政状態の悪化を招くおそれがある。例えば、流動性資産を機械の購入などの事業投資に振り向けると、生産性が向上し収益の増大に結びつくが、資金が寝て投資の回収に時間がかかり、財務の安定性は低下しかねない。

損益計算書と貸借対照表は密接な関係にあることは分かるが、いまの会計学ではその関係がうまく説明できていない。両者とも「投資意思決定に役立つ情報である」、などといっても説明にならない。投資意思決定に役立つ情報は、ほかにもいくらでもある。会計情報に限っても、生産性に関する情報や安全性に関する情報、成長性に関する情報など、たくさんある。

残念ながら、損益計算書で示す経営成績と貸借対照表で示す財政状態とを統一的・一元的に説明する「接着剤」はいまだ開発されていないといってよい。

第22章　資産除去債務のパラドックス

1　五〇〇年の常識を破る？
2　資産除去債務のパラドックス
3　債務を資産に計上する不思議
4　負債時価評価のパラドックス
5　リースは賃貸借
6　種明かしは次章で

1　五〇〇年の常識を破る？

前章では、会計と会計学が依拠する複式簿記の産物について書いた。複式簿記のシステムから生まれるデータをフローのデータ（損益に関するデータ）とストックのデータ（資産と負債の有り高に関するデータ）に区分する話であった。

結論的な話をすると、現代会計において、損益計算書と貸借対照表が密接な関係にあることは理解されていても、残念ながら、損益計算書が示すとされる経営成績と貸借対照表が示すとされる財政状態（財務状態）とを統一的・一元的に説明する「接着剤」はいまだ開発されていないのである。

複式簿記の計算技術によれば、損益計算書の末尾に示される当期純利益は、貸借対照表の貸方（右側）末尾に示される当期純利益と一致する（同額となる）。

損益計算書の場合は、

期間収益－期間費用＝当期純利益

として計算され、貸借対照表では、

期末純資産－期首純資産＝当期純利益（純資産の増加額）

として計算される。

複式簿記の下では、常に「貸借平均の原理」が働き、借方（資産・費用）だけが増減するとか貸方（負債・資本・収益）だけが増減するということにはならない。ある資産（例えば現金）が増えれば、何らかの資産（例えば売掛金）が減少するか、資本・負債が増加するか、収益が発生する。現金が増加しただけというのは、複式簿記の帳簿には記録できない。現金が増加したが原因は不明というのであれば、「仮受金」（少額の現金をひろったというような場合は「雑収益」など）という貸方（右側）の勘定を用意して、貸借平均の原理を満たすのである。

これが五〇〇年続いた複式簿記と一〇〇年の歴史を持つ会計・会計学の常識であった。それが最近では、この長年の常識が妙な結果を生む事態が生じている。五〇〇年の常識を守ると、何とも非常識な結果を生むのである。「負債の時価評価益」「資産除去債務の資産計上」「リース資産・リース債務のオンバランス」などである。

2　資産除去債務のパラドックス

企業会計基準第一八号「資産除去債務に関する会計基準」（二〇〇八年三月三一日）は、国際会計基準（ＩＡＳ一六）とのコンバージェンスのために設定された基準である。ＩＡＳ一六によれば、有形固定資産の解体、撤去、原状回復の義務を負っている場合には、資産の取得原価に、将来発生する解体、原状回復等の費用を加算して資産計上し、その加算する額と同額を「資産除去債務」として負債に計上しなければならないことになっている。わが国の基準一八号は、このＩＡＳの規定を取り込んだものである。以下、基準の文言で紹介する。

基準によれば、「資産除去債務」とは、「有形固定資産の取得、建設、開発又は通常の使用によって生じ、当該有形固定資産の除去に関して法令又は契約で要求される法律上の義務及びそれに準ずるもの」（三(1)）をいう。建設仮勘定、リース資産、投資不動産も対象とされる。アスベストのように、「有形固定資産に使用されている有害物質等を法律等の要求による特別の方法で除去するという義務」も資産除去債務に含まれる。

少し具体的な事例を挙げる。現在使用中の建物に飛散性のアスベストが使用されているとしよう。「石綿障害予防規則」では、この建物を解体するときに、アスベストの事前調査を義務付け、作業中の飛散の状況に応じて除去の仕方を規定している。この建物を解体するには解体費用の他にアスベスト除去費用がかかる。この解体費用と除去費用が資産除去債務に該当する。

法令による資産除去債務の例としては、他にも、ＰＣＢ特別措置法によるＰＣＢの処理・運搬費用、土壌汚染対策法に基づく調査・浄化費用などがある。

もう一つ、契約の規定による資産除去債務の例を挙げる。三〇年の定期借地権契約で土地（更《さら》地《ち》）を借りて工場を建設したとする。三〇年後に土地を更地で（原状回復して）返還する契約になっているとすれば、返還時に建物の解体費用が発生するであろう。この解体費用が資産除去債務に該当する。

基準では、こうした資産除去債務が発生し、その金額を合理的に見積もることができる場合には、これを負債として計上することにしている。一読して、（負債性）引当金を連想する方も多いであろう。引当金は、「将来の特定の費用又は損失であって、その発生が当期以前の事象に起因し、発生の可能性が高く、その金額を合理的に見積もることができる場合」（企業会計原則注解・注一八）に、当期の負担に属する金額を当期の費用又は損失として計上したときの貸方項目である。

比較的なじみのある事例としては、電力業界で原子力発電施設の解体費用について発電実績に応じて設定してきた「解体引当金」や、船舶安全法や消防法によって数年ごとの大修繕（特別修繕）が義務付けられている船舶や貯水槽などの固定資産に係る「特別修繕引当金」（税法上の引当金。平成一〇年度の税制改正で廃止）がある。

資産除去債務も、「将来の特定の費用又は損失」であり、「その発生が当期以前の事象に起因」するものであり、「発生（の可能性）」は確実であるから、この費用額を合理的に見積もることができる場合は「資産除去引当金」を設定する……というのが、従来からの会計処理であろう。

3　債務を資産に計上する不思議

ところが、基準は、何と驚くことに、この債務の額を固定資産の取得原価に加算してバランスシートに載せてしまうのである。これだけ言っても何のことかよく分からないかもしれない。定期借地権を例にしてみるとこんな話である。

上に例示した話では、三〇年の定期借地権契約で土地（更地《さらち》）を借りて工場を建設し、三〇年後に土地を更地で（原状回復して）返還する契約になっている。返還時に建物の解体費用が発生し、この解体費用が資産除去債務に該当する。この土地に一〇〇億円をかけて工場を建設したとする。三〇年後にこの工場を解体して更地で地主に返還する。その解体等に係る費用（資産除去債務）が一〇億円と見積もられているとする。

これまでの会計処理では、土地を賃貸する費用は毎期の費用であり、工場の建設費用一〇〇億円は固定資産に計上される。三〇年後に発生する資産除去にかかわる費用は、それが実際に発生する三〇年後までは認識計上されない。

ところが基準では、三〇年後に発生すると予想される「資産除去に係る費用（一〇億円）」を、この工場の取得原価一〇〇億円に上乗せして、バランスシートに一一〇億円として載せるのである。一〇〇億円で取得した工場の貸借対照表価額を一一〇億円とするのはなぜであろうか。

基準によれば、資産の取得原価に資産除去債務を加算して貸借対照表価額とすれば、取得後はその一一〇億円を取得原価として減価償却費が計算され、耐用年数が終わるころには取得原価一〇〇億円プラス資産除去債務の一〇億円が費用として計上され、同額の資金が回収されるはずだという。

普通の、いや、これまでの会計感覚からすれば、一〇〇億円を投資したのであるから、一〇〇億円を回収すればよいはずであるが、投下した資金（一〇〇億円）を超えて、資産除去に必要な一〇億円も「事前に」費用に計上して、「事後の支出」に備えているのである。

買った資産が一〇〇億円だというのに、バランスシートに一一〇億円と書くのは、伝統的な会計、いやこれまでの「健全な会計（sound accounting）」の歴史の中では、あり得ない話である。

国際会計基準審議会（ＩＡＳＢ）は将来的には棚卸資産も事業用の資産も含めて「全面時価会計」を画策しているので、いずれは固定資産の時価評価が導入されるかもしれないが、その場合であっても、資産を取得した段階では原価で記録（取得時には原価と時価が同じなので時価評価ともいえる）するであろう。それを、買ったとたんに支払対価額を超える金額でバランスシートに載せるのである。普通の経済感覚を持った人なら誰もが「おかしい」と感じるのではないであろうか。ＩＡＳＢにもＡＳＢＪにも、小学生でも分かる「経済常識」を持った人はいないのであろうか。

ここまで書いて、フト思ったのであるが、そうした会計が正しいとすれば、将来値上がりしそうな機械や備品を購入したとき、値上がり分を取得原価に上乗せしてバランス・シートに載せることも許されそうである。

4　負債時価評価のパラドックス

もう一つ、例を挙げる。それは、「借金（負債）が利益に変わる」という、危ない企業には嬉しい話である。しかし、逆に、「会社の信用が高くなれば、借金が増える」という話で、健全な経営をして高収益を確保する会社にとっては悪魔的な話である。

今なお続く世界的な金融動乱の引き金となったのはアメリカの大手投資銀行（証券会社）リーマン・ブラザーズの破綻《はたん》であった。実は、リーマンは破綻が近づくなかで、経営危機を逆手《さかて》に取ったとんでもない会計処理を行っている。同社は二〇〇七年度に九億ドル（七二〇億円）、二〇〇八年度にも二四億ドル（一、九二〇億円）に上る「負債の時価評価益」を計上している（当時の為替による）。これは、リーマンの格付けが下がった（信用リスクは上昇）ため、自社の債務（金融債務）を買い戻す価格（移転価格）が下落し、評価益が出たとするものである。

金融資産（有価証券やデリバティブ）の時価評価の陰に隠れて話題にならなかったのが「負債の時価評価」である。日本の会計基準では負債を時価評価することが認められていないこともあって、負債時価評価の問題もあまり議論されてこなかったが、アメリカ市場に上場している（したがって連結財務諸表はSEC基準によって作成）野村ホールディングスが、同じ時期に六〇〇〇億円の負債時価評価益を計上したこともあって、少し注目を集めている（同社は翌年にもほぼ同額の負債の評価益を計上しているという）。

バランスシートの資産側（特に、金融商品）を時価評価するなら、負債の方も時価評価しないとバランスシートが企業の正しい財務状態（財政状態）を示さなくなってしまう。借方（資産）は時価、貸方（負債）は原価（名目額）というのでは理論的な整合性がない。多くの企業（特に金融機関）では、ALM（assets and liabilities management：資産負債の総合管理）の手法を使って、短期資産と短期負債をマッチングさせて流動性リスク（短期の支払義務を果たせなくなるリスク）に備え、長期の債務（社債や長期借入金）は長期資産（固定資産）に投資するといった財務戦略を取っている。

それが、「資産だけが時価評価され、負債は名目額のまま」というのでは、せっかく取ったマッチングが意味をなさなくなってしまう。それでは、負債も時価評価すればよいのかというと、負債の時価評価は通常の経済感覚や世間の直感と合わないのである。

数字を挙げて説明しよう。今、ある会社が、三年後に満期を迎える（三年後に償還して、負債を返済する）約束の社債を一、〇〇〇億円発行したとしよう。社債は、一口一〇〇円で発行されるが、その会社の信用度（格付け）や約定利率（社債に約束している金利）、さらには市場金利などが勘案されて、実際には、一〇〇円で発行されずに、九八円（割引発行）とか一〇二円（割増発行）でされることが多い。

この会社が一口九七円で発行したとすれば、総額で九七〇億円の現金が手に入る。この時点での負債は九七〇億円、市場に出た社債の時価も一口九七円、総額で九七〇億円である。発行した直後に、この社債を市場で買い戻して借金（社債）を帳消しにしようとすれば、一口九七円、総額で九七〇億円、つまり、社債を発行して得た資金九七〇億円を全部使わなければならない。

ところが、社債を発行した後に経営事情が悪化して会社の格付けが下がったとする。格付けが落ちれば、その会社が発行している社債の時価（社債の取引市場での取引価格）が下がる。今、社債の時価が七〇円になったとしよう。ここで自社が発行した社債を買い戻そうとすれば、一口七〇円、総額で七〇〇億円あればよい。二七〇億円は手元に残る。負債の時価会計では、社債の発行時に九七〇億円であった負債を七〇〇億円として評価し直して、二七〇億円の評価差益を計上するのである。

会社の信用が下落したにもかかわらず、自社が発行した社債の時価下落分を利益として計上するというのは、通常の経済感覚とかけ離れている。もしもそれが正しいというのであれば、格付け（会社の債務返済能力）が下がれば下がるほど、会社が信用を失えば失うほど、負債の評価差益が大きくなり、会社が破綻する寸前には、自社の負債がほとんど全額が利益に計上されるのである。

これは「健全性」「保守主義」「安全性」を尊んできた近代会計の理念・思想とまったく合わないし、それ以前に、多くの生活者の直感や経済感覚と合わないであろう。こうした現象を「負債時価評価のパラドックス」という。なぜ、このような不可解な処理をするのであろうか。

5　リースは賃貸借

土地や建物を借りても貸借対照表には資産として記載しない。しかし、現金を借りたときは、貸借対照表の資産の部に「現金」として記載する。この違いは何であろうか。

現金を貸し借りする場合は、借主が所有権を取得し、それを消費した後に、他の同価値のもの（通常は現金）を返還する。借りた現金が一万円札一枚であるとすると、返すのは千円札一〇枚でも五千円札二枚でも構わない。借りたものとまったく同じものを返す必要はない。これを「消費貸借」という。

ところが、土地や建物を貸し借りした場合、所有権は移転せず、借りたもの自体を返還しなければならない。東京の土地を借りて、北海道の土地で返すというわけにはいかない。これを無償の場合は「使用貸借」といい、賃料を支払う場合を「賃貸借」という。

ここで取り上げるリースは賃貸借である。機械や什器を賃借（リース）で入手しても所有権は移転しないので資産として計上しない。賃借料（リース料）を支払ったときに支払リース料を費用計上する。会計では、他の企業が所有する（所有権を持っている）ものを貸借対照表に資産として計上することはない。したがって、リース会社に所有権のあるリース物件は、賃借している企業ではオンバランスしない。

所有権という「法形式」を重視すれば、リースによって賃借している資産はリース会社のものであり、リースを利用する会社のものではない。リース物件を返す必要が出たときは、リース物件を返す。したがって借手はこの物件をオンバランスしない。以上は、所有権という法の要件（あるいは賃貸借の法的扱い）に従って会計処理する話である。

ところが、リースを利用する企業と利用しない（物件を自社で購入する）企業では、経営が同じでも、資本利益率が大きく変わる。実態が同じでも、業績の指標とされる利益率が実態を表さなくなるのである。このことを数値例を使って説明する。

今、A社は、土地や建物を自社保有することは企業に担保力がつくと考えて、銀行からの借入金で土地と建物を三〇〇万円で取得して営業しているとしよう。B社は、会社に体力がついてから土地や建物を購入することにして、当面は賃借することにしたとする。

A社は土地建物を購入して自社保有するので、建物については減価償却費を計上する。またこの購入資金を銀行から借りているので利息を支払うことになる。減価償却費と支払利息の合計が四〇だとする。B社は土地建物を賃借していて、その賃借料（リース料）が四〇だとする。売上高や売上原価などの他の条件が同じだとするとA社もB社も同じ額の利益を計上することになる。その利益の額が二〇だとする。

では、自前で土地建物を購入・保有するA社と賃借するB社では、どういうところに違いが出るであろうか。資本利益率を計算してみる。両社ともに土地建物以外の諸資産が一〇〇あるとする。A社は総資本四〇〇（諸資産一〇〇と土地建物三〇〇）を使って一年間に二〇の利益を上げたのであるから、総資本利益率は五％（二〇÷四〇〇）となる。ところがB社は、一〇〇の資本を使って一年間に二〇の利益を上げたのであるから総資本利益率は二〇％（二〇÷一〇〇）になる。

実際に使っている資産の合計はA社もB社も同じ四〇〇であるが、リースを使っているB社の場合は貸借対照表に土地建物が記載されないために、計算上の資本の効率（総資本利益率）は高くなる。

さらにリースを使う場合は、将来にわたってリース料を支払う義務（債務）を負うが、その支払義務が貸借対照表に現れないので、負債も過小に表示される。

このようにリースを利用しながらリース資産・債務をオフバランスにすると、企業側からすると資産と負債を過小に表示することになり、計算上の（つまり、見かけの）資本利益率を向上させ、負債を過小に表示することができるのである。

こうしたことから英米のような実質優先主義（法の形式よりも経済的実質を優先する会計思考）を採用する国々では、リース資産とリース債務をともにオンバランスすることにしてきた。そうすることによって、リースを利用する企業と利用しない企業の経営成績や財政状態を同じ土俵に乗せて判断できるようにするというのである。

しかしである、いくら経済的実質を重んじるからといって、法律の規定を無視して、リースを資産の売買として会計処理することがどうして許されるのであろうか。わが国には実質優先原則という会計思考はない。したがってリース資産・負債をオンバランスさせるために、会社計算規則（例えば七四条三項三号ヌ）などの法規に規定が設けられている。

6 種明かしは次章で

これまで紹介してきたのは、(1)「資産除去債務」という「債務」を負債側に計上するだけでなく、資産側にも計上するという不思議な会計処理、(2)会社の格付け（社会的信用度）が下がれば、会社の借金（負債）の時価が下がって、会社が大儲けするという「負債の時価評価益」の話、(3)法律の要件から見ると、土地や建物を賃借するのは賃貸借に当たり、所有権は貸し手に残るが、それを実質優先原則とやらを持ち出して売買取引（所有権が利用者・買手に移る処理）として会計処理することを求める不思議、である。

最近の会計、特に国際会計基準（ＩＦＲＳ）とのコンバージェンス（ＩＦＲＳと日本基準のデコボコを均す作業。「収斂《しゅうれん》」という訳語が充てられることが多い）のために設定・改訂された会計基準には、伝統的な会計観からすると、何とも不可思議な基準が多い。

ゴーイング・コンサーン（事業を継続的に営むこと）を前提とした会計と言いながら、「従業員が全員、今日退職するとしたら、いくらの退職給付を支払わなければならないか」を負債に計上する会計処理も、どこか怪しげである。

ＩＦＲＳは何が原因・理由で、このような会計処理を求めるのであろうか。この種明かしは次章に回したい。

第23章 「貸借平均の原理」が会計の命

1 貸借平均の原理
2 会計の仕事は「期間損益計算」
3 不合理基準の共通項
4 第三の計算書
5 損益計算書＝原価主義、貸借対照表＝時価主義
6 ディスクロージャーによる解決策

1　貸借平均の原理

第21章では、会計と会計学が依拠する複式簿記の産物について書いた。複式簿記のシステムから生まれるデータをフローのデータ（損益に関するデータ）とストックのデータ（資産と負債の有り高に関するデータ）に区分する話であった。要約的な話をしておく。

複式簿記のシステムには借方（左側）と貸方（右側）に同じ金額がインプットされる。借方が少ないとか貸方だけインプットされるといったことはない。そのシステムからアウトプットされるデータも、インプットされた借方と貸方の同じ側に集計されるために、結局は左右同額となる。ここから、いわゆる「貸借平均の原理」が働くのである。この原理が働くことが「複式簿記の命」といってもよい。この原理を無視したり、この原理が働かないものは、複式簿記とは呼べない。

複式簿記のシステムからアウトプットされるデータのうち、最初にフローに関係するデータだけを取り出して損益計算書を作成すれば、残りのデータで作成した貸借対照表には不純物が紛れ込む。最初にストックに関係するデータだけを取り出して貸借対照表を作成すれば、残りのデータを集めて作った損益計算書に不純物が紛れ込む。要は、複式簿記のアウトプットは、きれいにフローとストックに二分割できないのである。フローでもないしストックでもないデータ、フローかストックか決めきれないデータ、今年のフローなのか翌年のフローなのか判然としないデータなどもある。

中には、インプットされたデータが複式簿記のシステムやその時代の会計観と相容れないために、損益計算書に記載するのかバランス・シートに記載するのかが問題となることもある。例えば、有価証券や土地の再評価差額、社債の時価評価損益、資産除去債務などである。

第21章に掲げた図表1（フロー・データで損益計算書を作成し、残りのデータでバランス・シートを作成する場合）を再掲するので見ながら読んでいただきたい。

一枚目（左端）のフィルターは、複式簿記にインプットされる情報を網にかけるものである。企業活動

図表1

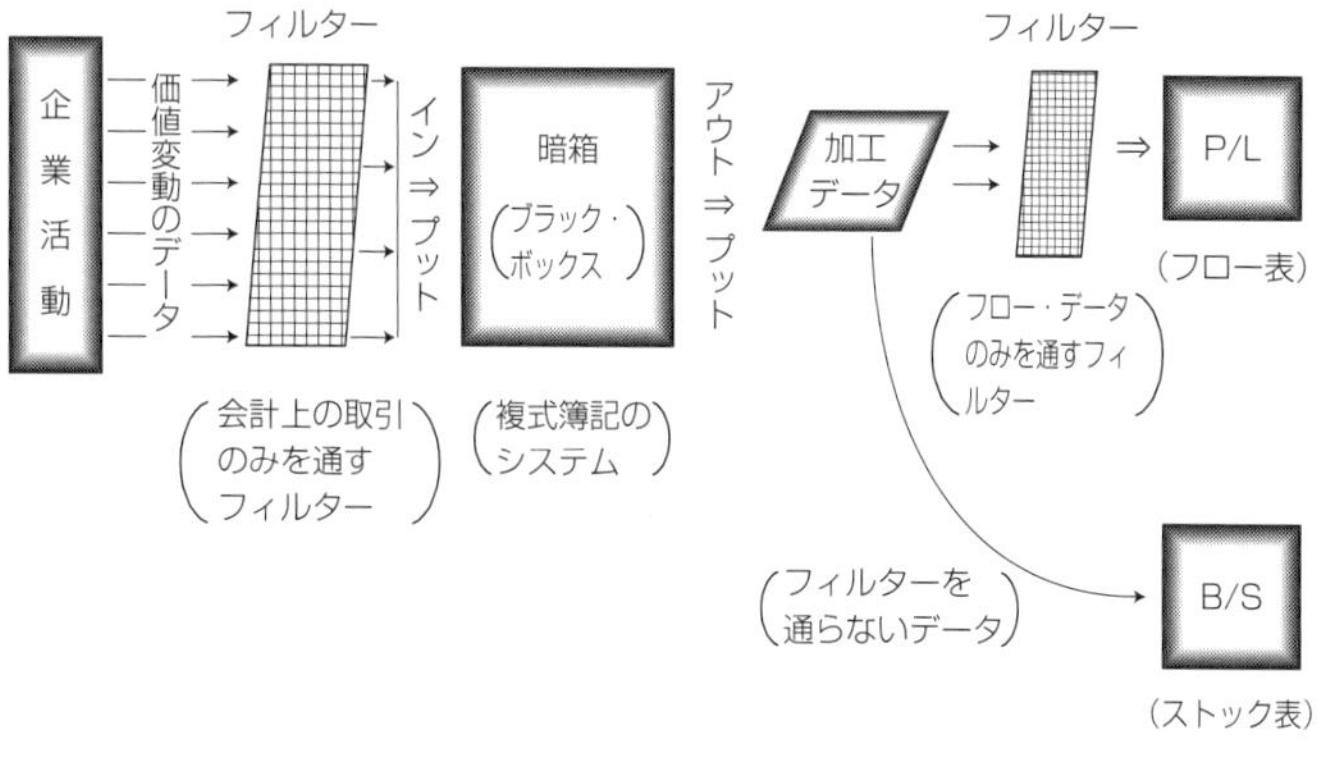

の中から価値変動のデータを集めて複式簿記にインプットするのであるが、価値変動のデータがすべて複式簿記にインプットされるのではなく、「会計上の取引」とされるものに限定される。この「会計上の取引」か否かを網にかけるのが第一のフィルターである。

二枚目のフィルターは、複式簿記というブラック・ボックスから出てきた情報（アウトプット）をフロー情報とストック情報に区分する役割を担っている。

したがって、複式簿記にインプットされる情報に何らかの問題があれば、アウトプットされる情報にも問題が生じるであろう。ここではまず、複式簿記にインプットされる情報に問題がない（借方と貸方に同額の入力ができる、その時代の会計観に合致している、など）として論を進めよう。インプットされる情報を無制限に許すと、複式簿記の体裁をとっていても会計情報とは呼べそうもないアウトプットが取り出されることもあるが、当面、そうしたインプットはないものとして話を進めたい。

きれいに二分割できないデータ群を二つのグループに分けるには、(1)ストックのデータ、(2)その他のデータ、に分けるか、(1)フローのデータ、(2)その他のデータ、に分けるしかない。いずれの場合も、その他のデータをすべて使ってフロー表（損益計算書）またはストック表（貸借対照表）を作ればそこに不純物が紛れ込むのは避けられない。

2　会計の仕事は「期間損益計算」

現代の会計では、フロー・データで損益計算書を先に作って、残りのデータで貸借対照表を作成してきた。なぜ損益計算書を先に作ったのかと言えば、会計の目的が「投下資本の回収計算」「回収余剰としての利益の計算」を期間に区切って行うこと、つまり「期間損益計算」にあるからである。

ところが最近になって、期間損益計算よりも財産の有り高計算を重視する人たちが現れ、会計の目的を「財産計算」に変えようとしている。アメリカの会計基準を設定してきた財務会計基準審議会（FASB）も国際会計基準を設定している国際会計基準審議会（IASB）も、そうした目的観を反映して、伝統的な会計観と相容れない会計基準を作り出してきた。

前章では、そうした会計基準・会計処理の例として、「負債の時価評価益」「資産除去債務の資産計上」「リース資産・債務のオンバランス」などを紹介した。(1)「資産除去債務」という「債務」を負債側に計上するだけでなく、資産側にも計上するという不思議な会計処理、(2)会社の格付け（社会的信用度）が下がれば、会社の借金（典型的なのは社債）の時価が下がって、会社が大儲けするが、逆に会社の業績がよくなって格付けが上がると会社が大損するという「負債の時価評価益」の話、(3)法律の要件から見ると土地や建物を賃借するのは賃貸借に当たり、所有権は貸し手に残るが、それを実質優先原則とやらを持ち出して売買取引として会計処理することを求める不思議、である。ゴーイング・コンサーン（事業を継続的に営むこと）を前提とした会計と言いながら、「従業員が全員、今日退職するとしたら、いくらの退職給付を支払わなければならないか」を負債に計上する会計処理も、どこか怪しげであることも紹介した。

3　不合理基準の共通項

これらの会計基準・会計処理に共通しているのは、会計処理の結果として計上される費用や収益（「資産計上された資産除去債務」の減価償却費、負債の時価評価益、退職給付に係る負債の未認識債務）、計上される資産（資産除去債務の資産計上額、リース資産の計上額）については合理的な説明がつかないことにある。あえて言えば、合理的な説明がつかないことを承知の上で、別の意図・目的からルールを決めているようである。だから、こうした基準を設定した人たちの解説を読むと、詭弁・こじつけ・古い言葉なら「牽強付会《けんきょうふかい》」の言辞が並んでいる。簿記や会計をちょっと習った学生でも「変だ」「簿記の常識とは違う」と気が付くはずである。こうした文書を書いた人は、会計や簿記の初学者でも気が付くような詭弁《きべん》を並べて、恥ずかしくはないのだろうか。

　会社の経営状態や財務状態が悪化すればするほど利益が増える会計処理は、説明がつかないというより、そうした処理をすることに何らかの意図を感じる人が多いのではなかろうか。経済的にも会計的にも合理的な説明がつかないことをルール化することで、きっと誰かが得をするのであろう。

　ルールを作っている人たちには、そうした会計基準を変えることで金儲けを企んでいる人たちの「意図」「ねらい」が読めないのであろうか。企業会計審議会の議事録（速記録）を読むと、そうした金儲けの企みに気が付いて発言している委員がたくさんいるようであるが、金儲けを企む側のエネルギーにはかなわない。原子力発電の廃止・再稼働など、どんな場合でもそうであろうが、金になる側のエネルギーはすさまじい。金にもならないけど理を通して、正義感で何かを主張する側は、非常に残念ながらエネルギー不足になりがちである。

　いま、ＩＦＲＳの採否を巡って、日本の監査業界・証券業界・証券取引所・コンサル会社、そして総合商社が「ＩＦＲＳ推進連合」を組むのは、要するに「金になる」からである。何ともさもしい話ではないか。「売国奴」という、大昔の言葉が復活しそうである。

　三〇年先に支払う債務（資産除去債務）をバランス・シートに載せる……この限りでは、長期借入金と同じであるから問題はない。しかし、その債務の発生が当期（長期借入金なら当期の借入れ）にあるわけではない。定期借地権でこれから三〇年にわたって使用するために発生する原状回復の費用を、こともあろうに、定期借地権を設定したばかりの当期に全額を負債に計上する……伝統的な引当金会計からすれば三〇年かけて引当金を積むというのが常識であるが、多少の不合理に目をつむればありうる処理かもしれない……。しかし、その三〇年後に発生する債務の額を、当期の資産に計上する（購入資産の金額をそれだけ水増しする）という会計処理は、どれだけ想像たくましくしても、何のことかわからない。きっと、この会計処理も誰かが得をするのであろう。一般の株主や投資家ではないことは明らかである。

問題の一つは、(1)一つのシステムから取り出されるデータがきれいに二分割することができないのに、むりやり二分割すること、(2)一方の計算書を重視すると、他方の計算書に不純物が紛れ込み、「ゴミ箱」化しかねないこと、(3)損益計算書と貸借対照表という二つの計算書ですべての要求を満たそうとしていること、などの点にありそうである。別の問題もあるが、ここでは上の三点に限った話にしたい。

会計の歴史は、「二つの計算書」の問題、つまり、損益計算書と貸借対照表の役割分担をどうするかについて、解決に導く方法がいろいろあることを教えている。以下、いくつかの解決法を紹介する。

4　第三の計算書

　すでに述べたように、現在は、複式簿記のシステムからアウトプットされるデータに、「フロー・データしか通さないフィルター」（A）をかけて損益計算書を作成し、残りのデータで貸借対照表を作成している。残りのデータのほとんどは、ストック・データであるが、一部、ストックとフローの中間くらいの性格をもつデータや、フローに近いけれど、何らかの事情で当期の損益計算書に回されなかったデータなども含まれる。

　そこで、貸借対照表から不純物を取り除くために、もう一枚、フィルターを用意し

図表2

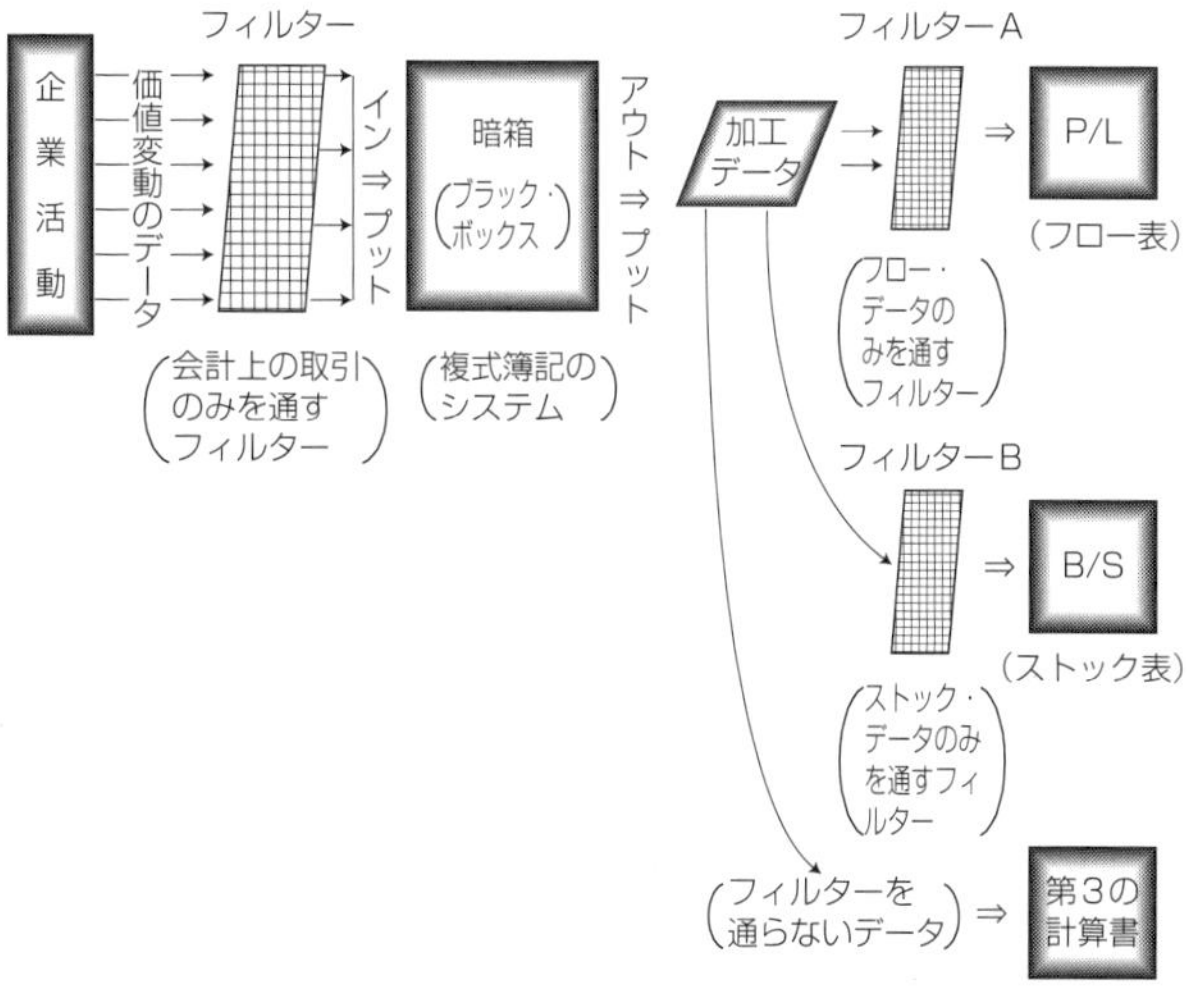

てみよう（図表2を参照）。フロー・データを取り去った残りのデータにもう一回、フィルターをかけるのである。今度のフィルターは、「ストック・データだけを通すフィルター」（B）である。

フィルター（A）を通過したデータをもとに損益計算書が作成される。フィルター（B）を通過したデータで貸借対照表を作成する。今度の貸借対照表は、ストック表と呼んでよいであろう。ストックに関するデータだけを通すフィルターをかけたのであるから、不純物は紛れ込んでいないはずである。

さらに、二枚のフィルターを通らなかったデータが残る。この残りのデータで、第三の計算書を作るのである。さて、この第三の計算書に盛り込まれるデータとは、いったい、どういうものであろうか。

フィルターの目の細かさにもよるが、フィルター（A）を通るデータが「当期のフロー情報」だけだとしよう。そうすると、（A）のフィルターを通らないフロー・データとして最もわかりやすいのは、過年度における計算を修正するデータであろう。例えば、過年度の減価償却に過不足がありそれを当期に修正するとか、過年度に償却した債権を当期に取り立てたとか、期末に貸倒引当金等の残高がありそれを戻し入れるとか、過年度に売り上げた商品が返品されてきた、といったケースである。

こうしたデータを当期の損益計算に含めるのは、当期の損益計算をゆがめるおそれがある。かといって、貸借対照表に載せるようなデータではない。第三の計算書を作ることは、損益計算書と貸借対照表を純化させるメリットがある。第三の計算書が存在することを前提にして複式簿記のデータを分類するとなれば、フロー・データを通すフィルターとストック・データを通すフィルターの、目を細かくすることができる。つまり、フロー・データとしての条件、ストック・データとしての条件を厳しくするのである。厳しくすることによって、損益計算書は純粋な当期の経営成績を示すことができるようになり、貸借対照表は期末の財産の状態をより正確に伝えることができるようになると考えるのである。

損益計算書と貸借対照表が純化されればされるほど、自ずと、第三の計算書に収容されるデータが増えてくる。例えば、災害によって損失を被った場合の損失、長期に所有していた土地の売却損益、転売以外の目的で所有していた有価証券の売却損益など、当期の損益とは呼べないようなものは、すべて、第三の計算書に回すことになる。すなわち、前期損益修正項目とか臨時損益である。

複式簿記のシステムからアウトプットされるデータのうち、損益計算書にも貸借対照表にも収容されないデータは、すべて、第三の計算書に記載される。第三の計算書は、次第に、損益計算書と貸借対照表の「ゴミ箱」と化してしまう。

それでも、損益計算書と貸借対照表が純化されるうちは、よい。ところが、本来なら損益計算書に計上されるべきデータが、そうすることが企業にとって不都合ということから第三の計算書に回されるというような実務が横行し始めると問題である。例えば、ある損失項目を損益計算書に計上すると損益計算書の末尾に書かれる当期純利益が大きく減少してしまうので、それを第三の計算書に回して、損益計算書を「美化」するというようなことが行われる。財務諸表の利用者も、損益計算書にのみ目を奪われ、第三の計算書に何が書かれているかに関心を持たない。経営者はそれをよいことに、損益計算書だけを美しく仕上げることに専念する。ますます第三の計算書は「ゴミの山」と化す。

5　損益計算書＝原価主義、貸借対照表＝時価主義

これはイギリスの伝統的な知恵である。第三の計算書を作る点では上記の案と同じであるが、損益計算書と貸借対照表の作り方が違う。複式簿記から取り出されるデータを、損益計算書データと貸借対照表データに分けて二つの計算書を作るのは、上に説明したのと同じである。こうして作成された損益計算書は、収益も費用も、取引が行われた時点での取引価額で計上される。いわゆる原価主義によって損益計算書が作成されるのである。

貸借対照表のデータは、そのままでは損益計算書データと同じく、取引時点の金額をもとにしたものになる。しかしそれでは貸借対照表は企業財産の現状を正しく伝えられないおそれがある。また、貸借対照表を取得原価で作成すると、インフレ期には資産が実態よりも低く表示されるので、TOBをかけられやすい。乗っ取りを防ぐためにも、経営者は、貸借対照表の主要な資産を現在の価値で再表示しようとする。

わが国であれば、損益計算書を原価主義で作成し、貸借対照表を時価で作成するというのは、理論的整合性に欠けるなどといった批判にあう。わが国の会計学者は、理論的な美しさが好きなようで、イギリス人のような解決策を好まないであろう。

イギリス人は、つぎはぎ細工の名人であり、パッチワークを得意としている。理論的に美しいとか、理論的に整合性があるなどといったことには、あまり信を置かないようである。

6 ディスクロージャーによる解決策

損益計算書を先に作って、残りのデータで貸借対照表を作成すれば、貸借対照表が残高表となる。それでは貸借対照表が、企業の資産・負債・資本の現在の状況を表さないとして批判される。

ディスクロージャーによる解決策は、貸借対照表の不備を、注記や補足説明等によって補完するというものである。例えば、土地は、公表される財務諸表では取得したときの金額（取得原価）で表示される。ところが、有価証券や土地は価格変動が大きいので、いずれ取得原価と現在の時価とが大きく異なってくる。そうした場合に、補足の情報として時価情報を開示させるのである。

第5部が問題としてきたのは(1)「資産除去債務」という「債務」を負債側に計上するだけでなく、資産側にも計上するという不思議な会計処理、(2)会社の格付け（社会的信用度）が下がれば会社の借金（社債）の時価（買い戻し価格）が下がって、会社が大儲けするという「負債の時価評価益」の話、(3)法律の要件から見ると土地や建物を賃借するのは使用貸借に当たり、所有権は貸し手に残るが、それを実質優先原則とやらを持ち出して売買取引として会計処理することを求める不思議、さらに、ゴーイング・コンサーン（事業を継続的に営むこと）を前提とした会計と言いながら、「従業員が全員、今日退職するとしたら、いくらの退職給付を支払わなければならないか」を負債に計上する不思議、である。

少し冷静になって考えてみると、これらは複式簿記のアウトプットというよりはインプットに問題がありそうなことに気が付くのではなかろうか。つまり、各図表の左端のフィルター（「会計上の取引」だけを通すフィルター）の目が適切であるかどうかを再検討する必要がありそうである。ＩＦＲＳは会計上の取引として複式簿記のシステムに何をインプットしようとしているのか、これを明らかにすることができれば、ＩＦＲＳが何を目的として不可解な会計処理・報告を求めるのかを解明できるであろう。この点を次章で取り上げる。

第24章 IFRSに流れる「産業破壊的」会計

目的

1 アウトプットよりもインプットが問題
2 「取引」の定義
3 貨幣的測定の公準（貨幣評価の公準）
4 原価・実現主義
5 リミッターとしての収支額
6 取引の八要素
7 新株予約権
8 IFRSを流れる「破壊的」目的観
9 低価法強制も後入先出法禁止も同根

1　アウトプットよりもインプットが問題

三章にわたって複式簿記のシステムからアウトプットされるデータを損益計算書と貸借対照表に分割する際に生じる諸問題を論じてきた。複式簿記からアウトプットされるデータをきれいに二分割しようとすれば、どちらかの計算書が「ゴミ箱」となること、かといって、損益計算書と貸借対照表を純化するために第三の計算書を用意すれば、この第三の計算書が「ゴミ箱」となること、投資家の情報ニーズに合わせた、「損益計算書は原価主義・貸借対照表は時価主義」というイギリスの知恵は理論的整合性に欠けるといった批判に遭うこと、そうした不備・不満をディスクロージャーによって補完する方法もあること、を紹介してきた。

前章の最後に、「資産除去債務」「負債の時価評価差額」「リース資産・債務」などを巡る問題の根源は、複式簿記のアウトプットの問題というよりはインプットの問題ではないかという疑念を紹介した。つまり、これまで紹介してきたすべての図表の左端にあるフィルター（「会計上の取引」だけを通すフィルター）の目が適切であるかどうかを再検討する必要があるように思えるのである。

このフィルターを通過できるのは、簿記上・会計上「取引」と呼ばれる事象である。では、何を指して「取引」といっているのであろうか。わが国の代表的な会計学辞典を紐解いてみよう。

2 「取引」の定義

(1) 『会計学辞典（第六版）』（神戸大学会計学研究室編、同文舘）では、簿記上の「取引」とは、「原因の如何を問わず、企業に帰属する資産・負債・資本に増減をもたらす一切の事象をいう」とした後に、「もっとも、現実には記録対象となる『取引』の範囲は拡大されている。例えば、リース取引、特にファイナンス・リース取引のように、かつては所有権の移転が発生しないがために簿記上の『取引』として取り扱われていなかった事象が、現在は簿記上の『取引』として取り扱われている。このように、記録の対象となる『取引』は必ずしも固定的ではなく、企業を取り巻く経済環境の変化に伴うその拡大、つまり『取引』概念の拡大がみられることも事実である。」と解説されている。

(2) 『会計学大辞典（第五版）』（中央経済社）では、簿記上の取引とは、「資産・負債・資本（純資産）の金額に変動を及ぼす一切の事実をいう。収益・費用が発生すれば、資産・負債・資本（純資産）の金額も変動するので、これらも簿記上の取引に含められる。……減価償却のような内部取引も日常的な意味における取引ではないが、簿記上は資産を減少させるので、取引に含められる。」という。

(1)の定義では、取引とは「資産・負債・資本に増減をもたらす一切の事象」を指すとされ取引とされる範囲が広過ぎて、価値の変動の有無や金額的測定の可否が問われていない。

(2)の定義では「資産・負債・資本（純資産）の金額に変動を及ぼす一切の事象」というのであるから、金額的な測定のできない事象を排除しているようであるが、「金額に変動を及ぼす事象」とは何を指すのかがわかりにくいのではなかろうか。

3 貨幣的測定の公準（貨幣評価の公準）

会計では、企業活動を測定し、記録、計算、報告しなければならない。そうした企業活動の測定を行うには何らかの「測定尺度（ものさし）」が必要である。会計ではその「ものさし」として「貨幣」を使い、「金額」「貨幣額」によって記録、計算、報告している。

複式簿記を通さないデータは「財務」データであっても「会計」データではない。複式簿記を通さないデータまで会計データに含めるならば、会計の、会計としてのアイデンティティを失う。何も複式簿記を通さない財務データが不要だというつもりはないが、そうしたデータの作成や利用は財務論か投資論の世界の話であって、会計の世界の話ではない。会計を専門とする人たちの中には、しばしばそこを弁《わきま》えないために財務論や投資論の研究者から「身の程知らず」といわれる。会計の会計たるゆえんは複式簿記を使うことにあることを再認識する必要があるのではなかろうか。

立地とか、知名度とか、伝統とか、顧客満足度とか、CSR活動の状況、コミュニティ参画状況などという情報は、いかに投資の意思決定に役立つとしても、複式簿記のシステムにはインプットできない。所有する商品の重量とか、個数とか、色とか、勤務時間の長さとか、職場の面積とかもインプットできない。複式簿記にインプットして会計データに加工することができるのは、貨幣というものさしで計測できる事象・活動に限られる。会計では、金額・貨幣額で表現できる状況・事象だけを対象とし、金額・貨幣額で表現できない状況・事象は会計の対象としない。このことは、会計学のテキストでは「貨幣評価の公準」とか「貨幣的測定の公準」として紹介されている。

簿記は、会計という思考を具体化するための装置であるから、当然のこととして、会計が対象とするもの（状況や事象）だけをインプット・データとする。つまり「貨幣的に測定できる状況・事象」である。

「貨幣的に測定できる」という条件を付けても、あまりにも範囲が広く、また一つの状況・事象に対していくつもの貨幣額が考えられることも多い。例えば、一万円の商品を購入したとしよう。経済学では「等価交換」ということがいわれるが、「等価」であれば交換などという面倒なことは行わない。特にビジネスにおいては、買い手も売り手も、自分のほうが有利と考えるから取引が成立するのだ。

予想よりも安く買えたとすれば、買い手にとっての価値は一三、〇〇〇円かもしれない。高いと思いつつも品ぞろえのために仕入れたとすれば、買い手にとっての価値は八、〇〇〇円かもしれない。この商品をタイミングよく売ったら一五、〇〇〇円になりそうだけど、売るチャンスを逃したら九、〇〇〇円になりそうだとしよう。

一〇、〇〇〇円も、一三、〇〇〇円も、八、〇〇〇円も、一五、〇〇〇円も、九、〇〇〇円も、この商品を「金額的に測定した数値」である。ではいったい、どの数字を簿記のインプット・データとして採用すべきであろうか。

山桝忠恕教授は、簿記について、こう述べている（非常に残念なことであるが、私は山桝先生にお会いしたことがない。論文や著書を読んで私淑するだけであった。お会いする機会があったら、間違いなく入門を願い出ていたが、残念ながらその機会もすでにない）。

「もともと簿記というのは、一応それ自体としては無色・無内容なひとつの装置にすぎないものである」（山桝忠恕、一九六三年、四頁）。

そうであるとすると、上に書いた金額のどれをインプット・データとするかは、簿記の定義から導き出されるものではなく、簿記のシステム（装置）を使って自らの目的を具体化しようとする「会計」の定義（目的観）に照らして決めることになろう。

4 原価・実現主義

少し難しいことを書いた。要するに、簿記のシステムにインプットされるデータ（図表の左端にあるフィルターを通るデータ）は、「金額的に測定できる」だけではなく、その時代の会計の目的に適合したものということになる。少なくとも一九三〇年代以降の世界の会計が目的としてきたのは、「投下資本の回収計算」「回収余剰としての利益の計算」を期間に区切って行うことであった。その目的にもっとも適合したのが「資産評価に関する原価主義」と「収益計上に関する実現主義」、つまり「原価・実現主義」であった。

「原価・実現主義」の下では、資産の帳簿価額・貸借対照表価額は「資産の取得原価」「資産を取得するのに要した支出額」であり、従って複式簿記にインプットされるデータも資産の取得原価であり、借入金であれば借りたお金の額である。

減価償却や棚卸資産の原価配分（先入先出法、平均法などによる）が行われる場合にも、取得原価を期間に配分するのであって、期間に配分されるコストの総額は取得原価を超えることはない。資産の評価（原価配分後の貸借対照表価額）にキャップ（上限）があるのである。時価評価ならキャップなどないから、資産の評価も利益の計上も天井知らずである。時価会計なら粉飾決算も、好きな金額にできる。評価益も評価損も計上に上限がないからである。それが便利だと考える人がいてもおかしくはない。

「原価・実現主義」の下では、各期に計上される収益は、「実現のテスト」をクリアしたものに限られる。つまり、(1)提供する製品・商品・サービスの提供・引渡しが完了していること、(2)収益の対価の受取りが確実になること（現金の受領、売掛金・受取手形による債権の発生など）、の二つの条件をクリアしたものでなければならない。費用は、計上される収益の獲得に「要した」ことが条件とされ、ここで「収益・費用対応の原則」が働く。時価会計のように無制限に収益・費用を計上できるわけではない。

5 リミッターとしての収支額

資産・負債の記帳価額（会計でいう「価額」とは帳簿や財務諸表に記載する「金額」のこと）はもとより、収益の額も費用の額も、キャッシュ（売上債権・仕入債務、手形債権・債務などを含めた広い概念であるが、いずれも最終的には現金収支額に一致するようになる）のインフロー・アウトフローの額がリミッターになっている。つまり、資産・負債・収益・費用という会計上の数値はすべてキャッシュ・フロー（収入額と支出額）の範囲内でしか計上できないというリミッターがついているのである。

このことを、武田隆二教授は次のように表現されている。余談ながら武田教授とはお会いするたびに、お互いに一升瓶を脇に置いて「快談」する仲であった。関東では中村忠教授と会えば決まって一緒に一升酒を呑んだ。違うのは、武田先生とは冷酒を、中村先生とはかん酒を飲み交わしたことであろうか。お二人とも他界されてしまったが、学界の長老に向かって、ずいぶん年下の私が言いたい放題のことを言うのを許してくれたのはうれしかった。

中村先生からは、ときに「生意気なことを言うな」とたしなめられたが、武田先生はいつもにこにこと私の生意気な話に耳を傾けてくれた。師弟関係のない大先輩との話は（少なくとも私にとっては）本音や裏話を聞けるだけではなく、若造の私も本音をぶつける得難い機会であった。

余談が長くなった。武田教授の話に戻る。武田教授は言う。

「利潤動機によって支えられた私企業の経済活動は、有償行為（製商品等の財貨の引渡しに対する代償として、現金等の対価の支払を伴う行為）として、財貨の流れと貨幣の流れという対流する事実関係として現われる。企業会計では、このような企業活動を取引として把握し、会計システムのインプット・データとする。インプットされた取引データは、会計システムを通じて加

工されアウトプットされる。」（武田隆二、二〇〇八年、六頁）

申し訳ないが、さらに余談である（読者諸賢からは、「余談を読むのが楽しみ」というメールも頂戴しているので、多少の脱線はお許しいただけそうである）。武田教授はここで「財貨」という言葉と「貨幣」という言葉を使っているが、「財貨」といえば「財」と「貨幣」を合わせた表現であり、「財貨の流れと貨幣の流れ」というと「物とお金の流れとお金の流れ」ということになり、「馬から落ちて落馬した」というようなことになろう。正しくは「財の流れと貨幣の流れ」というべきではなかろうか。

武田教授の本に限らず、お弟子さんの多い先生が書いた本の場合は、本を改訂するたびにお弟子さんたちが改訂の作業を「お手伝い」する（大先生がお弟子さんたちに丸投げすることも多いと聞く）。法律や会計基準が変わったとか、誤字があったとか、計算違いがあったとか、気が付いたことは「さりげなく」恩師に伝える。私もそうしてきた。

ところが、本を書いた大先生は、そうした指摘が大嫌いなのだ。弟子から間違いや勘違いを指摘されるのは屈辱らしく、間違いをさりげなく伝えても、不快感を隠そうともしない。それを知ったら、二度と間違いや勘違いを指摘することはしない。恥をかくのは自分ではないのだ。きっと、武田教授の「財貨」と「貨幣」のことも、武田教授門下生一同は、不適切であることを知りながら「逆鱗《げきりん》」に触れることを嫌って進言しなかったのではないかと想像する。

再び武田教授の説明に戻る。武田教授によれば、企業活動は「財貨の流れと貨幣の流れという対流する事実関係として現われ……会計では、このような企業活動を取引として把握し、会計システムのインプット・データとする」。つまり複式簿記にインプットされるデータは、財と貨幣の流れ（フロー）に限られるのである。

6　取引の八要素

財と貨幣の流れを複式簿記にインプットするときの約束を示すために、簿記の入門書には決まって、図表4に掲げるような「取引の八要素」の図が載っている。中村忠教授によれば、こうした八要素に分けて説明しているのは、日本独特のものである。この八要素説は、下野直太郎教授の説を吉田良三教授が改良したものといわれているという（『会計学大辞典（第五版）』による）。日本独自とはいえ、取引の仕訳を説明するには非常に便利である。

図表4

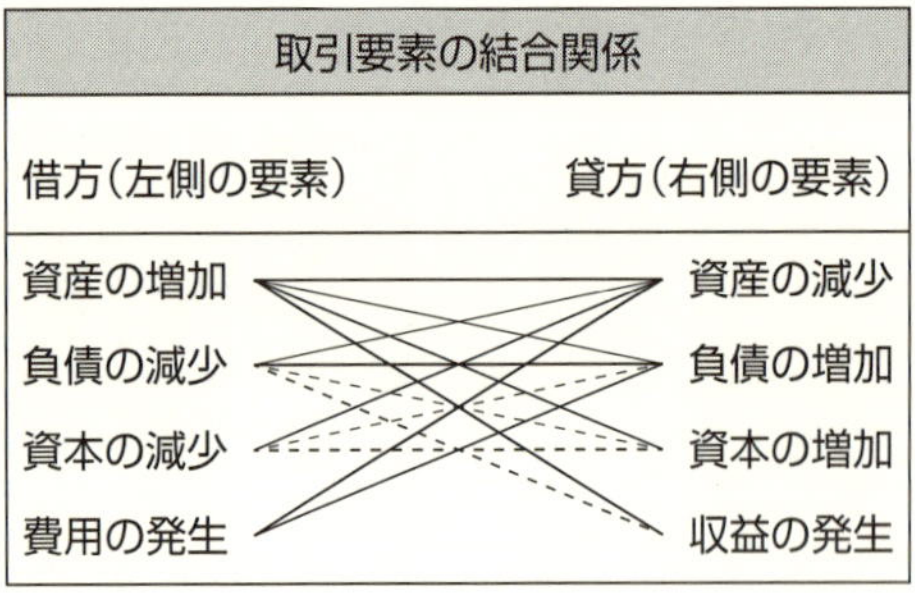

ところが、最近では、この図に収まらない事象を「取引」としてインプットさせる動きが出てきた。例えば「新株予約権」である。新株予約権は、あらかじめ決められた価格で、決められた数の株式を購入することができる権利である（会社法二二条十一項）。従来の転換社債権、新株引受権、ストック・オプションを総称するものである。多くの場合、ストック・オプションで用いられる。

7 新株予約権

企業外部の投資家に新株予約権を単独で発行（販売）するケースや新株予約権を付した社債を発行するケースでは、発行に伴って金銭の払込みを受ける。この払い込まれたお金は借方（現金）として仕訳されるが、ではその相手勘定（貸方）をどうするかが問題になる。

新株予約権が行使されれば、払込金額は資本となるが、権利が行使されるまでは資本とすることはできないし、権利が行使されないときは発行会社の利益となる。権利が行使されるまでは、発行会社にとって負債（仮受金）だとする見方もある。新株予約権を発行したことによって受け入れたお金を、資本とするのか負債とするのか利益とするのかが判然としないのである。権利が行使されない場合には利益として処理することを考えれば「未実現利益」という解釈もありうる。

図表４に紹介した取引の八要素の図には、借方が資産（現金）の増加に対して貸方は「資産の減少」「資本の増加」「負債の増加」「収益の発生」が掲げられている。負債と資本の両方の性格を持つ要素とか未実現収益といった要素はない。そうなると、簿記・会計のスタート・ラインである「仕訳」ができない。仕訳ができないものは、複式簿記のシステムにインプットすることができない。つまり、会計データとならないのである。これは困る。少なくとも現金は受け取っているのであるから、借方（現金○○円）はインプットしなければならない。では貸方をどうするか。

この問題をクリアするために、現在では「資本の増加」「資本の減少」を拡張して「純資産（資本を含む）の増加」「純資産（資本を含む）の減少」として、資本と負債の性格を併せ持つ科目（負債か資本か判然としない科目）を「純資産の増減」として処理するという苦肉の策をとっている。

では、これまでに取り上げてきた資産除去「債務」の「資産」計上や、負債の時価評価差額、リース資産・債務などは、取引の八要素にうまく分けられるのであろうか。ＩＦＲＳは会計上の取引として複式簿記のシステムに資産除去債務とその同額の資産を計上させようとしたり、自社が発行した社債（負債）を時価評価して評価差額を計上させようとしているが、こうした項目は、上記のような「財と貨幣のフロー」としては説明がつかない。

では、ＩＦＲＳは何を複式簿記のシステムにインプットしようとしているのか、これを明らかにすることができれば、ＩＦＲＳが何を目的として不可解な会計処理・報告を求めるのかを解明できるのではなかろうか。

8　ＩＦＲＳを流れる「破壊的」目的観

「ＩＦＲＳの不思議な会計」の「種明かし」をするときがきた。これまで取り上げてきた不思議な会計処理は、実は、負債という視点から見直してみると、一貫した説明ができそうである。ただし、会計的にみて合理的だとか整合的だということではない。何が一貫しているかというと、資産除去債務、退職給付引当金、リース債務、社債などの負債を、すべて「時価」でバランス・シートに載せるという点である。つまり、「負債の時価評価」である。

読者の皆さんが大変な金持ちで、どこかの会社を買収して（表面的には投資家がする株式投資と変わらない）、超短期に稼ぎたいと考えているとしよう。金持ちでなくても、他人の資金を集めて運用するファンドでも、金融機関から借りて企業買収するのも同じである。どんな会社に投資（買収）するにしても、その会社を乗っ取ってから自分が経営するというのではまどろっこしいし、経営に失敗するリスクもある。乗っ取った後の会社経営ほど難しいものはない。経営理念や経営方針の対立もあれば、労組との対立もある。乗っ取った会社の役員や従業員との和を保つことは至難である。

今の投機家は、そうした面倒なことは回避して、瞬間的な儲けを追及する。買収した企業を経営するような面倒なことや株価の値上がりとか配当といった不確実なことを避けて、買収したらその企業の持っている資産・負債をバラバラに切り売りすることで、投資の額（つまりこの会社を買収するのに要したお金）を超えて資金を回収できるかどうかを知りたいのである。つまりＩＦＲＳが前提としている投機家は、「企業解体の利益」「企業売買の利益」を追及しているのである。

企業をコモディティとしかみない企業売買ゲームが進行すれば、多くの企業が解体され、従業員は解雇、取引先との関係は解消される。産業は衰退するしかない。ＩＦＲＳを採用するということは「わが社の身売り価格」を計算・開示することであり、いずれ産業の衰退に加担するのだということを認識すべきである。

9　低価法強制も後入先出法禁止も同根

これまでの伝統的な財務諸表では、資産の現在価値（売ったらいくらになるか）も負債の現在価値（いくらで清算できるか）もわからない。買収してみたら、バランス・シートに載っていない巨額の債務があったというのでは話にならない。だからＩＦＲＳでは、ありとあらゆる負債を洗い出して時価で表示させようというのである。資産除去債務、リース債務、金融負債（社債）の時価による表示、退職給付に関する負債の時価計上、どれも同じ目的から出ている。引当金の設定条件を「会計上の負債」から「法的債務」に変えるのも、企業を買収したときの債務額を表示させるためである。

資産も切り売りする以上は、全面的に時価評価する必要がある。負債と違うのは、バランス・シートに載っていない資産があっても、むしろ歓迎されることであろう。そうはいっても、資産の時価を知りたいはずである。棚卸資産（商製品など）が正味売却価額で評価される（取得原価よりも低い場合。低価法の適用）のも、後入先出法が禁止されるのも、バランス・シートに資産の売却価額という時価で表示させたいからである。

後入先出法については少し説明がいる。この方法は、先入先出法とは逆に、売上原価の計算において最後に仕入れた商品（原材料）から販売されるという「物の流れ」を仮定している。売れた商品の原価（コスト）は、「物の流れ」と同じ流れ（コスト・フロー）をすると考えるために、期末に販売された商品の売価（収益）には最後に仕入れた商品の仕入原価が売上原価として対応される。その結果、売上原価は期末の時価に近い金額になり、バランス・シートに記載される期末在庫は古い仕入価額を反映することになる。ＩＦＲＳの立場からは、それでは期末在庫が時価から離れすぎるので都合が悪い。期末在庫が時価になるようにするには、低価法を強制し、さらに後入先出法を禁止するしかない。低価法の強制も後入先出法の禁止も、こうした裏の事情があったのである。

不動産の一部（賃貸等不動産）は、ＩＦＲＳでは時価評価が認められているし、時価評価しない場合には時価等を開示することになっている。わが国でも、投資不動産、遊休不動産、賃貸不動産（合わせて賃貸等不動産という）については「期末時価とその算定方法」を注記することになっている。土地・建物を含めた全面時価評価には抵抗が大きいので、時価評価・時価情報の開示について抵抗の少ないところから切り崩していることは明らかである。

参考文献

飯塚　毅『経営と税制　どうあるべきか　職業会計人からの直言』ＰＨＰ、一九八七年
石川純治『揺れる現代会計　ハイブリッド構造とその矛盾』日本評論社、二〇一四年
石川純治『変わる社会、変わる会計　激動の時代をよむ』日本評論社、二〇〇六年
伊藤邦雄『新・現代会計入門』日本経済新聞出版社、二〇一四年
伊東光晴『アベノミクス批判　四本の矢を折る』岩波書店、二〇一四年
大日方　隆『利益率の持続性と平均回帰』中央経済社、二〇一三年
岡村勝義、奥山　茂、戸田龍介、田中　弘（座談会）「戦後会計学の軌跡と反省」『経済貿易研究』神奈川大学経済貿易研究所、第四〇号、二〇一四年
坂本吉弘「時流に乗った学者」（「あすへの話題」）日本経済新聞、関東版夕刊、二〇〇二年四月四日
佐和隆光『経済学とは何だろうか』岩波新書、一九八二年
司馬遼太郎『司馬遼太郎が考えたこと三　エッセイ一九六四―一九八三　第一巻』新潮社、二〇〇一年

関岡英之『拒否できない日本―アメリカの日本改造が進んでいる』文春新書、二〇〇四年
菊池英博『そして、日本の富は略奪される―アメリカが仕掛けた新自由主義の正体』ダイヤモンド社、二〇一四年
北村敬子（編著）『財務報告における公正価値測定』中央経済社、二〇一四年
木村剛『「会計戦略」の発想法』日本実業出版社、二〇〇三年
倉田幸路（編著）『財務会計の現状と展望』白桃書房、二〇一四年
神戸大学会計学研究室編『会計学辞典』同文舘出版、初版一九五五年
坂本孝司『会計で会社を強くする』ＴＫＣ出版、二〇〇八年
佐藤行弘「国際対応を踏まえた今後のわが国会計制度の展望」『企業会計』二〇一二年四月号
島梟（ペンネーム）「大学の会計教育」（「経済気象台」）日本経済新聞二〇一二年一一月二八日
武田隆二『最新財務諸表論』中央経済社、初版一九七八年
田中章義「弁証法的会計方法論と資本概念の復権―現代会計の根底にあるもの―」『會計』二〇一三年一一月号
田中章義「アメリカ会計学界の反省と教訓―実証会計学をめぐる問題―」『會計』二〇一〇年七月号
田中　弘「商法・企業会計原則における離脱規定」『會計』一九八六年一〇月号

田中　弘「企業会計原則の法的認知」『會計』一九八八年三月号
田中　弘『イギリスの会計制度―わが国会計制度との比較検討―』中央経済社、一九九三年
田中　弘『会計の役割と技法―現代会計学入門』白桃書房、一九九六年
田中　弘（編著）『取得原価主義会計論』中央経済社、一九九八年
田中　弘『会計学の座標軸』税務経理協会、二〇〇一年
田中　弘『財務諸表論の考え方』税務経理協会、初版二〇〇一年、第二版二〇〇二年、第三版二〇〇四年
田中　弘『時価主義を考える』中央経済社、初版一九九八年、第二版一九九九年、第三版二〇〇二年
田中　弘『新財務諸表論』税務経理協会、初版二〇〇五年、現在第五版二〇一五年
田中　弘『会社を読む技法―現代会計学入門』白桃書房、二〇〇六年
田中　弘『複眼思考の会計学―国際会計基準は誰のものか』税務経理協会、二〇一〇年
田中　弘『ＩＦＲＳはこうなる―「連単分離」と「任意適用」へ』東洋経済新報社、二〇一二年
田中　弘『国際会計基準の着地点―田中　弘が語るＩＦＲＳの真相―』税務経理協会、二〇一二年
田中　弘『会計学はどこで道を間違えたのか』税務経理協会、二〇一三年

田中　弘『最初に読む会計学入門』税務経理協会、二〇一三年
田中　弘「『日本版ＩＦＲＳ構想』の虚実―ＩＡＳＢの構造的欠陥とアメリカの意向―」『愛知学院大学論叢　商学研究』愛知学院大学商学会、二〇一四年三月（平野勝朗准教授追悼論文集）
田中　弘「なぜ税理士業界は輝きを失ったのか―金融機関にパイを奪われる日が近い？―」『金融財政ビジネス』時事通信社、二〇一四年八月一八日号
田中　弘「税理士業界の輝きを取り戻す―武器は経営分析とコンサルティング―」『金融財政ビジネス』時事通信社、二〇一四年一〇月一六日号
田中　弘『財務諸表論の考え方―会計基準の背景と論点―』税務経理協会、二〇一五年
田中　弘「金融庁の大誤算―ＪＭＩＳはJapan's Mistake!」『金融財政ビジネス』時事通信社、二〇一五年一月一九日号
田中　弘「不評の日本版ＩＦＲＳ―ＪＭＩＳはJapan's Mistake!―」『税経通信』税務経理協会、二〇一五年一月号
田中　弘「金融庁の誤算―ＪＭＩＳの落とし穴」『税経通信』税務経理協会、二〇一五年二月号
田中　弘「八年前の警鐘は活かされたか―田中章義教授と石川純治教授の教え―」『税経通信』税務経理協会、二〇一五年三月号

田中　弘「国際会計基準（ＩＦＲＳ）と退職給付に関する会計基準―確定拠出への移行を加速」『月刊　企業年金』企業年金連合会、二〇一五年三月号
田中　弘「忍び寄る『不幸の会計基準』の魔手―会計基準は『鏡』か『ものさし』か」『税経通信』税務経理協会、二〇一五年四月号
田中　弘「大学改革と簿記・会計教育（１）―文科省有識者会議の波紋―」『税経通信』税務経理協会、二〇一五年五月号
田中　弘「大学改革と簿記・会計教育（２）―会計学者は何を教えてきたのか―」『税経通信』税務経理協会、二〇一五年六月号
辻山栄子「包括的ビジネス報告モデルの批判的検討」『早稲田商学』二〇一二年三月
辻山栄子「現代会計のアポリア―対立する２つのパラダイム―」『早稲田商学』二〇一三年一月
友杉芳正・田中弘・佐藤倫正（編著）『財務情報の信頼性―会計と監査の挑戦―』税務経理協会、二〇〇八年
東洋経済新報社『会社四季報』二〇一三年二集ワイド版、二〇一三年三月
戸田龍介（編著）『農業発展に向けた簿記の役割―農業者のモデル別分析と提言』中央経済社、二〇一四年
夏目漱石『吾輩は猫である』新潮文庫、一九六一年

中島　茂『「不正」は急に止まれない』日経プレミアシリーズ、二〇〇八年
西村明子「審議会等・私的諮問機関の現状と論点」『レファレンス』国立国会図書館、二〇〇七年五月号
日本経済団体連合会「国際会計基準（ＩＦＲＳ）への当面の対応について」企業会計審議会資料、二〇一三年三月二六日
原　丈人『増補　二一世紀の国富論』平凡社、二〇一三年
藤田晶子『無形資産会計のフレームワーク』中央経済社、二〇一二年
本郷孔洋『本郷孔洋の経営ノート　二〇一一　今を乗り切るヒント集』東峰書房、二〇一一年
本郷孔洋『本郷孔洋の経営ノート　二〇一二　会社とトップの戦略的跳び方』東峰書房、二〇一二年
本郷孔洋『本郷孔洋の経営ノート　二〇一三　残存者利益を取りに行け！』東峰書房、二〇一三年
本郷孔洋『本郷孔洋の経営ノート　二〇一四　資産防衛の経営』東峰書房、二〇一四年
本郷孔洋『本郷孔洋の経営ノート　二〇一五　3年で勝負が決まる！』東峰書房、二〇一五年
神谷秀樹『強欲資本主義　ウォール街の自爆』文藝春秋（文春新書）、二〇〇八年

山崎敏邦「(書評)田中弘著『国際会計基準の着地点―田中　弘が語るIFRSの真相』」『産業経理』産業経理協会、第七三巻第一号、二〇一三年四月
渡辺洋三『法を学ぶ』岩波書店、一九八六年
山桝忠恕『近代会計理論』国元書房、一九六三年
渡邉　泉（編著）『歴史から見る　公正価値会計―会計の根源的な役割を問う―』森山書店、二〇一三年
「お飾り審議会　変えよう」朝日新聞、東京版夕刊、二〇一二年一二月一四日
Ito, Kunio and Makoto Nakano(ed.), *International Perspectives on Accounting and Corporate Behavior*, Springler, 2014.
Henry, O. (William Sydney Porter), *The Last Leaf and Other Stories* (English Edition) [Kindle版]
Keyes, Daniel, *Flowers for Algernon*, by Daniel Keyes. ダニエル・キース、小尾美佐訳『アルジャーノンに花束を』早川書房、一九八九年
Ormerod, Paul, *The Death of Economics*, Wiley, 1997. 斉藤精一郎訳『経済学は死んだ　いま、エコノミストは何を問われているか』ダイヤモンド社、一九九五年

経歴

学歴・職歴（本務校）	
1943年	北海道札幌市に生まれる
1966年	早稲田大学第一商学部を卒業
1969年	早稲田大学大学院商学研究科修士課程修了
1972年	早稲田大学大学院商学研究科博士課程修了
1972年	愛知学院大学商学部専任講師
1977年	同大学助教授
1981―83年	愛知学院大学経営研究所事務局長

1984―85年	ロンドン大学経済学部（LSE）にて在外研究
1987年	愛知学院大学商学部教授
1992年	博士（商学）（早稲田大学）
1993年	神奈川大学経済学部教授
2000―01年	ロンドン大学経済学部（LSE）客員教授
2003―05年	神奈川大学大学院経済学研究科委員長
2010―14年	神奈川大学中小企業経営経理研究所　所長
2014年3月31日	神奈川大学を定年退職
2014年4月1日	神奈川大学名誉教授
2014年5月	辻・本郷税理士法人　顧問
2014年10月	一般財団法人経営戦略研究財団　理事長
2015年6月	ホッカンホールディングス（株）社外取締役

受賞

1988年	日本会計研究学会　学会賞受賞（「企業会計原則の法的認知」）

学会活動（学会報告を除く）

1985—86年	日本会計研究学会スタディ・グループ「財政状態変動表の研究」メンバー
1988—89年	日本会計研究学会スタディ・グループ「中間財務情報の会計および監査の研究」メンバー
1988年	日本会計研究学会　学会賞受賞（「企業会計原則の法的認知」）
1992—94年	日本会計研究学会スタディ・グループ「予測財務情報に関する理論・制度・実証研究」メンバー
2005年	日本会計研究学会特別委員会「財務情報の信頼性に関する研究」メンバー この間、日本会計研究学会評議員、国際会計研究学会理事

政府委員等

1990―91年	大蔵省保険審議会総合部会保険経理小委員会　委員
1991―95年	大蔵省銀行局保険部　保険経理フォローアップ研究会　座長
1991―93年	JICPAジャーナル　書評委員
1992―94年	大蔵省保険審議会法制懇談会　委員
1992―96年	安田火災記念財団　研究会「保険事業におけるディスクロージャー」研究員
1992年―	日本アクチュアリー会　客員
1992―96年	ニッセイ基礎研究所　企業会計研究会　研究員
1993年	郵政省簡易保険局経営数理課「簡易保険の計理に関する委員会」委員
1994―96年	早稲田大学産業経営研究所　特別研究員
1994―97年	公認会計士二次試験委員

1995—96年	郵政省簡易保険局経営計画課「金融自由化に対応した会計の在り方に関する調査研究会」座長
1996—97年	大蔵省銀行局保険調査室「支払保証制度に関する研究会」委員
1996—97年	神奈川大学理事会財政部会委員
1997—98年	郵政省簡易保険局「簡保資金の運用に関する調査研究会」委員
1998年	金融監督庁・大蔵省「保険業に係る早期是正措置に関する検討会」委員
1999—2000年	郵政省簡易保険局「金融・経済構造の変化に対応した簡易保険事業の在り方に関する調査研究会」委員
1999年	郵政省郵務局「郵便事業外部評価検討会議」委員
2001年	総務省委託調査研究「時価会計とリスク管理」
2002年	総務省委託調査研究「生命保険事業における価格変動リスク―計測と管理の手法」
2002—04年	神奈川県緊急雇用対策委託訓練「ビジネス実務速習科」受託

2003―10年	日本生命保険相互会社　総代
2007―12年	日本生命保険相互会社　業務監視委員会委員
2007―09年	横浜市監査事務局　研修企画委員会委員
2008―14年	ホッカンホールディングス（株）買収防衛独立委員会委員
2010年―	日本生命保険相互会社　社友
2010―14年	神奈川大学中小企業経営経理研究所　所長
2014―15年	ホッカンホールディングス（株）買収防衛独立委員会委員長
2014年―	辻・本郷税理士法人　顧問
2014年―	一般財団法人経営戦略研究財団　理事長 一般社団法人アジア連合大学院機構　理事 一般社団法人神奈川大学会計人宮陵会　顧問 中小企業経営経理研究所　所長
2015年―	ホッカンホールディングス（株）社外取締役

非常勤講師他

1974—79年	中京大学商学部講師（原書購読）
1976—80年	長野県戸狩スキースクール・インストラクター
1976—83年	名城大学商学部講師（簿記Ⅰ）
1976年	日本経営協会中部経営技術専門学院講師（商業簿記、会計学）
1980年	日本経営協会中部経営技術専門学院講師（財務諸表論）
1981—83年	三菱重工（株）名古屋技術員養成所講師（原価と財務）
1985—88年	中部大学経営情報学部講師（簿記原理）
1987—88年	南山大学経済学部講師（財務会計論）
1987—91年	愛知大学法経学部講師（簿記学）
1988—89年	愛知大学経営学部講師（会計学）
1988—92年	南山大学経営学部講師（経営分析論）
1995—96年	早稲田大学法学部講師（会計学）

1996年	つくば大学大学院経営工学研究科博士課程講師（財務会計論）
1996―99年	早稲田大学法学部講師（簿記入門、法律家のための会計）
1997年	名古屋外国語大学国際経営学部講師（簿記原理）
2003年	北海道大学大学院経済学研究科　集中講義（財務会計論）
2003年	本郷税理士法人　本郷会計塾　講師（財務会計）
2004年	自由民主党経済活性化懇談会設立委員
2006年―	英国国立ウェールズ大学大学院ＭＢＡコース東京校教授（Financial Accounting）
2014年―	神奈川大学経済学部・大学院経済学研究科講師

現在

神奈川大学名誉教授
英国国立ウェールズ大学大学院MBAコース東京校教授
一般財団法人経営戦略研究財団　理事長
辻・本郷税理士法人　顧問
ホッカンホールディングス（株）社外取締役
中小企業経営経理研究所　所長
日本生命保険相互会社　社友
一般社団法人アジア連合大学院機構　理事
公益社団法人日本アクチュアリー会　客員
一般社団法人神奈川大学会計人宮陵会　顧問

わたしの歩んできた道

1943（昭和18）年6月23日　北海道札幌市で誕生

父・軍治、母・ナツの3男として生まれる。戦時下、防空壕（！）に落ちそうになる。食糧難の時代。近くの米軍キャンプにでかけてコカコーラを飲まされたときは、殺されるかと思いました。「ギブミー・チョコレート！」といいながらジープを追いかけるーでももらったのはガム。そんな記憶がかすかにあります。

飢餓は経験していない。両親に感謝しています。

1950（昭和25）年　札幌市立豊平《とよひら》小学校入学

ともかくも無口な少年時代。家で勉強した記憶なし。学校までの雪道をスケートで通う。冬に出かけるときは、スケートをはいて路線バスのバンパーをつかんでどこにでもタダで済ます。

小学校の教師からはいじめられました。そのせいで、いまだに小学校のクラス会は教師が来るときは参加しません。60年も昔の話ですが、肉体に受けた傷なら忘れるかもしれませんが、心に受けた傷は年月では氷解しないのですね。

私の教員時代に、そうした心の傷を与えてしまった学生がいたとすれば（きっと沢山の学生がいたのではないかと不安です）心からお詫び申し上げたい。

1956（昭和31）年　札幌市立幌東《こうとう》中学校入学

荒れた中学。暴力教室が当たり前。1クラス70名。1学年17クラス、全校で2600人の大所帯。生徒会で書記長を2期務めました。

勉強に目覚め、夜中に勉強していると、親から「体に悪いから、早く寝ろ！」と言われる。根が素直なので、言われるがままに寝る。

悪友がいっぱいでした。いまでも、年に1回は、悪友どもと飲み交わしています。みんなジイサンになったけど。

1959（昭和34）年　札幌市立啓北商業高等学校入学

普通科を嫌って商業高校へ。大成功。3年間、トップでいられました。今でも親しくする先生方に出会う。うち、英語の先生は、私のロンドン滞在中に2度も来宅、1か月ほどを一緒に過ごしました。担任とは、いまでも毎年会って食事をしています。

自由な校風で、ほとんどのことは生徒の発案・実行に任せてくれました。

1962（昭和37）年 早稲田大学商学部入学

高校卒業後就職するつもりであったが、ひょんなことから大学へ。おかげで、学生時代は、貧乏、ガリガリの痩せ、バイト専門、夜更かし・寝不足、出席不足、成績不良。

入学金を期日に支払えず、大学に延納を頼んだら、待ってくれました。その後も、授業料は1年遅れ、2年遅れでも文句は言われませんでした。早稲田でなければとっくに放校されていたでしょう。

大学を卒業できたのは、大学紛争と多くの友人のおかげ。卒業の年、大学紛争で定期試験なし。すべてレポートに。おかげで、優はとれずとも可はとれました。

1年間過ごした「東京学生会館」（千代田区代官町——今の、武道館のある場所にあった「近衛兵」の兵舎）では、全学連の猛者《もさ》連中にもまれながら、ノンポリ（政治には無関心派）を通しました。便所のドアは開けっ放し、1室4人の共同生活、風呂は神田まで20分、食堂は15円で「ご飯とみそ汁」。

大学まで、都電で往復15円、傘が無くて雨が降ると自主休講。生協のカレーライスが40円、喫茶店のコーヒー（滅多に飲めなかったが）も40円、あこがれの吉永小百合がいく喫茶店（ジャルダン）のコーヒーは1杯80円。

4年の春、兄の都合で、厚生省管轄の学生寮「研修寮」（駒沢公園となり）に入る。最年長の寮生として、4年間を過ごしました。

1966（昭和41）年　早稲田大学大学院商学研究科修士課程入学

就職先がなく、大学院へ。尊敬する佐藤孝一先生の門をくぐる。貧乏人には大学院はつらい。一日に2つか3つのアルバイトを掛け持ち。夜はほとんど寝る時間なし。仮眠をとる前に、寮の後輩に、「2時間したら起こして。起きなかったら顔に冷水をかけてもいい」といって横になる。何度か冷水をかけられたが、そのたびに「ありがとう。明日も頼む」と言って机に戻った。

いま改めて、真夜中に私の両ほほをひっぱたいてくれた皆さんにお礼を言いたい。

この時期は奨学金も少なく、家庭教師先で食べる夕食が栄養源であった。土曜や日曜には、大学入学以来、私を心配してくれていたSさんの横浜の家で栄養補給を……うーん、今から思えば、生きているのが不思議だった時代です。

大きな病気を患《わずら》わなかったのと、心から心配してくれる友人がいたことが、古稀まで生きることができたのだったと、わが友と、健康な体に育ててくれた両親に感謝しています。

修士論文「後入先出法の会計思考とその発展に関する一考察——アメリカ価格変動会計論序説」

1969（昭和44）年　早稲田大学大学院商学研究科博士課程入学

大学院に入ると就職先はさらに少なく、何となく博士課程に進む。他に道はなかったわけではないのですが、修士論文を書き上げてから、会計学が面白くなってきたのですね。

奨学金のおかげで、アルバイトは家庭教師だけで済むようになる。それでも一日に2人、夕方の4時—6時と7時—9時の家庭教師。修士課程と変わって、夜は5時間くらいの睡眠をとれるようになる。

早稲田時代、住処《すみか》を8か所替える。

品川の叔父宅↓千代田区・東京学生会館（いまの武道館の建っている場所）↓上井草の下宿↓高円寺の下宿↓横浜・生麦の厚生省寮↓目黒区の厚生省研修寮↓新宿区喜久井町（夏目漱石の生家）↓地下鉄早稲田駅そばのアパート

東京学生会館は思い出がいっぱいです。九段の、靖国神社の向かいの田安門《たやす》（江戸時代、城内にあった田安家の門。今の武道館への入り口に現存する）をくぐって、戦中の近衛《このえ》兵の宿舎（東西南北にそれぞれ600名の宿泊施設。天皇家のすぐ隣。学生は朝起きたら天皇家の方角に向かって「天ちゃん、おはよう！」と言いながら歯を磨いていた。

大学院博士課程では、代筆屋。同期や後輩で論文が書けなくなった者がいると、代筆した。そのおかげで、会計学のどの領域にも精通できた（気がします）。

1972（昭和47）年　早稲田大学大学院商学研究科博士課程修了

大学院最後の年の授業料を払えずに「卒業」。実際に払ったのは20年後の1992年。利息も取られず、早稲田から「請求する事務手続きを忘れて申し訳ありません」というお詫《わ》びの手紙までもらってしまいました。貧乏人にはいい大学でした。

1972（昭和47）年　愛知学院大学商学部専任講師

給与は日本の大学で一番よかった。独身・買い物嫌いのわたしの場合、使っても使っても、余った。

学生とスキーを楽しむ。

1977（昭和52）年　同大学助教授

スキーに熱中。夏は研究室で仕事（読書と執筆）、冬はスキー場の民宿に仕事道具を持ち込んで、昼はスキー、夜は仕事（本当は、酒）。
長野県飯山戸狩スキー場にてスキーの指導員。
全日本スキー連盟の準指導員資格を取得。スクール生だけではなく、地元の指導員にスキー指導法などを伝授。

1980（昭和55）年　結婚（千葉　春江）

結婚してからテニスを始める。嫌いなコーチにあたって、スクールを止める。学生の気持ちが分かる！

1981（昭和56）年―1983年　愛知学院大学経営研究所事務局長
1981（昭和56）年―1985年　三菱重工業にて社員教育
結婚後、白馬（八方尾根）、野沢温泉、栂池などのスキー場を滑りまくる。

1984（昭和59）年―85年　ロンドン大学にて在外研究

ウインブルドンのセンターコート隣のフラットに住む。試合があるときは、夜中に列に並んで順番を確保し、家に帰って仮眠して、翌朝試合を観戦。マッケンロー、コナーズ、ナブラチロワ、クリス・エバートなど、当時のトップ選手の試合を目の前で観る。

ロンドン大学ＬＳＥには、カーズバーグ教授がいたが、時価主義者で話が合わず。

１９８７（昭和６２）年　愛知学院大学商学部教授

長女（綾）誕生

夜中に、子供にミルクを与えながら論文を書いていました。その論文が、翌年、学会賞に。

１９８８（昭和６３）年　日本会計研究学会　学会賞

受賞論文「企業会計原則の法的認知」

１９９０（平成２）年　大蔵省銀行局保険審議会保険経理小委員会委員

１９９１（平成３）年　大蔵省銀行局保険経理フォローアップ研究会座長

長男（和也）誕生

１９９２（平成４）年　大蔵省保険審議会法制懇談会委員

１９９２（平成４）年　安田火災記念財団研究会委員

１９９２（平成４）年　商学博士の学位を取得（早稲田大学）

博士論文「イギリス会計制度論」

日本アクチュアリー会　客員
ニッセイ基礎研究所企業会計研究会委員

1993（平成5）年　神奈川大学経済学部教授

大蔵省など東京の仕事が週に2—3日になり、名古屋と東京の二重生活。移住を決意。愛知学院大学を退職。愛知学院の学長から「辞めさせない」と脅かされる。退職金を人質にされてけんかを半年、最後にわたしのほうから、「退職金はお前にやる。その代わりに、学長の首を貰う」といって文部省へ……いく直前に退職金を支払ってくる。

長く住んだ名古屋から、昔住んだことがある神奈川に転居。海が目の前にあるマンションに引っ越して、最初に考えたのは、どこで釣るか、でした。フィッシングには最適なロケーションです。

アトピーに悩まされていた子供たちも、2—3回海で泳ぎ、浜風にあたるだけで快癒しました。残念ながら、浜風も海水も、デブには効き目がありませんでした。

1993（平成5）年　郵政省簡易保険局簡易保険計理委員会委員
1993（平成5）年　国際会計研究学会理事
1994（平成6）年　早稲田大学産業経営研究所特別研究員

1994（平成6）年　日本会計研究学会評議員

1994（平成6）年　公認会計士2次試験委員

神奈川大学に来てから、公認会計士・税理士試験を受験する学生のサポートをしてきました。試験委員になって最初の年に、公認会計士試験に3名の合格者が出て、以後、毎年数名から10名の合格者がでています。神大生・OBの活躍におおきな拍手を送りたいと思います。

1995（平成7）年　郵政省簡易保険局保険計理研究会座長
1995（平成7）年　郵政省簡易保険局責任準備金調査研究会委員
1996（平成8）年　大蔵省銀行局支払保証制度研究会委員
1998（平成10）年　金融監督庁・大蔵省早期是正措置検討会委員
1999（平成11）年　郵政省郵務局外部評価検討会議委員
1999（平成11）年　郵政省簡易保険事業研究会委員

2000（平成12）年-01年　ロンドン大学大学院客員教授

今回もウインブルドンに住みました。子供たちは現地校に、わたしは、ロンドン大学経済学研究科にて客員教授。とはいえ、ウインブルドンの試合の時は、仕事をわすれて……。

広い研究室、充実した設備、寛大な教授陣……めぐまれて過ごした1年でした。この間に書いた原稿をもとに、帰国して3冊の本を出しました。ただ遊びに行ってきたわけではないのですよ、皆さん。

現地校で英語だけの教育を受けた子供たちですが、オトナと違って適応力があるのですね。非常につらい思いもしたでしょうが、今、2人とも、ロンドンの1年間はよかったと感じているようです。

この間、高校時代の恩師が2度、絵を描きに来宅してくれました。朝まで仕事をしていると、トイレにたった恩師をつかまえて、夜中ならぬ「朝焼けの酒盛り」を始め、高校時代を懐かしむ話しやら、明日の夢など、いろいろ語り合えたことがうれしい限りです。

2003（平成15）年「時価会計不況」

新潮社より『時価会計不況』（新潮新書）を出版する。発売3日目に増刷決定、1週間目に品切れ店が続出し3刷、3週間目に4刷、6刷まで。

政界、産業界、会計士・税理士業界、労働組合、経営者団体などからの講演依頼が殺到。講演が25回ほど、インタビューが20回ほど頼まれました。

2003（平成15）年6月23日「赤いちゃんちゃんこ」の日を迎えました。

神奈川大学のゼミ生からは、6月21日にお祝いの会を開いてもらいました（参加者80名）。愛知学院の田中ゼミOB会では「赤いちゃんちゃんこ」を用意してもらい、今でも、還暦を迎えたOBが、そのちゃんちゃんこを順番に着ています。

2002（平成14）年10月―2005年12月　神奈川県雇用対策講座（経理・財務）

バブルの後、多くの有能な、技術力の高い人材が失業の憂き目にあいました。厚生労働省の企画で、神奈川県も再就職のための施策を立て、その一部を神奈川大学で引き受けました。というよりも、私が引き受けたのです。3年間に100名ほどの社会人を受け入れ、神奈川大学経済学部の教員を中心に、パソコン会計、基礎的簿記・会計、税務などを学んでいただきました。嬉しいことに、10数年たった今でも、呑み会に誘われたり相談を受けたりしています。

2006（平成18）年4月―　英国国立ウェールズ大学大学院東京校教授

イギリスのウェールズ大学が日本に開校した大学院（MBA）で、社会人を対象にした講義を担当しました。毎年、50―60人ほどの学生と、会計学の枠を超えた楽しいディスカッションとアフター・スクールを楽しみました。卒業生とは今でも交流が続いています。

2007（平成19）年1月―2012年7月　日本生命保険（相）業務監視委員

日本生命というガリバーのような巨大な金融機関の、経営陣から一般社員、取引先・投資先、仕事の現場・職場の環境、お客様対応・受付・・・個人情報の扱い、廃棄する書類の扱いまで、すべての業務を、「契約者、外部者、取引先、監督者」などの視点からチェックし、問題があれば提言する機会を得ました。すべてをチェックするのに5年半ほどかかりましたが、委員会の牛島信先生（委員長、弁護士）、有馬朗人先生（元東大総長、元文部大臣）などとご一緒に仕事ができたことは、私の財産です。

2008（平成20）年―　国際会計基準を批判する論考を執筆

連載「日本の国際会計戦略を考える」『金融財政』（現『金融財政ビジネス』）時事通信社

連載「複眼思考の会計学」『税経通信』税務経理協会

『国際会計基準はどこへ行くのか』時事通信社

『国際会計基準はこうなる―連単分離と任意適用』東洋経済新報社

『複眼思考の会計学―国際会計基準は誰のものか』税務経理協会

『国際会計基準の着地点』税務経理協会

2012（平成24）年4月　神奈川大学中小企業経営経理研究所　設立

多数の会計専門家や経営者に参加していただき、3年間にわたって、中小企業が抱える問題を検討してきました。

2013年に、全員で執筆を分担して『税務会計の基礎』（税務経理協会）を出版することが出来ました。

2013年3月　『会計学はどこで道を間違えたのか』税務経理協会

会計学が道を間違えたのか、私が道を間違えたのか、お読みになって判断してください。

2013（平成25）年6月23日　無事、健康にて「古希」を迎える

神奈川大学のゼミ生からは、6月22日にお祝いの会を開いてもらいました（参加者100名）。愛知学院大学のゼミOBには11月9日にお祝いの会を開いていただきました。感謝。

神奈川大学の20年

教員であり研究者である身には、神奈川大学は素晴らしい大学でした（前任校に比べて給与が安いのには驚きを通り越して、暮らしていけるかどうか不安になりましたが）。自由な研究の環境、高度な教育を受け入れる能力のある学生・院生、過ぎ去ってみれば、どの1日、どの1年も

充実していました。

神奈川大学に在職した20年間で、本を60冊ほど書くことができました。論文は２００本を超えました。書けばいい……というものではないことは承知しています。しかし「学者は書いたものでしか勝負できない」のです。いくら偉そうなことをしゃべっても、しゃべるだけなら「床屋の政治談議」と同じです。まだまだ書き続けようと思います。

20年にわたり、フレンドリーかつ向上心の高い学生・院生・ゼミ生の皆さんとご一緒できたことを幸せに思います。

70はまだ「富士の5合目」です。体力は少し衰えましたが、「気力」は十分です。まだまだ「枯れる歳ではない」。

著作等目録

著書			
『会計学講義』	共	昭和48年	東海経営会計研究会
『会計学新講』	共	昭和49年	東海経営会計研究会
『会計学講義（改訂版）』	共	昭和50年	東海経営会計研究会
『演習財務諸表論』	共	昭和55年	中央経済社
『簿記綱要』	共	昭和55年	東海経営会計研究会
『検定簿記講義（3級）』	共	昭和59年	中央経済社
『国際会計論』	共	昭和59年	東洋経済新報社
『検定簿記ワークブック（3級）』	共	昭和60年	中央経済社
『経営分析の基本的技法―会計データの作成と利用』	単	昭和63年	グローバル・プレス
『経営分析（改訂版）』	共	平成2年	八千代出版
『経営分析の基本的技法』	単	平成2年	中央経済社

『中間財務情報論』	共	平成2年	中央経済社
『イギリス会計基準書』（翻訳）	共	平成2年	中央経済社
『イギリスの会計基準——形成と課題』	単	平成3年	中央経済社
『資金情報開示の理論と制度』	共	平成3年	白桃書房
『イギリスの会計制度』	単	平成5年	中央経済社
『英和会計経理用語辞典』	共	平成6年	中央経済社
『イギリス会計基準書（第2版）』（翻訳）	共	平成6年	中央経済社
『イギリス財務報告基準』（翻訳）	共	平成6年	中央経済社
『最新検定簿記』	単	平成7年	中央経済社
『予測財務情報論』	共	平成7年	同文舘
『ファイナル・チェック簿記検定試験3級』	共	平成7年	税務経理協会
『英和・和英会計経理ハンディ辞典』	共	平成7年	中央経済社
『ファイナル・チェック簿記検定試験2級・商業簿記』	共	平成7年	税務経理協会
『積立保険とディスクロージャー』	共	平成7年	安田火災記念財団
『ファイナル・チェック簿記検定試験1級・会計学・商業簿記』	共	平成8年	税務経理協会
『会計の役割と技法―現代会計学入門』	単	平成8年	白桃書房
『現代財務会計の視点』	共	平成9年	同文舘

『ファイナル・チェック2級商業簿記（増補版）』	共	平成10年	税務経理協会
『ファイナル・チェック3級商業簿記（増補版）』	共	平成10年	税務経理協会
『ファイナル・チェック簿記検定試験1級会計学・商業簿記（増補版）』	共	平成10年	税務経理協会
『New Concept　日商簿記検定4級商業簿記』	共	平成10年	税務経理協会
『誰にでもすぐわかる　連結財務諸表』	共	平成10年	税務経理協会
『New Concept　日商簿記検定4級商業簿記ワークブック』	共	平成10年	税務経理協会
『EUにおける会計・監査制度の調和化』	共	平成10年	中央経済社
『時価主義を考える』	単	平成10年	中央経済社
『取得原価主義会計論』	共	平成10年	中央経済社
『今日から使える経営分析の技法』	共	平成11年	税務経理協会
『なるほど簿記入門』	単	平成11年	中央経済社
『国際財務報告の新動向』	共	平成11年	商事法務研究会
『原点復帰の会計学――通説を読み直す』	単	平成11年	税務経理協会
『時価主義を考える（第2版）』	単	平成11年	中央経済社
『会計学の座標軸』	単	平成13年	税務経理協会
『財務諸表論の考え方』	単	平成13年	税務経理協会
『財務諸表論――合格する答案を書くトレーニング』	単	平成13年	税務経理協会

『会社を読む―会計数値が語る会社の実像』	単	平成14年	お茶の水書房
『時価主義を考える（第3版）』	単	平成14年	中央経済社
『財務諸表論――合格する答案を書くトレーニング（第2版）』	単	平成14年	税務経理協会
『管理職のための新会計学』	単	平成14年	税務経理協会
『原点復帰の会計学（第2版）』	単	平成14年	税務経理協会
『財務諸表論の考え方（第2版）』	単	平成14年	税務経理協会
『経営分析―会計データを読む技法』	単	平成15年	中央経済社
『時価会計不況』（新潮新書）	単	平成15年	新潮社
『今日から使える経営分析の技法（改訂版）』	共	平成15年	税務経理協会
『財務諸表論の考え方（第3版）』	単	平成16年	税務経理協会
『公認会計士講座　財務諸表論（1）―（4）』	共	平成16年	LEC東京リーガルマインド
『不思議の国の会計学』	単	平成16年	税務経理協会
『新財務諸表論』	単	平成17年	税務経理協会
『新財務諸表論（第2版）』	単	平成18年	税務経理協会
『会社を読む技法―現代会計学入門』	単	平成18年	白桃書房
『財務諸表論の学び方』	単	平成18年	税務経理協会
『財務諸表論－理論学習徹底マスター－』	共	平成19年	税務経理協会
『傾向分析日商簿記検定　1級会計学』	共	平成19年	税務経理協会

『新財務諸表論（第3版）』	単	平成19年	税務経理協会
『基礎から学ぶ経営分析の技法』	共	平成20年	税務経理協会
『財務諸表論を学ぶための会計用語集』	単	平成20年	税務経理協会
『財務情報の信頼性』	共	平成20年	税務経理協会
『会計学を学ぶ』	共	平成20年	税務経理協会
『新会計基準を学ぶ（1）』	共	平成20年	税務経理協会
『新会計基準を学ぶ（2）』	共	平成20年	税務経理協会
『新会計基準を学ぶ（3）』	共	平成20年	税務経理協会
『通説で学ぶ財務諸表論』	共	平成21年	税務経理協会
『税務会計入門』（監修・共著）	共	平成21年	税務経理協会
『監査論を学ぶ』（監修）	監	平成21年	税務経理協会
『経済社会政策の基礎理論に関する調査研究―報告書』	共	平成21年	経済産業省
『国際会計基準（ＩＦＲＳ）はどこへ行くのか―足踏みする米国、不協和音の欧州、先走る日本』	単	平成22年	時事通信社
『会計データの読み方・活かし方―経営分析の基本的技法』	単	平成22年	中央経済社
『管理会計を学ぶ』	共	平成22年	税務経理協会
『経営分析を学ぶ』	共	平成22年	税務経理協会
『簿記を学ぶ』	単	平成22年	税務経理協会

『複眼思考の会計学―国際会計基準は誰のものか』	単	平成23年	税務経理協会
『新会計基準を学ぶ（4）』	共	平成23年	税務経理協会
『国際会計基準を学ぶ』	共	平成23年	税務経理協会
『会計と監査の世界―監査役になったら最初に読む会計学入門』	単	平成23年	税務経理協会
『会計基準―新しい時代の会計ルールを学ぶ』	単	平成24年	税務経理協会
『ＩＦＲＳはこうなる―「連単分離」と「任意適用」へ―』	単	平成24年	東洋経済新報社
『経営分析―監査役のための「わが社の健康診断」』	単	平成24年	税務経理協会
『新財務諸表論（第4版）』	単	平成24年	税務経理協会
『国際会計基準の着地点―田中　弘が語るＩＦＲＳの真相』	単	平成24年	税務経理協会
『会計学はどこで道を間違えたのか』	単	平成25年	税務経理協会
『国際会計基準―世界の会計はどう変わるのか』	共	平成25年	税務経理協会
『税務会計の基礎』	共	平成25年	税務経理協会
『最初に読む会計学入門』	単	平成25年	税務経理協会
『財務諸表論の考え方―会計基準の背景と論点整理』	単	平成27年	税務経理協会
『新財務諸表論（第5版）』	単	平成27年	税務経理協会
『「書斎の会計学」は通用するか』	単	平成27年	税務経理協会

論考

「後入先出法の会計思考とその発展に関する一考察——アメリカ価格変動会計論序説」	単	昭和44年1月	早稲田大学大学院商学研究科（修士論文）
「後入先出法観の学説史的考察」	単	昭和44年2月	『会計研究』（早稲田大学大学院会計学研究室）Vol. 2
「投資意思決定のための外部会計報告」	単	昭和47年1月	『商経論集』（早稲田大学大学院商学研究科）Vol. 20
「後入先出法本質観の学説史的展望（Ⅰ）」	単	昭和48年5月	『商学研究』（愛知学院大学商学会）
「後入先出法本質観の学説史的展望（Ⅱ）」	単	昭和48年9月	『商学研究』（愛知学院大学商学会）
「イギリス会計実務の特徴と最近の傾向」	共	昭和49年2月	『企業会計』（中央経済社）
「投資意思決定のための会計情報——レリバント・アカウンティングの構想と情報会計論」	単	昭和49年6月	『商学研究』（愛知学院大学商学会）
「英国における1株当たり利益の計算と開示の基準」	単	昭和50年6月	『企業会計』（中央経済社）
「1株当たり利益の計算と資本構成の変化について——イギリスにおける1株当たり利益の計算と開示の基準」	単	昭和50年10月	『地域分析』（愛知学院大学経営研究所）
「1株当たり利益とその希薄化について——イギリスにおける1株当たり利益の計算と開示の基準」	単	昭和51年2月	『地域分析』（愛知学院大学経営研究所）
「イギリスにおける会計情報開示制度」	単	昭和52年1月	『地域分析』（愛知学院大学経営研究所）

（翻訳）「イングランド・ウェールズ勅許会計士協会・基準書第3号・1株当たり利益」	単	昭和52年4月	日本証券経済研究所
「英国の会計情報開示に関する諸規則と監査」	単	昭和52年10月	『インベストメント』（大阪証券取引所）
「イギリス証券取引所の開示規定」	単	昭和52年12月	『企業会計』（中央経済社）
「イギリスとアメリカの開示規制機関（1）（2）」	単	昭和53年8月	『商学研究』（愛知学院大学商学会）
「開示規制の目的と効果―G・J・ベンストンの分析を中心に」	単	昭和54年3月	『商学研究』（愛知学院大学商学会）
「G・J・ベンストンの会計情報開示制度」	単	昭和54年3月	『地域分析』（愛知学院大学経営研究所）
「SEC主導型開示規制の問題点（1）（2）（3）」	単	昭和55年2月	『商学研究』（愛知学院大学商学会）
「真実性の原則の役割」	単	昭和56年7月	『商学研究』（愛知学院大学商学会）
「会計基準の設定について――イギリス会計基準委員会の意見照会」	単	昭和56年12月	『商学研究』（愛知学院大学商学会）
「イギリス現代会計の発達と邦語文献（1）（2）」	単	昭和57年1月	『地域分析』（愛知学院大学経営研究所）
「イギリス会計基準委員会の改革―ICAEWの覚書とワッツ・リポートへの反応」	単	昭和57年2月	『商学研究』（愛知学院大学商学会）
「イギリスの会計制度と真実かつ公正な概観の確保」	単	昭和57年3月	『商学研究』（愛知学院大学商学会）
「加古宜士著『物価変動会計』を読む」	単	昭和57年12月	『地域分析』（愛知学院大学経営研究所）

「会計基準の設定――会計基準委員会報告・勧告書」	単	昭和57年12月	『商学研究』（愛知学院大学商学会）
「経理自由の原則は必要か」	単	昭和58年2月	『商学研究』（愛知学院大学商学会）
「イギリスにおける会計規制と『真実かつ公正な概観』」	単	昭和58年3月	『會計』（森山書店）
「経営分析のための統計および時系列データの人手と利用の方法」	単	昭和58年12月	『地域分析』（愛知学院大学経営研究所）
「操業利益と保有損益の分離可能性」	単	昭和59年1月	『商学研究』（愛知学院大学商学会）
「イギリスの会計環境と会計基準」	単	昭和59年7月	『地域分析』（愛知学院大学経営研究所）
「イギリスの非上場証券市場（USM）における情報開示制度」	単	昭和59年10月	『インベストメント』（大阪証券取引所）
「イギリス非上場証券市場（USM）の現状とディスクロージャー」	単	昭和59年12月	『商学研究』（愛知学院大学商学会）
「イギリス・インフレーション会計の足跡」	単	昭和60年6月	『商学研究』（愛知学院大学商学会）
「イギリスの資金計算書会計基準」	単	昭和60年7月	日本会計研究学会スタディ・グループ「財政状態変動表の研究」
「企業会計における真実性再論―角瀬保雄教授の批判に答えて」	単	昭和60年9月	『商学研究』（愛知学院大学商学会）
「イギリス現代会計の発達と邦語文献――1982―85年」	単	昭和61年1月	『地域分析』（愛知学院大学経営研究所）

「基準的会計実務書第10号『資金の源泉と使途に関する計算書』」	単	昭和61年1月	『商学研究』（愛知学院大学商学会）
「イギリス資金会計の現状と問題点」	単	昭和61年1月	『商学研究』（愛知学院大学商学会）
「会計実務基準書第9号『棚卸資産』」	単	昭和61年3月	『商学研究』（愛知学院大学商学会）
「イギリスの棚卸資産会計」	単	昭和61年3月	『商学研究』（愛知学院大学商学会）
「イギリスの財政状態変動表制度」	単	昭和61年3月	日本会計研究学会スタディ・グループ「財政状態変動表の研究」
「イギリス1985年会社法の概要と会計規定チェック・リスト」	単	昭和61年3月	『地域分析』（愛知学院大学経営研究所）
「イギリス・インフレーション会計の政治的背景（1）（2）」	単	昭和61年5月	『會計』（森山書店）
「イギリスの固定資産会計基準――会計実務基準書第12号、第19号および公開草案第37号」	単	昭和61年6月	『商学研究』（愛知学院大学商学会）
「イギリスにおける長期請負工事契約の会計」	単	昭和61年6月	『商学研究』（愛知学院大学商学会）
『財政状態変動表の研究』	共	昭和61年7月	日本会計研究学会スタディ・グループ「財政状態変動表の研究」報告書（86年）
「イギリスの財政状態変動表制度」	単	昭和61年8月	『南山経営研究』（南山大学）
「商法・企業会計原則における離脱規定」	単	昭和61年10月	『會計』（森山書店）
「イギリスの固定資産会計」	単	昭和61年11月	『商学研究』（愛知学院大学商学会）

「イギリスにおける会社法と会計基準の対立と調和」	単	昭和61年11月	『会計ジャーナル』（日本公認会計士協会）
「イギリスにおける異常損益項目の会計処理」	単	昭和61年12月	『地域分析』（愛知学院大学経営研究所）
「イギリス連結会計実務の特徴と最近の傾向」	単	昭和62年3月	『地域分析』（愛知学院大学経営研究所）
「操業利益と保有損益の分離」（サロン・ド・クリティーク）	単	昭和62年5月	『企業会計』（中央経済社）
スタディ・グループ報告『財政状態変動表の研究』	共	昭和62年5月	日本会計研究学会第46回全国大会にて報告
『財政状態変動表の研究』	共	昭和62年5月	日本会計研究学会スタディ・グループ「財政状態変動表の研究」報告書（87年）
「イギリスの財政状態変動表制度（2）」	単	昭和62年8月	『南山経営研究』（南山大学）
「イギリスの連結会計基準―連結範囲の決定と会計方針の統一を中心に―」	単	昭和62年9月	『商学研究』（愛知学院大学商学会）
「附属明細書の役割・機能と問題点」	単	昭和62年12月	『企業会計』（中央経済社）
「会計実務基準書第14号『企業集団財務諸表』」	単	昭和62年12月	『商学研究』（愛知学院大学商学会）
「イギリスの連結会計基準―子会社の取得と処分を中心に―」	単	昭和62年12月	『商学研究』（愛知学院大学商学会）
「監査人の第三者に対する法的責任―イギリスの判例を中心として」	単	昭和63年3月	『商学研究』（愛知学院大学商学会）

「リトルジョン事件の会計的意義」	単	昭和63年3月	『地域分析』（愛知学院大学経営研究所）
「企業会計原則の法的認知」	単	昭和63年3月	『會計』（森山書店）
「画餅のカレント・コスト会計論—操業利益・保有利益分離表示論の当否」	単	昭和63年7月	『産業経理』（産業経理協会）
「自動車タイヤ業界の経営分析—ブリヂストンと横浜ゴムを中心に」	単	昭和63年10月	『商学研究』（愛知学院大学商学会）
「イギリス会計制度の現状と展望—コモン・ローと大陸法の融合」	単	平成元年3月	国際会計研究学会「年報」１９８８年度
「会計士・監査人の第三者に対する法的責任」	単	平成元年12月	『會計』（森山書店）
「イギリス現代会計の発達と邦語文献——１９８５年～１９８９年」	単	平成2年1月	『地域分析』（愛知学院大学経営研究所）
「イギリスの会計制度と会計基準」	共	平成2年6月	『イギリス会計基準書』（中央経済社）所収
「イギリスにおける基準設定機構の改革—ＣＣＡＢ—ＡＳＣ体制の崩壊と法規制主義の台頭」	単	平成2年12月	『會計』（森山書店）
「イギリス会計制度研究序説」	単	平成2年12月	『商学研究』（愛知学院大学商学会）
「イギリスにおける外貨換算の会計基準」	単	平成3年6月	『商学研究』（愛知学院大学商学会）
「イギリスにおける新しい会計基準設定主体・監視機構—動き出したＦＲＣ—ＡＳＢ体制——」	単	平成3年10月	『産業経理』（産業経理協会）

「時価主義会計論の批判的検討」	単	平成3年12月	『会計ジャーナル』（日本公認会計士協会）
「保険経理・ディスクロージャー」	単	平成4年10月	『ジュリスト』（有斐閣）
「イギリスにおけるセグメント報告の会計基準」	単	平成5年3月	『商学研究』（愛知学院大学商学会）
「時価会計不況」	単	平成5年5月	『TSUJI HONGO'S SCOPE No. 24』（辻・本郷税理士法人）
「保険事業における環境の変化と新しい会計」	単	平成5年11月	『商学研究科紀要』（早稲田大学大学院商学研究科）
「保険事業における規制緩和と新しい経理システムの構築」	単	平成6年2月	『JICPAジャーナル』（日本公認会計士協会）
「会計と監査の役割」	単	平成6年3月	『経済学・商学を学ぶために（増補版）』（神奈川大学経済学部編・新評論）
「保険事業における新しい経理の考え方」	単	平成6年4月	『産業経理』（産業経理協会）
「日本的会計制度の特質―国際化のなかで―」	単	平成7年3月	『會計』（森山書店）
「幻想の有価証券時価評価論」	単	平成9年2月	『企業会計』（中央経済社）
「原価主義会計の強化策」（上）	単	平成9年11月	『企業会計』（中央経済社）
「原価主義会計の強化策」（下）	単	平成9年12月	『企業会計』（中央経済社）
「土地の時価評価 ――迷走する時価主義会計」	単	平成10年3月	『旬刊経理情報』（中央経済社）
「時価主義会計の誤算」	単	平成10年3月	『税経通信』（税務経理協会）

「利益の社会的認知――利益はいつ実現するか」	単	平成10年7月	『産業経理』（産業経理協会）
「日本型会計ディスクロージャーの理念と実際」	単	平成10年12月	『會計』（森山書店）
「概念フレームワーク論とピースミール・アプローチ論」	単	平成11年3月	『税経通信』（税務経理協会）
「実体資本の維持と時価主義」	単	平成11年4月	『税経セミナー』（税務経理協会）
「債務超過の判定と資産の評価基準」	単	平成11年4月	『企業会計』（中央経済社）
「期待される会計士の使命」	単	平成11年5月	『会計人コース』（中央経済社）
「保険事業における環境の変化と保険経理」	単	平成11年11月	『公庫団信レポート』
「会計制度改革と雇用破壊――タイミングを間違えた会計ビッグバン」	単	平成12年2月	『税経通信』（税務経理協会）
「国際会計基準とわが国会計制度の課題」	共	平成12年5月	『税経通信』（税務経理協会）
「日本会計のゆくえ――Glocal Accountingを求めて――」	単	平成12年6月	『税経通信』（税務経理協会）
「実質優先主義の不思議――法を破ってもいいのか」	単	平成12年10月	『税経通信』（税務経理協会）
「Creative Accountingとは何か」	単	平成12年11月	『税経通信』（税務経理協会）
「時価会計の光と影――会計の「静態化」と「ギャンブラー化」」	単	平成13年1月	『税経通信』（税務経理協会）
「会計学の静態化」	単	平成13年3月	『商経論叢』（神奈川大学経済学会）
「「ブランド会計」論争と会計学者のnightmare」	単	平成13年3月	『税経通信』（税務経理協会）
「Next Decade　2010年の労働者は」	単	平成13年7月	『連合』（日本労働組合総連合会）

「生命保険事業における経理と契約者配当の在り方」（調査研究レポート）	単	平成13年8月	簡易保険文化財団への研究報告書
「生命保険事業における契約者配当の変遷」	単	平成13年11月	『商経論叢』（神奈川大学経済学会）
「時価会計とリスク管理――生保事業の特殊性」	単	平成13年12月	総務省提出報告書
「検証・日本の会計ビッグバン」	単	平成14年3月	『ＪＩＣＰＡジャーナル』（日本公認会計士協会）
「生命保険事業における時価会計の影響と業界の対応」	単	平成14年3月	『商経論叢』（神奈川大学経済学会）
「時価主義は正しかったか――この新薬を「治験」する勇気を」	単	平成14年3月	『旬刊経理情報』（中央経済社）
「時価主義のゆくえ――財務論へジャンプした会計学」	単	平成14年4月	『商経論叢』（神奈川大学経済学会）
「時価主義は何をもたらしたか」	単	平成14年4月	『税経通信』（税務経理協会）
「間違いだった時価会計」	単	平成14年5月	『Ｖｏｉｃｅ』（ＰＨＰ）
「時価会計がモラルの崩壊を招いた」	単	平成14年10月	『エコノミスト』（毎日新聞社）
「ギャンブラーたちの企業会計」	単	平成14年10月	『ＶＯＩＣＥ』（ＰＨＰ）
「『時価会計こそ国際標準』という愚かな思い込みがデフレを悪化させている」	単	平成14年11月	『日本の論点２００３』所収
「経済を見る『会計』というメガネ」	単	平成14年11月	『経済セミナー』（日本評論社）
「『金融ビッグバン』とつながる会計制度のビッグバン」	単	平成15年1月	『連合』（日本労働組合総連合会）

「生命保険事業における価格変動リスク―計測と管理の手法―」	単	平成15年1月	総務省郵政企画管理局の委託研究報告書
「まるで経済音痴のような有価証券の時価評価方法」	単	平成15年2月	『連合』（日本労働組合総連合会）
「将来、時限爆弾が破裂する！ストック・オプションは犯罪的だ」	単	平成15年3月	『連合』（日本労働組合総連合会）
「時価会計の七不思議」	単	平成15年3月	『商経論叢』（神奈川大学経済学会）
「会計ビッグバンと経済破壊」	単	平成15年3月	「今日の会計制度の変革と国際化の理論的考察」（同志社大学大学院商学研究科「大学院高度化推進研究計画報告書」）
「時価主義逃れが横行する『会計基準被災国ニッポン』」	単	平成15年4月	『連合』（日本労働組合総連合会）
「間違いだらけの時価会計」	単	平成15年5月	『月刊日本の進路』（広範な国民連合）
「アメリカ会計基準の正統性」	単	平成15年6月	『商経論叢』（神奈川大学経済学会）
「錬金術にまみれたアメリカ企業社会」	単	平成15年8月	『わからなくなった人のためのアメリカ学入門』洋泉社
「日本の実状に合わない時価会計制度は廃止すべき」	単	平成15年9月	『商品先物市場』（投資日報社）
「会計基準を巡る論点（1）（2）」	単	平成15年10―11月	『石垣』（日本商工会議所）
「時価会計不況」	単	平成15年11月	『租税研究』（日本租税研究協会）
「四半期報告と包括利益の欺瞞」	単	平成16年1月	『税経セミナー』（税務経理協会）

「金融ビッグバンと会計改革から学んだこと」	単	平成16年2月	『會計』（森山書店）
「アメリカ会計の功罪―四半期報告、包括利益、減損会計、合併会計」	単	平成16年3月	『商経論叢』（神奈川大学経済学会）
「生命保険事業における会計的リスク対応」	単	平成16年5月	（財）簡易保険文化財団
「生命保険事業における会計的リスク対応」	単	平成16年12月	『商経論叢』（神奈川大学経済学会）
「マクロ政策としての会計」	単	平成17年1月	『日本人の力』（東京財団）
「生命保険事業における価格変動準備金の考え方」	単	平成17年3月	『商経論叢』（神奈川大学経済学会）
「財務情報の信頼性に関する研究」	共	平成17年9月	日本会計研究学会特別委員会報告書
「組織再編・産業再編の障害となる企業結合会計基準」	単	平成17年10月	『ＭＡＲＲ』（株式会社レコフ）
「ギャンブラーのための会計をやめよ」（インタビュー）	単	平成18年5月	『表現者』（ジョルダン株式会社）
「財務情報の信頼性に関する研究」	共	平成18年9月	日本会計研究学会特別委員会報告書
「会計概念フレームワークとキャッシュ・フロー計算書」	単	平成20年3月	『商経論叢』（神奈川大学経済学会）
「世界で進む会計改革の真相（上）アメリカ会計基準に潜む危うさ」	単	平成20年6月	『月刊監査役』（日本監査役協会）
「会計不正から何を学んだか」	単	平成20年7月	『税経通信』（税務経理協会）
「世界で進む会計改革の真相（下）日本会計の崩壊が始まった」	単	平成20年7月	『月刊監査役』（日本監査役協会）

「公認会計士は本当に足りないのか」	単	平成20年8月	『税経通信』（税務経理協会）
「原価の情報力と時価の情報力」	単	平成20年9月	『税経通信』（税務経理協会）
「破綻した米国基準－ギャンブルと国策追求の果て」	単	平成20年10月	『金融財政』（時事通信社）
「多様な会計資格の創設を」	単	平成20年10月	『税経通信』（税務経理協会）
「米国基準導入でゆがむＩＦＲＳと日本の会計」	単	平成20年11月	『金融財政』（時事通信社）
「米国が自国基準を捨てる日」	単	平成20年11月	『金融財政』（時事通信社）
「アメリカの国際会計戦略」	単	平成20年11月	『税経通信』（税務経理協会）
「居座り続ける『暫定基準』―ＩＦＲＳの時価会計」	単	平成20年12月	『金融財政』（時事通信社）
救世主か悪玉か、暴走する米国の時価会計」	単	平成20年12月	『金融財政』（時事通信社）
「アメリカで暴走する『時価会計』」	単	平成20年12月	『税経通信』（税務経理協会）
「アメリカはなぜ会計規制に失敗したのか」	単	平成21年1月	『税経通信』（税務経理協会）
「それでも時価会計を続けるのか（上）」	単	平成21年1月	『金融財政』（時事通信社）
「それでも時価会計を続けるのか（中）」	単	平成21年1月	『金融財政』（時事通信社）
「それでも時価会計を続けるのか（下）」	単	平成21年1月	『金融財政』（時事通信社）
「金融危機と時価会計不正」	単	平成21年2月	『税経セミナー』（税務経理協会）
「稼ぐ税理士になる（1）税理士業界の現状と近未来」	単	平成21年2月	『税経通信』（税務経理協会）
「企業結合における『のれんの会計』」	単	平成21年2月	『商経論叢』（神奈川大学経済学会）
「予測財務情報の信頼性」	単	平成21年2月	『商経論叢』（神奈川大学経済学会）

「アドプションの先に待ち受けるもの（上）」	単	平成21年2月	『金融財政』（時事通信社）
「アドプションの先に待ち受けるもの（中）」	単	平成21年3月	『金融財政』（時事通信社）
「稼ぐ税理士になる（2）業界全体のパイを大きくしよう」	単	平成21年3月	『税経通信』（税務経理協会）
「証券市場と時価会計」	単	平成21年3月	『コーポレートコンプライアンス』（コンプライアンス・コミュニケーションズ）
「日本の『国際会計戦略』を考える」	単	平成21年3月	経済産業省「平成20年度総合調査研究経済社会政策の基礎理論に関する調査研究」報告書
「稼ぐ税理士になる（3）税理士によるコンサルの現状と近未来」	単	平成21年4月	『税経通信』（税務経理協会）
「アドプションの先に待ち受けるもの（下）」	単	平成21年4月	『金融財政ビジネス』（時事通信社）
「ガラス細工の国際会計基準（上）」	単	平成21年4月	『金融財政ビジネス』（時事通信社）
「会計基準は誰が決めるのか（1）」	単	平成21年5月	『税経通信』（税務経理協会）
「会計基準は誰が決めるのか（2）」	単	平成21年6月	『税経通信』（税務経理協会）
「ガラス細工の国際会計基準（中）」	単	平成21年6月	『金融財政ビジネス』（時事通信社）
「ガラス細工の国際会計基準（下）」	単	平成21年7月	『金融財政ビジネス』（時事通信社）
「会計基準は誰が決めるのか（3）」	単	平成21年7月	『税経通信』（税務経理協会）
「新任監査役のための『早分かり』会計講座」	単	平成21年7月	『月刊監査役』日本監査役協会

「日本の国益と産業を支配する国際会計基準」	単	平成21年8月	『税経通信』（税務経理協会）
「日本に残された選択肢は何か（上）」	単	平成21年8月	『金融財政ビジネス』（時事通信社）
「新任監査役のための『早分かり』会計講座（中級編）（上）」	単	平成21年9月	『月刊監査役』日本監査役協会
「『会計の常識』と『しろうと分かり』」	単	平成21年9月	『税経通信』（税務経理協会）
「問題だらけの時価会計をいつまで続けるのか」	単	平成21年9月	『週刊エコノミスト』（毎日新聞社）
「経済も会計もナショナリズムで動く」	単	平成21年9月	『税経通信』（税務経理協会）
「利益は発生するか（上）」	単	平成21年10月	『税経通信』（税務経理協会）
「日本に残された選択肢は何か（中）」	単	平成21年10月	『金融財政ビジネス』（時事通信社）
「日本に残された選択肢は何か（下）」	単	平成21年11月	『金融財政ビジネス』（時事通信社）
「ＩＡＳＢが目指す『全面時価会計』の正体」	単	平成21年11月	『週刊エコノミスト』（毎日新聞社）
「新任監査役のための『早分かり』会計講座（中級編）（下）」	単	平成21年11月	『月刊監査役』日本監査役協会
「『国際会計基準』と『時価会計』の行方」	単	平成21年11月	『地銀協月報』（全国地方銀行協会）
「日本がなすべき国内会計環境の整備（上）」	単	平成21年12月	『金融財政ビジネス』（時事通信社）
「日本がなすべき国内会計環境の整備（下）」	単	平成21年12月	『金融財政ビジネス』（時事通信社）
「利益は発生するか（中）」	単	平成21年12月	『税経通信』（税務経理協会）
「利益は発生するか（下）」	単	平成22年1月	『税経通信』（税務経理協会）
「連結先行論の金融庁のＩＦＲＳ対応には矛盾がある」	単	平成22年1月	『税理』（ぎょうせい）

「国際会計基準（ＩＦＲＳ）と日本の国際会計戦略」	単	平成22年1月	『商経論叢』（神奈川大学経済学会）
「『国際会計基準』と『時価会計』の行方」	単	平成22年1月	『データ通信ニュース』（東京地方税理士会データ通信協同組合）
「税理士によるコンサルティング」	単	平成22年1月	『データ通信ニュース』（東京地方税理士会データ通信協同組合）
「会計基準はストライクゾーンか」	単	平成22年2月	『税経通信』（税務経理協会）
「新任監査役のための『早分かり』会計講座（上級編）（上）」	単	平成22年2月	『月刊監査役』日本監査役協会
「新任監査役のための『早分かり』会計講座（上級編）（下）」	単	平成21年3月	『月刊監査役』日本監査役協会
「世界の流れを無視する『連結先行』論」	単	平成22年3月	『金融財政ビジネス』（時事通信社）
「単眼思考になった日本の会計」	単	平成22年3月	『税経通信』（税務経理協会）
「監査役の役回り」	単	平成22年4月	『税経通信』（税務経理協会）
「『物づくり』では稼げない英米の『利益製造法』」	単	平成22年4月5日	『金融財政ビジネス』（時事通信社）
「日本に必要な『立ち止まる勇気』」	単	平成22年4月12日	『金融財政ビジネス』（時事通信社）
「世界の流れは『連単分離』」	単	平成22年5月	『税経通信』（税務経理協会）
「なぜ当期純利益を廃止するのか」	単	平成22年6月	『税経通信』（税務経理協会）
「会計『雑感』『雑念』」	単	平成22年7月	『税経通信』（税務経理協会）

「国際会計基準（IFRS）はどこにいくのか」		平成22年7月	『ビジネス法務』（中央経済社）
「新任監査役のための早分かり会計講座―経営分析編」（上）」	単	平成22年7月	『月刊監査役』（日本監査役協会）
「新任監査役のための早分かり会計講座―経営分析編」（中）」	単	平成22年8月	『月刊監査役』（日本監査役協会）
「会計の役割は変わったのか―IFRSの清算価値会計」		平成22年8月	『税経通信』（税務経理協会）
「新任監査役のための早分かり会計講座―経営分析（下）」	単	平成22年9月	『月刊監査役』（日本監査役協会）
「IFRSの翻訳は世界統一できるのか―翻訳におけるダイバージェンス」	単	平成22年9月	『税経通信』（税務経理協会）
「税理士制度の改革を」	単	平成22年10月	『税経通信』（税務経理協会）
「国際標準は何のためにあるのか」	単	平成22年11月	『税経通信』（税務経理協会）
「経営と会計に活かす『複眼思考』とは何か」	単	平成22年12月	『税経通信』（税務経理協会）
「国際会計基準と協同組織金融機関」	単	平成22年12月	『会報』（協同金融研究会）
「ゼノンのパラドックス」	単	平成23年1月	『税経通信』（税務経理協会）
「IFRSを巡る国内の動向（1）―連単問題のゆくえ」	単	平成23年2月	『税経通信』（税務経理協会）
「IFRSを巡る国内の動向（2）―『物づくりの国』『技術立国』に適した会計を求めて」	単	平成23年3月	『税経通信』（税務経理協会）

「ＩＦＲＳを巡る国内の動向（３）―審議会に差し戻された『連結先行』論」	単	平成23年4月	『税経通信』（税務経理協会）
「ＩＦＲＳを巡る国内の動向（４）―ＩＦＲＳが想定する『投資家』とは誰のことか」	単	平成23年5月	『税経通信』（税務経理協会）
「復興努力を最優先に、ＩＦＲＳ導入を先送りせよ」	単	平成23年5月	『週刊エコノミスト』（毎日新聞社）
「ＩＦＲＳを巡る国内の動向（５）―中身を棚上げして採否を議論する審議会」	単	平成23年6月	『税経通信』（税務経理協会）
「連結財務諸表の役割とＩＦＲＳ選択適用論」	単	平成23年7月	『税経通信』（税務経理協会）
「ＩＦＲＳ強制適用の延期―再考する好機」	単	平成23年8月	『税経通信』（税務経理協会）
「国際会計基準は選択適用に」	単	平成23年8月	『ＭＡＲＲ』（株式会社レコフ）
「白紙に戻ったＩＦＲＳ論議―自己目的化した『国際化』への反省と反動」	単	平成23年8月	『金融財政ビジネス』（時事通信社）
「国際会計基準の『出自』と現在―『会計は政治』を実践する米欧」	単	平成23年9月	『税経通信』（税務経理協会）
「連結財務諸表に適用されるＩＦＲＳ―日本に広がる誤解を解く」	単	平成23年9月	『金融財政ビジネス』（時事通信社）
「ＩＦＲＳ（国際会計基準）を巡る世界の動向」	単	平成23年9月	『富丘経済研究会講演録』（富丘経済研究会）
「原則主義とはどういう会計か―資産・負債アプローチとは両立せず」	単	平成23年10月	『税経通信』（税務経理協会）

「ＩＦＲＳ―こんな会計を信用できるか―英米の傲慢に従う世界」	単	平成23年10月	『金融財政ビジネス』（時事通信社）
「『同等性評価』が世界を救う―なぜＩＡＳＢは世界基準化を目指したのか」	単	平成23年11月	『税経通信』（税務経理協会）
「暴走する資産・負債アプローチ―アメリカの後始末を押し付けられる世界」	単	平成23年12月	『税経通信』（税務経理協会）
「ＩＦＲＳは誰のものか―日本も『英米崇拝』から脱却へ」	単	平成23年12月	『金融財政ビジネス』（時事通信社）
「白紙に戻った国際会計基準（ＩＦＲＳ）論争―『自己目的化した国際化』への反省」	単	平成23年12月	『商経論叢』（神奈川大学経済学会）
「日本の会計学の『夜明け』」	単	平成24年1月	『税経通信』（税務経理協会）
「嗚呼、オリンパス！」	単	平成24年2月	『税経通信』（税務経理協会）
「ＩＡＳＢはどこで道を誤ったか―狂信的時価主義者の『遺恨晴らし』」	単	平成24年2月	『金融財政ビジネス』（時事通信社）
「ＩＦＲＳから『Sound Accounting』へ」	単	平成24年2月	『ニュースレター協同金融』（協同金融研究会）
「日本はいかなる会計を目指すべきか（1）経営者の実感と社会通念に合った会計観を」	単	平成24年3月	『税経通信』（税務経理協会）
「知られざる会計戦争―日本の富はどこへいくのか」	単	平成24年3月	『三浦半島支部だより』（宮陵会三浦半島支部）

「日本はいかなる会計を目指すべきか（2）―IFRSを超えて」	単	平成24年4月	『税経通信』（税務経理協会）
「なぜ企業解体の儲けを追及するのか―M&Aに頼る米国の経営者―」	単	平成24年4月	『金融財政ビジネス』（時事通信社）
「アメリカの投資家はどこで道を間違えたのか」	単	平成24年5月	『税経通信』（税務経理協会）
「オバマ大統領の経済政策とIFRS」	単	平成24年6月	『税経通信』（税務経理協会）
「IFRS、受け入れ難しいオバマ政権―産業界から反発も―」	単	平成24年6月	『金融財政ビジネス』（時事通信社）
「会計学における『概念フレームワーク』と『ピースミール・アプローチ』（1）」	単	平成24年7月	『税経通信』（税務経理協会）
「会計学における『概念フレームワーク』と『ピースミール・アプローチ』（2）」	単	平成24年8月	『税経通信』（税務経理協会）
「会計戦争の行方―国際会計基準（IFRS）の真相と着地点」	単	平成24年9月	『商経論叢』（神奈川大学経済学会）
「究極の時価会計の本質　IFRSは企業売買のための会計基準だ」	単	平成24年9月	『エコノミスト』（毎日新聞社）
「概念フレームワークの大罪」（1）	単	平成24年9月	『税経通信』（税務経理協会）
「概念フレームワークの大罪」（2）	単	平成24年10月	『税経通信』（税務経理協会）
「急激に失速するIFRS―日米は消極姿勢―」	単	平成24年10月	『金融財政ビジネス』（時事通信社）
「遠ざかる国際会計基準（IFRS）」	単	平成24年11月	『税経通信』（税務経理協会）

「ＩＦＲＳを超えて」	単	平成24年12月	『税経通信』（税務経理協会）
「誰がＩＦＲＳ導入を歓迎しているのか―日米とも『冷めた目』に」	単	平成24年12月	『金融財政ビジネス』（時事通信社）
「信用組合における会計基準のあり方と税制の優遇措置」（報告書）	単	平成24年12月	全国信用組合中央協会へ提出
「学者の寿命―60歳限界説」	単	平成25年1月	『税経通信』（税務経理協会）
「伝統芸能と化した会計学」	単	平成25年2月	『税経通信』（税務経理協会）
「稼ぐ税理士になる方法―資格は取ってからが勝負！」	単	平成25年2月	『税経セミナー』（税務経理協会）
「日本の会計学は何を教えてきたのか」	単	平成25年3月	『税経通信』（税務経理協会）
「会計観の対立―損益法と財産法」	単	平成25年3月	『税経セミナー』（税務経理協会）
「ポイントプログラムの会計処理」	共	平成25年3月	『商経論叢』（神奈川大学経済学会）
「学者稼業―「サラリーマン化」と「プライド」の狭間」	単	平成25年4月	『税経通信』（税務経理協会）
「世界の会計はどうなっているのか」	単	平成25年4月	『税経セミナー』（税務経理協会）
「放置されるＩＦＲＳ不採用企業―ちらつく『強制適用』という幽霊」	単	平成25年4月	『金融財政ビジネス』（時事通信社）
「企業会計原則のスピリッツに戻る」	単	平成25年5月	『税経通信』（税務経理協会）
「会計に関する法規制と財務諸表の役割」	単	平成25年5月	『税経セミナー』（税務経理協会）
「企業会計審議会は何を議論してきたのか」	単	平成25年6月	『税経通信』（税務経理協会）
「トライアングル体制と確定決算主義」	単	平成25年6月	『税経セミナー』（税務経理協会）

「日本の産業界はどう反応してきたか」	単	平成25年7月	『税経通信』（税務経理協会）
「企業会計原則─その啓蒙的意義」	単	平成25年7月	『税経セミナー』（税務経理協会）
「ＩＦＲＳの品質と日本基準の品質」	単	平成25年8月	『税経通信』（税務経理協会）
「ＩＦＲＳ財団が起こした波紋─だまし討ちを警戒する産業界」	単	平成25年8月	『金融財政ビジネス』（時事通信社）
「一般原則の解釈─通説的な理解とかずかずの疑問」	単	平成25年8月	『税経セミナー』（税務経理協会）
「ＩＦＲＳ財団のプレスリリースの波紋」	単	平成25年9月	『税経通信』（税務経理協会）
「一般原則の解釈─もう1つの解釈」	単	平成25年9月	『税経セミナー』（税務経理協会）
「低価法の本質と時価の選択に関する現代的解釈」	共	平成25年9月	『商経論叢』（神奈川大学経済学会）
「だまし討ちを警戒する産業界」	単	平成25年10月	『税経通信』（税務経理協会）
「モニタリング・ボードの秘密」	単	平成25年11月	『税経通信』（税務経理協会）
「日本版ＩＦＲＳ構想の背景と行方」	単	平成25年11月	『地銀協月報』（全国地方銀行協会）
「ＩＦＲＳ財団の資金」	単	平成25年12月	『税経通信』（税務経理協会）
「ＩＦＲＳを巡る最新動向と日本の会計制度の行方─『当面の方針』の読み方と強制適用の可能性─」	単	平成25年12月	『経理』 産業経理協会会社経理分科会
「何が問題なのか─『完全な財務諸表』願望（1）」	単	平成26年1月	『税経通信』（税務経理協会）
「官の組織に返質したＩＦＲＳ財団─米国は国際会計基準に嫌気？」	単	平成26年1月	『金融財政ビジネス』（時事通信社）
「何が問題なのか─『完全な財務諸表』願望（2）」	単	平成26年2月	『税経通信』（税務経理協会）

「冠婚葬祭互助会の経理と流動比率規制（論点整理）」	単	平成26年2月	互助会保証株式会社へ提出
「何が問題なのか―『完全な財務諸表』願望（3）」	単	平成26年3月	『税経通信』（税務経理協会）
「『日本版IFRS』構想の虚実―IASBの構造的欠陥とアメリカの意向―」	単	平成26年3月	『商学研究』（愛知学院大学）（平野勝朗先生追悼号）
「何が問題なのか―『完全な財務諸表』願望（4）」	単	平成26年4月	『税経通信』（税務経理協会）
「最終講義―私の歩んできた道」	単	平成26年5月	『税経通信』（税務経理協会）
「新株予約権の本質と貸借対照表上の表示区分―負債と資本の区分表示の必要性と問題点―」	共	平成26年5月	『商経論叢』（神奈川大学経済学会）
「IFRS財団の台所事情―資金を引き揚げる米国―」	単	平成26年5月	『金融財政ビジネス』（時事通信社）
「座談会『戦後会計学の軌跡と反省』（1）」	単	平成26年6月	『税経通信』（税務経理協会）
「座談会『戦後会計学の軌跡と反省』（2）」	単	平成26年7月	『税経通信』（税務経理協会）
「座談会『戦後会計学の軌跡と反省』（3）」	単	平成26年8月	『税経通信』（税務経理協会）
「なぜ税理士業界は輝きを失ったのか―金融機関にパイを奪われる日がちかい？―」	単	平成26年8月	『金融財政ビジネス』（時事通信社）
「座談会『戦後会計学の軌跡と反省』（4）」	単	平成26年9月	『税経通信』（税務経理協会）
「座談会『戦後会計学の軌跡と反省』（5）」	単	平成26年10月	『税経通信』（税務経理協会）
「税理士業界の輝きを取り戻す―武器は経営分析とコンサルティング」	単	平成26年10月	『金融財政ビジネス』（時事通信社）

「『書斎の会計学』は通用するか―プラモデルに熱中する学者たち」（1）	単	平成26年11月	『税経通信』（税務経理協会）
「『書斎の会計学』は通用するか―ヨロイを脱げない学者たち」（2）	単	平成26年12月	『税経通信』（税務経理協会）
「不評の日本版ＩＦＲＳ―ＪＭＩＳはJapan's Mistake!―」	単	平成27年1月	『税経通信』（税務経理協会）
「金融庁の大誤算―ＪＭＩＳはJapan's Mistake!」	単	平成27年1月	『金融財政ビジネス』（時事通信社）
「書評　石川純治著『揺れる現代会計　ハイブリッド構造とその矛盾』」	単	平成27年1月	『産業経理』（産業経理協会）
「金融庁の誤算―ＪＭＩＳの落とし穴―」	単	平成27年2月	『税経通信』（税務経理協会）
「8年前の警鐘は活かされたか―田中章義教授と石川純治教授の教え―」	単	平成27年3月	『税経通信』（税務経理協会）
「国際会計基準（ＩＦＲＳ）と退職給付に関する会計基準―確定拠出の移行を促進―」	単	平成27年3月	『月刊　企業年金』（企業年金連合会）
「学者の寿命―『60歳限界説』」	単	平成27年3月	『商経論叢』（神奈川大学経済学会）
「国際会計基準（ＩＦＲＳ）の行方を探る―ＩＦＲＳ財団プレスリリースの波紋―」	単	平成27年3月	『商経論叢』（神奈川大学経済学会）
「ＩＦＲＳを巡る国内の議論―『中間的論点整理』と産業界の反応―」	単	平成27年3月	『商経論叢』（神奈川大学経済学会）
「漂流するＪ―ＩＦＲＳ―主体性なき日本の対応と国益を顧みない強欲者たち―」	単	平成27年3月	『商経論叢』（神奈川大学経済学会）

「『完全な財務諸表』願望」	単	平成27年3月	『商経論叢』（神奈川大学経済学会）
「『書斎の会計学』は通用するか」	単	平成27年3月	『商経論叢』（神奈川大学経済学会）
「輝きを失った税理士業界の復活のために」	単	平成27年3月	『商経論叢』（神奈川大学経済学会）
「日本の会計学は何を学び、何を教えてきたのか―戦後会計学の伴走者の一人として―」	単	平成27年3月	『商経論叢』（神奈川大学経済学会）
「資産除去債務に関する一考察―引当金処理と資産負債両建処理の考察を中心に―」	共	平成27年4月	『商経論叢』（神奈川大学経済学会）
「忍び寄る『不幸の会計基準』の魔手―会計基準は『鏡』か『ものさし』か―」	単	平成27年4月	『税経通信』（税務経理協会）
「迫る『大学改革』と簿記・会計教育への期待―文科省の『専門職大学』構想―」	単	平成27年5月	『金融財政ビジネス』（時期通信社）
「大学改革と簿記・会計教育（1）―文科省有識者会議の波紋―」	単	平成27年5月	『税経通信』（税務経理協会）
「大学改革と簿記・会計教育（2）―会計学者は何を教えてきたのか―」	単	平成27年6月	『税経通信』（税務経理協会）

学会報告・講演等

「価格変動と後入先出法本質観の変遷」	単	昭和48年3月	日本会計研究学会中部部会にて報告
「イギリス会計慣行の実態とその特徴」	共	昭和49年2月	財務会計問題研究会（早稲田大学）にて報告
「税務と機械会計」	単	昭和49年5月	産研（株）事例研究会にて報告
「イギリス会計制度の概要――公表報告書を中心として」	単	昭和49年5月	財務会計問題研究会にて報告
「英国における1株当たり利益の計算と開示の基準」	単	昭和50年7月	財務会計問題研究会にて報告
「日商簿記検定・1級出題分析と要点のまとめ」	共	昭和50年10月	『季刊簿記検定』（中央経済社）
「イギリスにおける1株当たり利益の会計基準」	単	昭和50年11月	日本会計研究学会中部部会にて報告
「（模擬試験問題）財務諸表論」	単	昭和51年11月	『税経セミナー』（税務経理協会）
「英国の開示制度と諸規則」	単	昭和52年12月	財務会計問題研究会にて報告
（書評）「G・J・ベンストンの会計情報開示制度論」	単	昭和54年3月	『地域分析』（愛知学院大学経営研究所）
「イギリスにおける会計基準の設定と施行」	単	昭和56年11月	南山大学・会計学ワークショップにて報告
（書評）「協和銀行・海外企業会計の実務」	単	昭和57年1月	『地域分析』（愛知学院大学経営研究所）
「イギリスの会計制度と真実かつ公正な概観」	単	昭和57年3月	財務会計問題研究会にて報告

「イギリスにおける会計規制と『真実かつ公正な概観』」	単	昭和57年6月	日本会計研究学会第41回全国大会にて報告
（書評）「平澤英夫著『財務諸表分析』」	単	昭和57年7月	『地域分析』（愛知学院大学経営研究所）
「簿記教育の現状と将来」	単	昭和57年12月	愛知県私学協会商業科研究大会にて報告
「新井清光・試験委員の横顔」	単	昭和58年6月	『会計人コース』（中央経済社）
「英国インフレーション会計の足跡」	単	昭和60年6月	日本会計研究学会中部部会にて報告
「イギリスの資金計算書会計基準」	単	昭和60年7月	日本会計研究学会スタディ・グループ「財政状態変動表の研究」にて報告
「イギリスの財政状態変動表制度」	単	昭和61年3月	日本会計研究学会スタディ・グループ「財政状態変動表の研究」にて報告
「イギリスにおける会社法と会計基準の対立と調和――資産会計の基準を中心として」	単	昭和61年4月	日本会計研究学会第51回中部部会にて報告
「イギリスの資産会計――会社法と会計基準における対立と調和――」	単	昭和61年7月	日本会計研究学会第45回全国大会にて報告
スタディ・グループ報告『財政状態変動表の研究』	共	昭和62年5月	日本会計研究学会第46回全国大会にて報告
「岩男寿美子・萩原滋著『留学生が見た日本――10年目の魅力と批判』」	単	昭和62年9月	『週刊ポスト』（小学館）

「会計基準の設定プロセスと法的強制力――企業会計原則の法的認知への一提言」	単	昭和62年9月	日本会計研究学会中部部会にて報告
「イギリスの中間財務諸表制度」	単	昭和62年9月	日本会計研究学会スタディ・グループ「中間財務情報の会計および監査の研究」にて報告
「加古宜士新委員の横顔と学風」	単	昭和63年5月	『会計人コース』（中央経済社）
「加古宜士委員の学説研究」	単	昭和63年5月	『会計人コース』（中央経済社）（臨時増刊号）
「加古宜士委員・出題予想演習」	単	昭和63年7月	『税経セミナー』（税務経理協会）
『中間財務情報の会計および監査の研究』	共	昭和63年9月	日本会計研究学会全国大会スタディ・グループにて報告（第1年度）
「イギリス会計制度の現状と展望――コモン・ローと大陸法の融合」	単	昭和63年10月	国際会計研究学会１９８８年度大会にて報告
『中間財務情報の会計および監査の研究』	共	平成元年5月	日本会計研究学会全国大会スタディ・グループにて報告（第2年度）
「会計士・監査人の第三者に対する法的責任」	単	平成元年5月	神戸大学経営学部大学院研究会にて報告
「会計士・監査人の第三者に対する法的責任」	単	平成元年5月	日本会計研究学会第48回全国大会にて報告
（円卓討論）「会計の本質と職能の再検討――国際化の中で」	共	平成元年5月	日本会計研究学会第48回全国大会にて報告

（書評）「平松・広瀬訳『FASB財務会計の諸概念（改訳版）』」	単	平成2年7月	『企業会計』（中央経済社）
『保険経理の見直し及びディスクロージャーの整備について』	共	平成3年4月	大蔵省銀行局保険審議会総合部会保険経理小委員会報告書
『イギリスの会計士・監査人制度』	共	平成3年6月	日本監査研究学会『ECにおける会計・監査制度の研究』にて報告
「世界の会計教育――イギリスの場合（上・下）」	単	平成3年7月	『企業会計』（中央経済社）
「時価情報の開示と時価評価」	単	平成3年11月	日本会計研究学会中部部会にて報告
「連結会計――投資消去差額」	単	平成4年4月	『事例研究・現代の企業決算'92』中央経済社
『イギリスの会計制度における最近の動向』	共	平成4年5月	日本監査研究学会『ECにおける会計・監査制度の研究』にて報告
（書評）「岸田雅雄著『ゼミナール会社法入門』」	単	平成4年5月	『JICPAジャーナル』（日本公認会計士協会）
「保険経理の諸問題」	単	平成4年7月	ニッセイ基礎研究所企業会計研究会にて報告
（書評）「高須教夫著『アメリカ連結会計論』」	単	平成4年10月	『JICPAジャーナル』（日本公認会計士協会）
「一般会計原則と生命保険の経理」	単	平成5年2月	郵政省簡易保険局にて講演
（書評）「新井清光編著『会計基準の設定主体』」	単	平成5年8月	『JICPAジャーナル』（日本公認会計士協会）

「予測財務情報に関する研究（中間報告）」	共	平成5年10月	日本会計研究学会スタディ・グループ中間報告
「保険事業における環境変化と新しい会計」	単	平成5年6月	早稲田大学大学院商学研究科にて報告
「金融業における時価主義会計の是非」	単	平成5年8月	郵政省簡易保険局「簡易保険の計理に関する委員会」にて講演
「生保会計に対するコメント」	単	平成5年12月	ニッセイ基礎研究所企業会計研究会にて報告
「法制懇談会報告」	共	平成6年5月	大蔵省銀行局大蔵省保険審議会報告書
「予測財務情報に関する研究」（第2年度）	共	平成6年6月	日本会計研究学会スタディ・グループ最終報告
「会計における真実とは何か」	単	平成6年6月	早稲田大学産業経営研究所公開講座にて報告
「会計における真実とは何か――会計の文化的背景――」	単	平成6年6月	神奈川大学公開講座にて講演
「わが国会計制度の特質―国際化のなかで―」	単	平成6年11月	日本会計研究学会関東部会にて報告
「会計的データの特質と経営分析の限界――会社の本当の姿を探る」	単	平成7年1月	大東文化大学経営研究所にて講演
「英和・和英会計経理ハンディ辞典」	共	平成7年8月	中央経済社（分担執筆）
「出題傾向分析によるファイナル・チェック　日商簿記検定3級」	共	平成7年8月	税務経理協会

「出題傾向分析によるファイナル・チェック　日商簿記検定2級」	共	平成7年10月	税務経理協会
「積立保険とディスクロージャー」	共	平成8年1月	安田火災記念財団ディスクロージャー研究会報告書
「企業会計研究会報告書」	共	平成8年3月	ニッセイ基礎研究所企業会計研究会
「簡易保険における責任準備金及びソルベンシー・マージンの在り方に関する調査研究」	共	平成8年3月	郵政省簡易保険局経営数理課
「金融自由化に対応する会計の在り方」	共	平成8年3月	郵政省簡易保険局経営計画課
「プロ意識とアマチュアリズム」	単	平成8年3月	神奈川大学教職課程通信第13号
（書評）「英国外貨換算会計と国際会計基準の国内化」について	単	平成8年6月	『税経通信』（税務経理協会）
「森田・岡本・中村編会計学大辞典（第4版）」	共	平成8年9月	中央経済社（分担執筆）
「時価評価の問題点」	単	平成8年11月	文部省科学研究費による研究会にて報告
「新しい時代の保険配当」	単	平成8年12月	横浜市民講座にて講演
「バブル崩壊後の企業決算」	単	平成8年12月	横浜市民講座にて講演
「『英語圏諸国における資金情報開示制度』について」	単	平成9年2月	『税経通信』（税務経理協会）
「簡易保険における近代的保険計理の確立に関する調査研究（最終報告書）」	共	平成9年3月	郵政省簡易保険局経営数理課委託研究
「学校法人神奈川大学財政白書」（平成7年版）	共	平成9年3月	神奈川大学理事会財政部会（監修）

「郵政民営化論と国営論」	単	平成9年4月	郵政省簡易保険局にて意見陳述
「研究成果報告書」	共	平成9年4月	（文部省科学研究費（基盤研究（A）（1））「取得原価主義会計の再検討」）
「取得原価主義会計の強化策」	単	平成9年5月	早稲田大学商学部にて講演
「神戸大学会計学研究室編会計学辞典（第5版）」	共	平成9年6月	同文舘出版（分担執筆）
「これまでの検討状況」	共	平成9年6月	大蔵省銀行局支払保証制度に関する研究会の中間報告。保険審議会に答申
「時価主義会計の動向と問題点」	単	平成9年7月	郵政省簡易保険局にて講演
「簡易保険の既契約と新契約の取り扱い」	単	平成9年11月	郵政省簡易保険局にて意見陳述
「会計学の自立―21世紀企業会計の行方」	単	平成9年11月	ARTA公開シンポジューム
「財務体質の近代化―財務指標の考え方」	単	平成9年11月	東京電力にて講演
「時価主義会計の導入とその問題点」	単	平成9年12月	第一生命保険相互会社にて講演
「支払保証制度に関する研究会報告書」	共	平成9年12月	大蔵省銀行局支払保証制度に関する研究会の最終報告書。保険審議会へ答申
「ビジネス・経営学辞典」	共	平成9年12月	中央経済社（分担執筆）
（書評）「『財務報告の有用性と会計規制再構築の現状』について」	単	平成10年3月	『税経通信』（税務経理協会）

「簡保の資金運用におけるリスク管理の在り方」	共	平成10年3月	郵政省簡易保険局郵政省簡保資金の運用に関する調査研究会・リスク管理部会の最終報告書
（書評）「『公的資金借入れの税務処理について』を読む」	単	平成10年4月	『税経通信』（税務経理協会）
（書評）広瀬義州著「財務会計」	単	平成10年5月	『税経セミナー』（税務経理協会）
「国際会計基準とわが国会計制度の課題」（座談会）	共	平成10年5月	『税経通信』（税務経理協会）
「利益は発生するか―会計学の中の天動説」	単	平成10年6月	早稲田大学アカウンティング・ワークショップにて講演
（書評）「向伊知郎著『カナダ会計制度論』」	単	平成10年7月	『ＪＩＣＰＡジャーナル』（日本公認会計士協会）
（書評）「広瀬義州著『ブラッシュアップ財務会計』」	単	平成10年7月	『会計人コース』（中央経済社）
「会計学の考え方・学び方―合格答案を書くヒント」	単	平成10年8月	大原簿記学校東京校にて講演
「合格答案の書き方―元試験委員からのアドバイス」	単	平成10年8月	大原簿記学校横浜校にて講演
（書評）「桜井久勝著『株式会社会計』」	単	平成10年11月	『税経セミナー』（税務経理協会）
「保険会社に係る早期是正措置に関する検討会・報告書」	共	平成10年12月	金融監督庁と大蔵省による合同検討会の最終報告書
「最近の会計制度改革と国際的動向―時価主義会計の導入を中心に」	単	平成11年3月	郵政省簡易保険局にて講演
「アメリカの物差しで日本企業が測れるか」	単	平成11年6月	神奈川大学公開講座にて講演

「(対談)会計ビッグバンがもたらす大災厄―年金、退職金、就職難」	単	平成11年7月	『諸君!』(文芸春秋)
「21世紀の国際会計研究のフロンティア」(パネル・ディスカッション)	共	平成11年7月	国際会計研究学会
「会計制度改革と雇用破壊」	単	平成11年7月	神奈川大学会計人会記念講演
「原価主義会計の役割と21世紀への期待」	単	平成11年9月	日本会計研究学会統一論題報告
(書評)「山下論文を読む」	単	平成11年9月	『税経通信』(税務経理協会)
「会計制度改革と雇用破壊」	単	平成11年10月	神奈川税経新人会にて講演
「保険経理とソルベンシー・マージン」	単	平成11年11月	金融監督庁保険監督課にて意見陳述
「保険業法における経理規定について」	単	平成11年11月	金融監督庁保険監督課にて意見陳述
「平成10年度郵便事業の外部評価報告書」	共	平成11年12月	郵政省郵便事業外部評価検討会議報告書
「日本会計のゆくえ―Glocal Accoungtingを求めて」	単	平成11年12月	ARTA公開シンポジュームにて報告
「在学中にライセンス(資格)を取ろう」	単	平成12年1月	神奈川大学『学問への誘い』2000年版
「民間生保における会計・計理のしくみと最近の動向―契約者配当方式の変遷を中心に―」	単	平成12年2月	郵政省簡易保険局経営調査課にて講演
「会計科目受験の皆さんへ―勉強法の再確認と今後の対策」	単	平成12年2月	『税経セミナー』(税務経理協会)
「(財務諸表論1)会計の仕事」	単	平成12年4月	『税経セミナー』(税務経理協会)

「合格答案を書くための必勝プログラム」	単	平成12年4月	『税経セミナー』（税務経理協会）
「（財務諸表論2）財産法と損益法」	単	平成12年5月	『税経セミナー』（税務経理協会）
「（財務諸表論3）P／LとB／Sができるまで」	単	平成12年6月	『税経セミナー』（税務経理協会）
「（財務諸表論4）会計と法規制」	単	平成12年7月	『税経セミナー』（税務経理協会）
「（財務諸表論5）わが国の会計規制――トライアングル体制」	単	平成12年8月	『税経セミナー』（税務経理協会）
「（財務諸表論6）企業会計原則の役割」	単	平成12年9月	『税経セミナー』（税務経理協会）
「（財務諸表論7）企業会計原則――一般原則」	単	平成12年10月	『税経セミナー』（税務経理協会）
「（財務諸表論8）原価主義会計と時価主義会計」	単	平成12年11月	『税経セミナー』（税務経理協会）
「（財務諸表論9）資産をなぜ分類するのか（1）」	単	平成12年12月	『税経セミナー』（税務経理協会）
「（財務諸表論10）資産をなぜ分類するのか（2）」	単	平成13年1月	『税経セミナー』（税務経理協会）
「（財務諸表論11）資産原価の配分方法」	単	平成13年2月	『税経セミナー』（税務経理協会）
「（財務諸表論12）低価法は原価配分法か、資産の評価法か」	単	平成13年3月	『税経セミナー』（税務経理協会）
「（財務諸表論13）減価償却の財務効果」	単	平成13年4月	『税経セミナー』（税務経理協会）
「（財務諸表論14）繰延資産の考え方」	単	平成13年5月	『税経セミナー』（税務経理協会）
「（財務諸表論15）社債発行差金の本質」	単	平成13年6月	『税経セミナー』（税務経理協会）
「（財務諸表論16）繰延資産の償却」	単	平成13年7月	『税経セミナー』（税務経理協会）

「検証・会計ビッグバン」	単	平成13年7月	本郷会計塾（本郷税理士法人）にて講演
「時価主義は正しかったか」	単	平成13年7月	日本会計研究学会特別委員会
「(財務諸表論17) 臨時巨額の損失の繰延」	単	平成13年8月	『税経セミナー』(税務経理協会)
「国際会計基準と日本の会計ビッグバン」	単	平成13年9月	佐賀大学にて講演
「(財務諸表論18) 法定資本と欠損填補」	単	平成13年9月	『税経セミナー』(税務経理協会)
「会計ビッグバンと雇用破壊」	単	平成13年10月	横浜市民講座にて講演
「(財務諸表論19) 利益処分と内部留保」	単	平成13年10月	『税経セミナー』(税務経理協会)
「(モデル講義) コストダウンのアイデア」	単	平成13年10月	神奈川大オープンキャンパス
「(座談会) 平成13年度公認会計士2次試験元試験委員と合格者が本音で語る！合格のコツと受験生へのアドバイス」	共	平成13年10月	『税経セミナー』(税務経理協会)
「(財務諸表論20) 受贈資本と圧縮記帳」	単	平成13年11月	『税経セミナー』(税務経理協会)
「日本の会計ビッグバン」	単	平成13年11月	浙江大学とのシンポジウムにて講演
「検証・日本の会計ビッグバン」	単	平成13年12月	日本会計研究学会関東部会統一論題にて報告
「時価会計とリスク管理―生保事業の特殊性―」	単	平成13年12月	総務省委託研究
「(財務諸表論21) 資本と利益の区別――もう一つの意味」	単	平成13年12月	『税経セミナー』(税務経理協会)
「(財務諸表論22) 収益の発生と実現」	単	平成14年1月	『税経セミナー』(税務経理協会)

「(財務諸表論23)会計における認識・測定・期間帰属の決定」	単	平成14年2月	『税経セミナー』(税務経理協会)
「実戦・合格答案の書き方―財務諸表論」	単	平成14年2月	『税経セミナー』(税務経理協会)
「(財務諸表論24)期間損益計算の諸原則」	単	平成14年3月	『税経セミナー』(税務経理協会)
「合格点に達する答案は　こう書け!」	単	平成14年4月	『税経セミナー』(税務経理協会)
「(財務諸表論25)出荷基準・発送基準・引渡基準・検収基準」	単	平成14年4月	『税経セミナー』(税務経理協会)
(書評)「末政芳信著『ソニーの連結財務情報』」	単	平成14年4月	『産業経理』(産業経理協会)
「時価会計について」	単	平成14年4月	第一生命保険相互会社調査部にて意見陳述
「(財務諸表論26)特殊商品売買(1)」	単	平成14年5月	『税経セミナー』(税務経理協会)
「(財務諸表論27)特殊商品売買(2)」	単	平成14年6月	『税経セミナー』(税務経理協会)
「金融ビッグバンと会計ビッグバン」	単	平成14年6月	第一生命保険相互会社にて講演
「『利益先取り』『損失先送り』会計と会計ビッグバン」	単	平成14年6月	明治学院大学大学院にて講演
「(財務諸表論28)損益の見越しと繰延べ」	単	平成14年7月	『税経セミナー』(税務経理協会)
「(財務諸表論29)特別損益」	単	平成14年8月	『税経セミナー』(税務経理協会)
「(対談)何のために会計を学ぶのか」	共	平成14年9月	『税経セミナー』(税務経理協会)
「(財務諸表論30)有価証券の範囲と分類」	単	平成14年9月	『税経セミナー』(税務経理協会)

「(財務諸表論31) 有価証券の評価基準と評価差額の処理」	単	平成14年10月	『税経セミナー』(税務経理協会)
「(財務諸表論32) 有価証券の評価」	単	平成14年11月	『税経セミナー』(税務経理協会)
「現代企業における経営不正発生の基礎メカニズム」	単	平成14年11月	関東学院大学にて講演
「会計ビッグバンと経済破壊」	単	平成14年11月	同志社大学大学院にて講演
「『時価会計こそ国際標準』という愚かな思い込みがデフレを悪化させている」	単	平成14年11月	『日本の論点　2003』(文芸春秋社)
「時価主義会計について」	単	平成14年12月	三井住友海上保険にて講演
「(財務諸表論33「貸借対照表の構造と作り方」	単	平成14年12月	『税経セミナー』(税務経理協会)
「(財務諸表論34) 損益計算書の構造と作り方」	単	平成15年1月	『税経セミナー』(税務経理協会)
「価格変動準備金―設定の経緯と問題点」	単	平成15年1月	総務省郵政企画管理局にて講演
「時価会計の誤算」	単	平成15年1月	神奈川大学経済学会研究会にて報告
「金融ビッグバンと会計改革」	単	平成15年2月	「企業の構造改革研究会」にて講演
「(財務諸表論35) 会計データの使い方」	単	平成15年2月	『税経セミナー』(税務経理協会)
「時価会計と生命保険経理」	単	平成15年2月	住友生命保険相互会社にて講演
「金融ビッグバンと会計改革」	単	平成15年2月	企業の構造改革研究会にて講演
「時価基準について」	単	平成15年3月	自由民主党金融調査会・金融再生特別委員会・財政金融部会・企業会計に関する小委員会にて講演

「（財務諸表論36）キャッシュ・フロー計算書をつくる」	単	平成15年3月	『税経セミナー』（税務経理協会）
「会計ビッグバンと経済破壊」	単	平成15年3月	同志社大学大学院商学研究科にて講演
「時価会計とコーポレート・ガバナンス」	単	平成15年3月	シンポジューム「企業の構造改革モデルを求めて」にて講演（企業の構造改革研究会・慶応大学ビジネススクール共催）
「規制緩和と自己責任―金融ビッグバンは成功したか」	単	平成15年3月	東京本郷ロータリークラブにて講演
「時価基準について」	単	平成15年3月	自由民主党金融調査会金融再生特別委員会企業会計に関する小委員会にて講演
「時価基準について」	単	平成15年3月	自由民主党金融調査会等合同会議にて講演
「（財務諸表論37）キャッシュ・フロー計算書を読む」	単	平成15年4月	『税経セミナー』（税務経理協会）
「時価会計不況」	単	平成15年4月	衆議院議員谷川和穂氏の朝食勉強会にて講演
「時価会計基準を巡る諸問題」	単	平成15年5月	東京商工会議所企業会計基準検討グループにて講演
「長期保有有価証券等の会計基準の変更に関する検討結果について」	共	平成15年5月	東京商工会議所企業会計基準検討グループ報告書
「（財務諸表論38）連結財務諸表の役割と限界」	単	平成15年5月	『税経セミナー』（税務経理協会）

「時価会計不況」	単	平成15年5月	札幌簿記教育連盟にて講演
「時価会計不況」	単	平成15年5月	社会経済生産性本部労組幹部政策懇話会にて講演
「時価会計を巡る誤解と誤報」	単	平成15年5月	企業会計基準委員会にて意見陳述
「（財務諸表論39）金融ビッグバンと会計改革」	単	平成15年6月	『税経セミナー』（税務経理協会）
「時価会計不況」	単	平成15年6月	企業経営協会にて講演
「時価会計不況」	単	平成15年6月	神奈川大学フロンティアクラブにて講演
「時価会計不況」	単	平成15年6月	税務研究会にて講演
「時価会計はどこの国も使っていない！」	単	平成15年6月	『日刊ゲンダイ』
「時価会計不況」	単	平成15年6月	自民党荒井弘幸ニューリバー政策研究会にて講演
「時価主義を考える」	単	平成15年7月	多摩大学大学院にて講演
「時価会計不況」	単	平成15年7月	辻・本郷税理士法人にて講演
「（財務諸表論40）時価会計の正体」	単	平成15年7月	『税経セミナー』（税務経理協会）
「時価会計と日本企業の再評価」	単	平成15年7月	関東学院大学にて講演
「時価会計を巡る誤解と誤報全面凍結せよ！」	単	平成15年7月	経済倶楽部にて講演
「会計基準を巡る論点」	単	平成15年7月	日本商工会議所にて講演
「時価会計の基準について」	単	平成15年7月	新自由民主党研究会にて講演

「会計基準を巡る論点」	単	平成15年8月	長岡商工会議所にて講演
「時価会計不況」	単	平成15年8月	産業経理協会にて講演
「時価会計不況」	単	平成15年8月	日本租税研究協会にて講演
「(財務諸表論41) 改めて、会計の役割とは何か」	単	平成15年8月	『税経セミナー』(税務経理協会)
「『時価会計不況』とその後」	単	平成15年9月	八重洲ブックセンターにて講演(25周年記念講演)
「日本の実情に合わない時価会計制度は廃止すべき」	単	平成15年9月	『商品先物市場』(投資日報社)
「時価会計不況」	単	平成15年9月	日本租税研究協会(名古屋)にて講演
「金融ビッグバンにおける会計改革の役割」	単	平成15年9月	日本会計研究学会第62回全国大会にて報告
「財務諸表論の出題意図と採点時の印象」	単	平成15年10月	LECにて講演
「財務諸表論の学び方」	単	平成15年10月	税経学院「税経セミナー」にて講演
「様変わりしてきた公認会計士2次試験」	単	平成15年11月	『税経セミナー』(税務経理協会)
(書評)「小宮一慶著『会計不況に克つ!』」	単	平成15年11月	『エコノミスト』(毎日新聞社)
「時価会計不況」	単	平成15年11月	第7回全国大学会計人会サミットにて講演
「時価会計不況」	単	平成15年11月	神奈川大学同窓会新潟支部にて講演
「時価会計不況」	単	平成15年11月	神奈川大学工経会にて講演
「座談会・制度改革期の会計士受験」	共	平成15年12月	『税経セミナー』(税務経理協会)

「金融ビッグバンにおける会計改革の役割」	単	平成16年1月	経済同友会企業会計委員会にて講演
「円卓討論・岐路に立つ会計制度とその改革を巡る諸問題」	単	平成16年2月	『會計』（森山書店）
「不動産と時価会計」	単	平成16年3月	松下興産小椋塾にて講演
「会計基準の法的位置づけと減損会計基準等の取扱い」	単	平成16年4月	自由民主党経済活性化懇話会設立準備会にて意見陳述
「時価会計・減損会計基準等の取扱い」	単	平成16年4月	自由民主党経済活性化懇話会設立総会にて意見陳述
「時価会計不況」	単	平成16年5月	独立行政法人・労働政策研究・研修機構にて講演
「減損会計について」	単	平成16年7月	神奈川大学会計人会総会にて講演
「時価会計基準・減損会計基準の取扱い」	単	平成16年8月	志師会政策研究会にて講演
「亡国の減損会計」	単	平成16年9月	法政大学会計人会にて講演
「管理職のための新会計学」（全13回）	単	平成16年9―12月	神奈川大学公開講座（KUポートスクエア）
「会計士試験を制するのは「財務諸表論」の理解」	単	平成16年9月	LECにて講演
「亡国の減損会計」	単	平成16年10月	愛知県測量設計業協会経営研修会にて講演
「マクロ政策としての会計―国益を護る会計戦略」	単	平成16年10月	慶応義塾大学ビジネススクールにて講演

「不思議の国の会計学」	単	平成16年11月	今田会計事務所創立30周年記念祝賀会にて講演
「財務諸表論は暗記科目か」	単	平成16年11月	LECにて講演
「会計ビッグバンと新しい会計基準」	単	平成17年1月	KUポートスクエアにて講演
「会計ビッグバンと会計改革のねらい」	単	平成17年1月	KUポートスクエアにて講演
「時価会計の考え方と基準の適用」	単	平成17年1月	KUポートスクエアにて講演
「拾った本」	単	平成17年1月	日本書籍出版協会「これから出る本」
「親父の書斎」	単	平成17年1月	日本書籍出版協会「これから出る本」
「書評の掟」	単	平成17年1月	日本書籍出版協会「これから出る本」
「会計ビッグバンと新しい会計基準――減損会計、時価会計などの会計改革を概観して」	単	平成17年3月	東京税理士会渋谷支部にて講演
「国際会計基準と日本基準」	単	平成17年3月	KUポートスクエアにて講演
「会計のビッグバンと新しい会計基準」	単	平成17年3月	東京税理士会渋谷支部にて講演
「中小企業会計と会計参与制度について」	単	平成17年3月	東京地方税理士会商法対策特別委員会にて講演
「中小企業会計と会計参与制度」	単	平成17年8月	東京地方税理士会内部研修会にて講演
「財務情報の信頼性に関する研究」	共	平成17年9月	日本会計研究学会特別委員会報告
「中小企業会計と会計参与制度」	単	平成17年11月	東京地方税理士会神奈川支部にて講演
「ギャンブラーのための会計をやめよ」（インタビュー）	単	平成18年6月	『表現者』（聞き手・東谷暁）

「最近の会計不祥事と会計プロフェッションの対応」	単	平成18年7月	神奈川大学会計人会にて講演
「財務情報の信頼性に関する研究」	共	平成18年9月	日本会計研究学会特別委員会報告
「最近の会計不祥事と各界の対応策」	単	平成18年10月	東京地方税理士データ通信協同組合にて講演
「最近の会計専門職教育について」	単	平成18年10月	一日会にて講演
「自壊する日本会計——日本の自壊を待っているハゲタカたち」	単	平成18年11月	経済倶楽部にて講演
「最近の会計不祥事と各界の対応策」	単	平成19年1月	『データ通信ニュース』2007年1月号に収録
「『中小企業の会計に関する指針』の役割と課題」	単	平成19年1月	東京地方税理士会商法対策特別委員会にて講演
「自壊する日本会計ー日本の自壊を待っているハゲタカたち」	単	平成19年1月	経済倶楽部講演録
『コンパクト連結会計用語辞典』	共	平成19年3月	税務経理協会（分担執筆）
「崩壊する日本の会計——会計不正を根絶できるか」	単	平成19年4月	中国経済連合会にて講演
「カネボウ、ライブドア、日興コーディアルー会計不正を根絶できるか」	単	平成19年6月	経済クラブ三豊会（名古屋）にて講演
「財務諸表論の攻略法」	単	平成19年7月	大原簿記学校（立川校、水道橋校、横浜校）にて講演
「資格は取ってからが勝負！」	単	平成19年8月	辻・本郷税理士法人にてセミナー

「私の研究室」	単	平成19年9月	『税経セミナー』（税務経理協会）
「会計基準改革の現状と方向」	単	平成19年11月	東京地方税理士会研修会にて講演（甲府、川崎）
「公認会計士・税理士は、資格を取ってからが勝負 第1巻独立開業で差をつける3つの極意（DVD）」	単	平成19年11月	東峰書房
「理論問題『合格答案の作成法』」	単	平成20年3月	『税経セミナー』（税務経理協会）
「他人より年収10倍稼げる税理士になる方法」	共	平成20年10月	日本ビズアップにて講演とパネルディスカッション
「他人より年収10倍稼げる税理士になる方法」	単	平成20年10月	日本ビズアップにて講演（大阪、名古屋）
「他人より年収10倍稼げる税理士になる方法」	単	平成20年10月	NPO法人マネジメント・アシストにて講演
「活躍できる税理士になるために―資格は取ってからが勝負」	単	平成20年10月	大原学園にて講演
「世界的金融危機と時価会計―会計とは何ものなのか」	単	平成21年1月	札幌大学にて講演
「日本の『国際会計戦略』を考える」	単	平成21年2月	経済倶楽部にて講演
「わが国の国際会計戦略を考える」	単	平成21年2月	産業経理協会にて講演
「キャッシュ・フロー計算書―作り方と読み方」	単	平成21年2月	横浜市監査事務局にてセミナー
「財務分析」	単	平成21年3月	横浜市監査事務局にてセミナー

「時価会計—制度、理論、実務の諸問題」	単	平成21年3月	民主党企業会計検討小委員会にて講演
「日本の『国際会計戦略』とは何か	単	平成21年3月	経済同友会にて講演
「日本の『国際会計戦略』を考える」	単	平成21年3月	経済産業省経済産業政策局にて講演
「国際会計基準と時価会計」	単	平成21年5月	マーカスエヴァンスにて講演
「日本の『国際会計戦略』を考える」	単	平成21年5月	牛島総合法律事務所にて講演
「経済危機と時価会計」	単	平成21年6月	神奈川大学宮陵会京滋支部にて講演
「今が止めどき『時価会計』　金融危機もう一つの原因」	単	平成21年6月4日	東京新聞
「世界金融危機と時価会計」	単	平成21年6月12日	中日新聞
「時価会計と国際会計基準をめぐる問題点」	単	平成21年9月	全国地方銀行協会にて講演
（書評）「中野剛志『経済はナショナリズムで動く』」	単	平成21年10月	『商経論叢』（神奈川大学経済学会）
「国際会計基準と時価会計の行方」	単	平成21年10月	東京地方税理士会ＮＴＴデータ通信協同組合にて講演
「時価会計と国際会計基準をめぐる問題点」	単	平成21年10月	企業活力研究所にて講演
「ＩＦＲＳ（国際会計基準）と時価会計の動向」	単	平成21年11月	産業経理協会にて講演
「国際会計基準と時価会計の行方」	単	平成22年1月	『データ通信ニュース』（東京地方税理士会ＮＴＴデータ通信協同組合）
「税理士によるコンサルティング」	単	平成22年1月	『データ通信ニュース』（東京地方税理士会ＮＴＴデータ通信協同組合）

「暴走する国際会計基準と時価会計」	単	平成22年3月	産業経理協会にて講演
「暴走する国際会計基準と時価会計」	単	平成22年4月	大阪倶楽部にて講演
「国際会計基準はどこへ行くのか―暴走する米英、勇み足の日本」	単	平成22年4月	経済倶楽部にて講演
「IFRSをめぐる動向とその実態」	単	平成22年7月	産業経理協会にて講演
「会計データの読み方・活かし方」	単	平成22年8月	日本監査役協会中部支部北陸地区懇談会にてセミナー
「早分かり会計講座―貸借対照表と損益計算書の読み方・活かし方」	単	平成22年8月20、25、26日	日本監査役協会にてセミナー
「経営分析の基本的技法とその活用」	単	平成22年9月	産業経理協会にてセミナー
「IFRSを読み解く10のカギ」	単	平成22年9月28、29日	CEGBにて講演
「国際会計基準と協同組織金融機関」	単	平成22年11月	協同金融研究会にて講演
「私の歩んできた道―簿記と会計を友として」	単	平成22年11月	北海道札幌啓北商業高等学校創立70周年記念講演
「リーマン・ショック後の国際会計基準（IFRS）の動向」	単	平成23年2月	青年消費者問題研究会にて講演
「国際会計基準の特質と世界の動向―IFRSはどこへ行くのか」	単	平成23年6月	日本建設業連合会にて講演
「IFRSを巡る世界の動向」	単	平成23年6月	富丘経済研究会にて講演

「ＩＦＲＳはどこへ行くのか」	単	平成23年6月21、22、28、29日	ＴＫＣ　ＩＦＲＳフォーラムにて講演（東京、福岡、大阪、名古屋）
「監査役スタッフのための早分かり会計講座―キャッシュ・フロー計算書と連結財務諸表の読み方・活かし方」	単	平成23年7月12、27日8月5、26、31日9月12日	日本監査役協会にてセミナー
「ＩＦＲＳの光と影」	単	平成23年7月	野村證券株式会社本店法人営業部にて講演
「国際会計基準の本質と世界の動向」	単	平成23年8月	建設工業経営研究会にて講演
「国際会計基準はどこへ行くのか」	単	平成23年10月	神奈川大学中小企業経営経理研究所「設立総会」にて講演
「白紙に戻ったＩＦＲＳ論議―監査役としてこの動向をいかに把握すべきか」	単	平成23年11月	産業経理協会監査役業務研究会にて講演
「白紙に戻ったＩＦＲＳ論議―現実味を帯びてきた「連単分離」と「任意適用」」	単	平成23年12月	産業経理協会会社経理分科会にて講演
「経営分析の基本的技法とその活用」	単	平成23年12月	産業経理協会にてセミナー
「知られざる『会計戦争』―日本の富はどこへいくのか」	単	平成24年1月	神奈川大学宮陵会三浦半島支部にて講演
「ＴＫＣ　ＩＦＲＳフォーラム　２０１２　ＩＦＲＳの今後の方向性」	単	平成24年2月13、14、20日	ＴＫＣにて講演（東京、大阪、名古屋）
「知られざる『会計戦争』―狙われる日本の富」	単	平成24年6月	社団法人経済倶楽部にて講演

「会計戦争の行方―日本の富はどこへ行くのか」	単	平成24年6月	辻・本郷税理士法人にて講演
「知られざる会計戦争―国富の争奪戦が始まった」	単	平成24年7月	神奈川大学会計人会年次総会にて講演
「国際会計基準の本質と企業評価」	単	平成24年7月	丸紅グループ「紅審会」にて講演
「国際会計基準の近時の動向」	単	平成24年8月	日本ＩＲプランナーズ協会にて講演
「ＩＦＲＳをめぐる現状と日本の会計の進路」	単	平成24年10月	産業経理協会会社経理分科会にて講演
「経営分析の基本的技法とその活用―わが社の『健康診断』―」	単	平成24年11月	産業経理協会会社経理分科会にてセミナー
「ＩＦＲＳの最新事情と今後の展望」（談話）	単	平成24年12月	ＴＫＣ　Ｇプロ（電子ブック）創刊号
「簿・財　同時学習の勧め―一石二鳥の学習法」	単	平成24年12月	『税経セミナー』（税務経理協会）
「知られざる会計戦争―狙われる日本の富」	単	平成25年1月	神奈川大学宮陵会横浜北支部にて講演
「不正会計の予防と早期発見の勘所」	単	平成25年2月	産業経理協会にてセミナー
「稼ぐ税理士になる方法―資格は取ってからが勝負！」	単	平成25年2月	『税経セミナー』（税務経理協会）
「ＴＫＣフォーラム　経理業務を取り巻く環境の変化と今後について考える」	単	平成25年2月	ＴＫＣにて講演（東京、大阪、名古屋）
「企業内不正の予防と早期発見」	単	平成25年9月	湘南信用金庫湘南信和会にて講演
「税理士の社会的存在意義と新しい税理士像」	単	平成25年9月	東海税理士会（浜松、名古屋、松坂）にてセミナー
「経営分析の基本的技法とその活用―わが社と取引先の健康診断」	単	平成25年10月	産業経理協会にてセミナー
「企業内不正予防と早期発見の勘所」	単	平成25年12月	産業経理協会にてセミナー

「IFRSをめぐる最新動向と日本の会計制度の行方―『当面の方針』の読み方と強制適用の可能性―」	単	平成25年12月	産業経理協会にて講演
「日本版IFRS構想の背景と行方―『だまし討ち』を警戒する産業界」	単	平成25年12月	国際会計研究会にて報告
「(座談会) 戦後会計学の軌跡と反省」	共	平成26年3月	『経済貿易研究』(神奈川大学経済貿易研究所年報)
「最終講義―私の歩んできた道」	単	平成26年3月	神奈川大学経済学部
「社内不正の予防と早期発見」	単	平成26年6月	辻・本郷税理士法人にて講演
「会社を読む」(全5回)	単	平成26年6月―8月	辻・本郷税理士法人にてセミナー開催
「社内不正の予防と早期発見―不正が起きない環境づくりと会計の活用」	単	平成26年7月19日	駒澤大学会計人会創立20周年記念総会にて記念講演
「会社を読む(中級編)」(全5回)	単	平成26年8月―9月	辻・本郷税理士法人にてセミナー開催
「社内不正の予防と早期発見」	単	平成26年9月4日	辻・本郷税理士法人九州支部にてセミナー開催
「自社の『健康診断』から始める会計監査」	単	平成26年9月5日	日本監査役協会九州支部にて研修会開催
「輝く税理士業界のために―明日は、あなたが主役―」	単	平成26年11月	辻・本郷税理士法人　本部支部合同研修会

「経営のかなめは簿記・会計の知識—勘に頼る経営から、データによる経営へ—」	単	平成26年11月	新潟県高等学校長協会商業部会にて講演
「IFRS採用のメリットとデメリット—不評の『日本版IFRS』と『純粋IFRS』の問題点—」	単	平成26年11月	産業経理協会　会社経理分科会にて講演
「会社の経営と会計—経営者に求められる会計観—」	単	平成26年11月	産業経理協会　経営財務法務研究会にて講演
「経営分析の基本的技法とその活用—わが社と取引先の『健康診断』—」	単	平成26年11月	産業経理協会にてセミナー
「社内不正の予防と早期発見の勘所—ここを押さえるだけで不正は防げる—」	単	平成27年1月	産業経理協会にてセミナー
「中小企業のための社内不正とポカミスの予防—不正が起きない社内環境と会計の活用—」	単	平成27年2月	東京中小企業投資育成株式会社にて講演
「中小企業のための社内不正とポカミスの予防—不正が起きない社内環境と会計の活用—」	単	平成27年3月	辻・本郷税理士法人にて講演

INDEX

（CH○と表示してあるものは，その章全体を参照してください）

著者プロフィール

田　中　　弘（たなか　ひろし）

神奈川大学名誉教授・博士（商学）（早稲田大学）

早稲田大学商学部を卒業後，同大学大学院で会計学を学ぶ。貧乏で，ガリガリに痩《や》せていました。博士課程を修了後，愛知学院大学商学部講師・助教授・教授。この間に，学生と一緒に，スキー，テニス，ゴルフ，フィッシングを覚えました。

1993年－2014年神奈川大学経済学部教授。

2000年－2001年ロンドン大学（LSE）客員教授。

公認会計士２次試験委員，大蔵省保険経理フォローアップ研究会座長，
郵政省簡易保険経理研究会座長，保険審議会法制懇談会委員などを歴任。

一般財団法人経営戦略研究財団　理事長
辻・本郷税理士法人　顧問
日本生命保険相互会社　社友
ホッカンホールディングス　社外取締役
英国国立ウェールズ大学経営大学院（東京校）教授
日本アクチュアリー会　客員
中小企業経営経理研究所　所長
Ｅメール　akanat@mpd.biglobe.ne.jp

最近の主な著書
『新財務諸表論（第５版）」税務経理協会，2015年
『財務諸表論の考え方――会計基準の背景と論点』税務経理協会，2015年
『会計学はどこで道を間違えたのか』税務経理協会，2013年
『国際会計基準の着地点――田中弘が語るIFRSの真相』税務経理協会，2012年
『IFRSはこうなる――「連単分離」と「任意適用」へ』東洋経済新報社，2012年
『会計と監査の世界――監査役になったら最初に読む会計学入門』税務経理協会，2011年
『会計基準――新しい時代の会計ルールを学ぶ』税務経理協会，2012年
『経営分析――監査役のための「わが社の健康診断」』税務経理協会，2012年
『複眼思考の会計学－国際会計基準は誰のものか』税務経理協会，2011年
『国際会計基準はどこへ行くのか』時事通信社，2010年
『会計データの読み方・活かし方――現代会計学入門』中央経済社，2010年
『会計学を学ぶ－経済常識としての会計学入門』（共著）税務経理協会，2008年
『新会計基準を学ぶ』（全４巻）（共著）税務経理協会，2008－2011年
『会社を読む技法－現代会計学入門』白桃書房，2006年
『不思議の国の会計学－アメリカと日本』税務経理協会，2004年
『時価会計不況』新潮社（新潮新書），2003年
『原点復帰の会計学－通説を読み直す（第二版）」税務経理協会，2002年
『会計学の座標軸』税務経理協会，2001年

著者との契約により検印省略

平成27年10月１日　初版第１刷発行

「書斎の会計学」は
通用するか

著　　者　田　中　　　弘
発 行 者　大　坪　嘉　春
印 刷 所　税経印刷株式会社
製 本 所　株式会社　三森製本所

発 行 所　〒161-0033 東京都新宿区
下落合２丁目５番13号
株式会社　税務経理協会
振　替 00190-2-187408
電話 (03)3953-3301（編集部）
ＦＡＸ (03)3565-3391
(03)3953-3325（営業部）
URL http://www.zeikei.co.jp/
乱丁・落丁の場合は，お取替えいたします。

ISBN978-4-419-06204-0　C3034